王の墓と奉仕する人びと

歴博フォーラム

国立歴史民俗博物館【編】

山川出版社

マヤの神殿と粘土造形物　ヨーロッパ世界との接触以前，メソアメリカでは3～9世紀頃，階段状のピラミッドを中心とした都市が栄え，実在の人物を模したと考えられる香炉の蓋や土偶もつくられた。

▲パレンケ遺跡「碑銘の神殿」　マヤ地域のピラミッドは階段状の基壇の上に部屋構造をもつが，これは「聖なる山(ウィッツ)」をあらわしている。9段の基壇は重層化した地下世界を，また上部の部屋は地下世界への入り口である洞窟を意味している。

▲土偶《どぐう》　メキシコ湾のハイナ島では，古典期後期(7～9世紀頃)に王や貴族の姿を模した写実的な土偶が生産されたが，なかには型を利用したものもあり，その場合は中空となっている。

▲人物象形香炉《じんぶつしょうけいこうろ》(蓋《ふた》)　ターバンを頭部に巻き，胸飾りをつけ，ブレスレットをはじめとした装身具をまとった姿は，生前の王をあらわしたものか。頭頂部には穴が開いており，香(樹脂)をたいた際に煙が抜けるようになっている。

古代エジプト　古代エジプトでは，ピラミッドが造営された古王国時代以降，死後に主人のために奉仕する目的で，召使いの人形が墓に副葬されるようになっていった。中王国時代にシャブティ像が登場し，王朝末期までつくられた。

▲**ギザの三大ピラミッド**　古王国第 4 王朝時代の 3 人のピラミッド，右からクフ王，カフラー王，メンカウラー王のピラミッドがならんでいる。

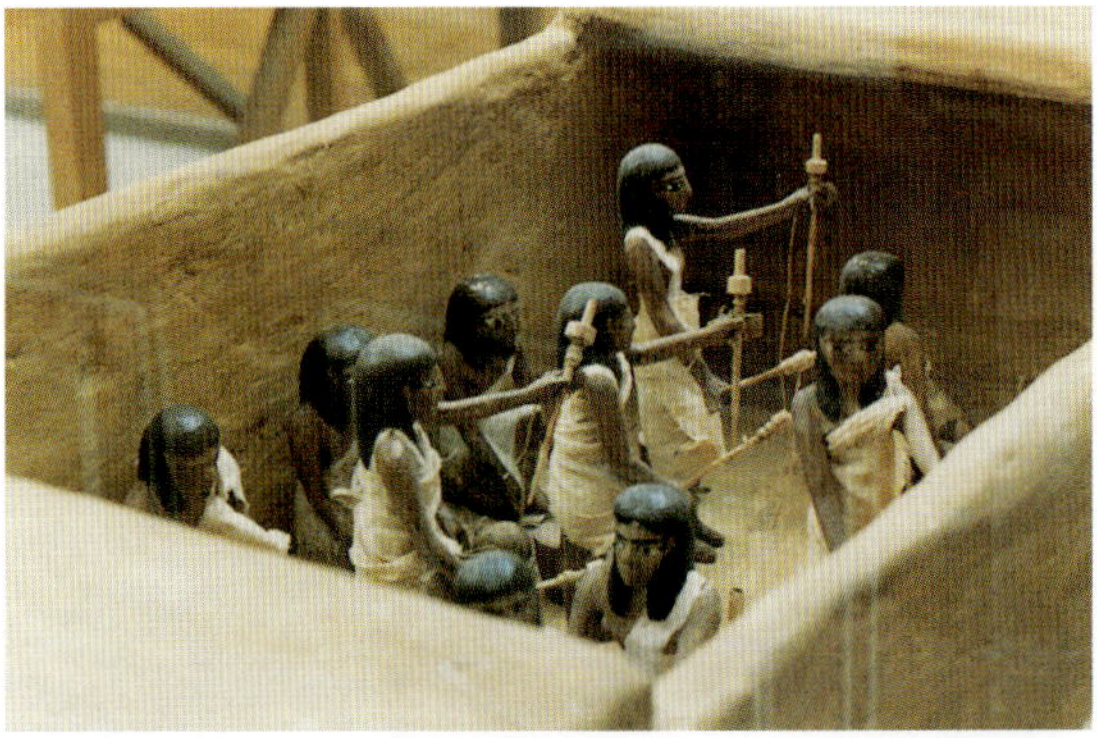

►**メケトラー墓の模型**　テーベ西岸の第11王朝メケトラー墓で発見された木製の模型。紡錘《ぼうすい》と機織《はたお》りの作業をする女性たちを表現している。さまざまな作業を表現した木製模型が墓に副葬された。カイロ，エジプト博物館蔵。

►**末期王朝時代のシャブティ・ボックス**　シャブティ・ボックスと呼ばれる箱のなかには，シャブティ像が納められ，墓に副葬された。ルクソール博物館蔵。

日本列島外の俑《よう》と埴輪《はにわ》状土製品　埴輪と同時代の，古代中国の人の形をした俑は，小型であり地下にあることが埴輪と異なるとされていたが，修正すべき点がでた。また，埴輪に似た土製品だけでなく，前方後円墳も韓国で確認されるようになった。

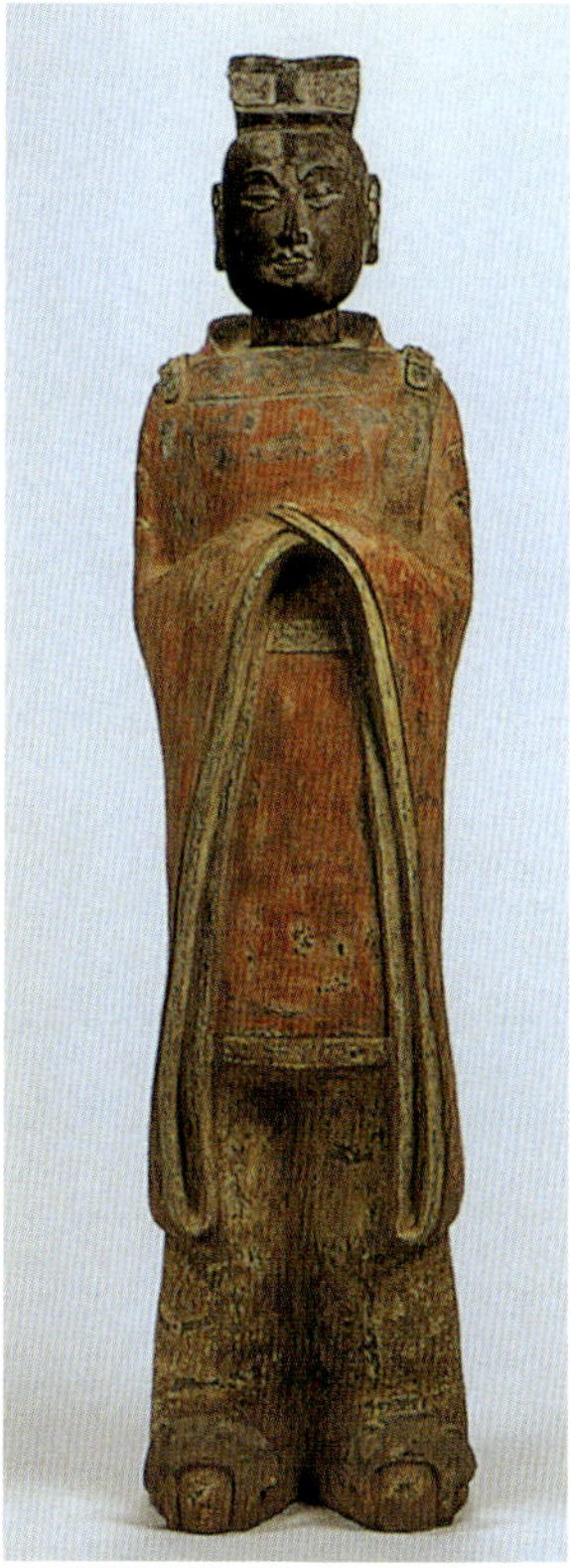

◄大型の俑（中国河北《かほく》省湾漳北朝《わんしょうほくちょう》墓《ぼ》出土）　秦《しん》の始皇帝《しこうてい》陵の兵馬俑を代表とする墳墓の周辺に納められた俑は実物大で，漢代以降は小型化したといわれていた。しかし，中国でも地方によっては，古墳時代と同じ頃にも，埴輪と同大の俑がまだ使用されていた。

►円筒埴輪に似た土製品（韓国光州廣域市月桂《ウォルゲ》洞《ドン》１号墳出土）　日本列島独自のものと考えられていた前方後円墳が韓国南西部で発見され，製作法は異なるが形は似た円筒《えんとう》埴輪や朝顔形《あさがおがた》埴輪と，木製品がならんでいた。

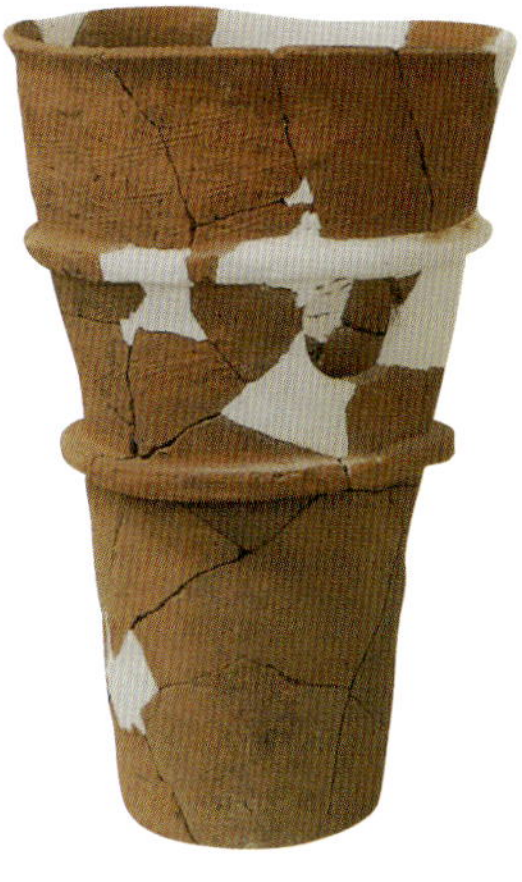

後円部の埴輪配列　墓の中心人物が葬られた円丘の頂上部には，さまざまな形の家形埴輪群が置かれ，死者を護るかのように，そのまわりに，大きい傘のような蓋《きぬがさ》，そして盾や靫《ゆき》や甲冑などの埴輪が方形にならべられた。

►**盾形埴輪**(兵庫県行者塚《ぎょうじゃづか》古墳出土)　革製の盾をかたどったものとみられるものが多い。円筒埴輪の前面に上部が弧状になった盾を貼りつけた形である。盾の表面はいくつかの区画に分けられている。

▲**蓋形埴輪**(奈良県佐紀陵山《さきみささぎやま》古墳出土)　身分の高い人に用いる日傘のようなもので，権威のシンボルと考えられている。埴輪では，円筒台の上に傘があり，その上にU字形の板を十文字に組み合わせた立ち飾りを挿し立てる。この埴輪は巨大なものである。

►**靫形埴輪**(大阪府萱振《かやぶり》1号墳出土)　矢を入れて背負うための道具をあらわしたもの。矢先を上向きにおさめた箱が板に取りつけられ,その箱の表面には直弧文《ちょっこもん》が刻まれる。外縁の6カ所には背負うための帯が丸く表現され,ヒレ状の飾りもつけられた。

特別な家　家形埴輪の多くは，死者が生前に住んでいた屋敷内の建物群をあらわしたものと考えられるが，なかには，居住には不適当であるため特別な建物をあらわしたといえるものがある。

◀ベッドのある家形埴輪(大阪府美園《みその》古墳出土)　この家形埴輪は，二重構造の屋根にヒレ状の飾りをつけ，壁に盾を描いていて，蓋を挿したような孔もある。2階のような高床は中央に床がなく，隅にベッドがある。儀式を行う特別な建物かとも考えられている。

◀巨大な家形埴輪(栃木県富士山《ふじやま》古墳出土)　2つとも巨大な家形埴輪であり，二重構造の屋根の上部は別につくられ組み合わせている。屋根は三角文を色で塗り分けている。右の建物は入り口がなく，窓が小さく数少ないので，倉庫であろうか。左は，円柱のみでつくられた高床式の建物で，壁がないため，祭殿などの特別な建物と考えられる。

「造り出し部」の埴輪　墳丘に付属した方形施設の「造り出し部」は，魚・鳥・アケビ・餅などの供え物を模倣した土製品を残す例があるため，古墳における「いのり」の場ともいえる。墳丘との間の谷部分にも埴輪が置かれた。

◀**水を用いる設備をもった建物と塀の埴輪**（三重県宝《たから》塚《づか》1号墳出土）　囲形《かこいがた》埴輪と呼ばれる2つの建物埴輪は，塀か柵をあらわした囲いの中に家形埴輪がある。この古墳では，内部に井戸らしい円筒を表現した建物と，流し場のような導水施設をあらわした建物の，2種が組み合わさっていた。

►**威儀具を立てる船形埴輪**（三重県宝塚1号墳出土）　この古墳にあった船形埴輪は大きく，ゴンドラ形の準構造船をあらわしている。大刀と盾と蓋を粘土であらわした造形物を別につくり，この順に船首側から甲板に立てている。権威の象徴とされる器物を載せた珍しい事例である。

船や狩りの絵画と立体物　古墳時代の絵画として装飾古墳壁画はよく知られているが，円筒埴輪にも船や鹿の絵を線刻したものがある。古い頃は円筒埴輪に描かれていた船や鹿が，５世紀からは単体の動物や船の埴輪としてつくられるようになった。

▲船の絵がある円筒埴輪(奈良県東殿塚《ひがしとのづか》古墳出土)　墳丘から突出した一画に置かれていた大小のヒレ付円筒埴輪群の１本に船が描かれていた。上下に船が２つ描かれ，１つの船には鳥が乗っている。

◀鹿の絵のある円筒埴輪(栃木県塚山《つかやま》古墳出土)　円筒埴輪に，角のある鹿とない鹿をならんで描いている。鹿と木を描いた他例とともに，生息する神聖な動物をあらわしたともいえるが，鹿狩りをあらわした絵画もある。

▲猪狩りの埴輪群像(群馬県保渡田《ほとだ》Ⅶ遺跡出土)　人物と猪と犬の埴輪は，猪狩りの場面を表現している。胴に紐がある飼い犬は猪を追い，矢筒を背負い腰に小さな猪を下げた人物が矢を射て，猪は矢が尻に刺さって赤い血を流している。

いのる人と見まもる人びと　５世紀になって登場してきた人物埴輪群像。カミをまつる特殊な身分の女性が中心となっていのりをささげる場面と，首長とみられる中心男性が儀式に臨む場面の，どちらをあらわすことが発端であったのか。

►５世紀の人物埴輪群像（大阪府蕃上山《ばんじょうやま》古墳出土）　襷《たすき》がけですわる男性がいて，幅広の布を肩からさげる巫女《みこ》と呼ばれる女性が複数ならび，弓をもつ男性がいる群像である。主人公なしでいのりをささげる情景か，主人公がいて儀式をする場面か議論が分かれる。

▼６世紀の人物埴輪群像（群馬県綿貫観音山《わたぬきかんのんやま》古墳出土）　人物群像の中心は，立派な帽子をかぶり腰に大帯をつけ，手を合わせてあぐらを組んですわる男性と，向かい合って正座する女性である。脇には１つの台座にならんですわる３人の女性と，革袋をささげもつ女性がいる。

刊行にあたって

私たちの国立歴史民俗博物館（歴博）では、二〇〇三年三月から六月にかけての三カ月弱、「はにわ—形と心—」と題する企画展示を開催しました。近年、発掘の進展によって出現してきた埴輪の豊富なもろもろのすがたが、あらためて私たちに新鮮な問題を投げかけたのです。その相互の関係はどのような意味をもつものなのか、古墳に置かれた場所との関係をいかに考えたらいいのかなどなど、少し以前の、埴輪の一つ一つに焦点が合わされていた関心が、さらに広い、構造的な場に向けられるようになってきました。

まず、最近の成果を全国的な広がりのなかで示さなければなりません。私たちが楽しみ、共感できるものがそこにあります。

そして展示期間中の四月二十六・二十七日の両日、埴輪の相互関係とその意味、ひいては埴輪の置かれた古墳という王や豪族の墓はどのような構造をもち、そこでの他界観とはいかなるものだったのかをめぐり、講演・報告、そして討論が行われました。本書はそのまとめです。私たちは本書によって、埴輪と古墳に関する最近の成果を、世界的な視野のもとに、学ぶことができるようになっています。

埴輪は製作物ですから、物事を考えていく筋道として、製作の技術と労働のあり方がまずきちんと問われねばなりません。部分部分を接合する技術、焼く際の適正温度、ゆがみやひび割れに対する補修方法などが最近の研究によって説明されるとともに、埴輪製作は専業的労働か、あるいは季節労働なのかどうか、さらにその過程での分業はあったのかどうか、次には製作された埴輪の運搬と輸送問題が提起されてきます。〝実証できるところは徹底的に〟という歴博の基本線がここにも貫かれています。そして製作された埴輪が一体どのようなものを表現しようとしているのかについても、例えば身体への刀のつけ方、馬の横乗りなどなど、着実な手段で考察が進められていくのです。

個々の埴輪から問題が次にすすむ時には、関心を異にする読者は、それぞれ自分の関心に触れ、関心を拡大させる刺激的なテーマと事例に本書の中で必ず逢着するでしょう。円筒《えんとう》埴輪・人物埴輪・動物埴輪・船・馬・盾・靭《ゆき》・家形埴輪・水祭祀埴輪などなどがどのような関連のなかで置かれていたのか、船と馬が共に霊魂を乗せて運ぶ道具だとしたら、他界は複数存在することになるのか、霊魂を運ぶという履物の形は特徴があるのか。そもそも埴輪は死者のために置かれたのか、あるいは故人をしのぶ生者のためだろうか、などなど、埴輪だけでもきりがありません。さらにテーマを発展させるならば、古墳をめぐる濠《ほり》はどのような意味をもったのか、他界といっても地底と海底は、底とのつながりで同じ性格を有していたのではないか、マヤでは墓域で初代王の神霊が新たな王を聖化するとすれば、日本の大嘗祭《だいじょうさい》との近似性はないのか、など、古代へのイマジネーションは無限に豊かにふくらんでいきます。

それにしても、考古学という学問は貪欲な学問だと痛感させられます。相撲《すもう》の力士像から大地の魂《たま》しづめを考え、水祭祀埴輪から聖化された水と水への信仰を論じ、そして人物埴輪に塗られた赤い顔料から色の辟邪《へきじゃ》機能に言及する、といった学問の越境が旺盛に試みられています。これらはみな、従来は日本の民俗学の独擅場ともいうべきテーマでした。民俗学が歴史民俗学・考古民俗学に発展できるかできないか、本書は、声高ではないにしても、巧妙なチャレンジを考古学側がしかけていると読んだのは、必ずしも私だけではないでしょう。

二〇〇四年七月

国立歴史民俗博物館長　宮地　正人

はじめに

国立歴史民俗博物館では、二〇〇三年三月十八日から六月八日にかけて、歴博開館二〇周年記念展示「はにわ―形と心―」を開催しました。その期間中の四月二十六日と二十七日に、関連行事として国立歴史民俗博物館で歴博国際フォーラム「王の墓と奉仕する人々」を実施しました。本書はその記録であります。また、この企画展示に関する三回の歴博講演会を開催しましたので、その記録もあわせて掲載しました。

企画展示「はにわ―形と心―」は、古代国家形成期に登場した古墳にならべられた埴輪から得られる最新の研究成果をやさしく紹介するために開催したものです。

この企画展示の開催に関連して、三月八日に杉山晋作が「はにわが語ること」、四月十二日には武田佐知子氏が「古代女帝の衣装」、五月十日には辰巳和弘氏が「他界はいずこ」と題して講演しました。

そして、東アジア史、あるいはもっと広く世界史の上で日本の埴輪がどう位置付けられるのかを理解するために、展示プロジェクト委員に国外の研究者を加えて「王の墓と奉仕する人々」と題した国際フォーラムを開催しました。

このフォーラムでは、まず、古代の人びとが粘土造形物をもって代理者とし、王の墓にどう奉仕したのかを考えようとしました。世界各地では、古代国家形成期に登場し絶大な権力をもった王の墓に、仕えていた人びとが一緒に埋葬され、やがては、粘土や石や木などで人の形につくられたものが人の代理となって埋納されるようになっていった事例がみられます。しかし、粘土などによる造形物製作の意図は、秦始皇帝陵《しんしこうてい》の兵馬俑《へいばよう》を代表とする古代中国の事例を除くと、それほど知られていません。そこで、巨大な墳丘をつくった古代エジプトの王墓と中米地域の王墓における人の姿をした造形物を加えて、その意味を紹介いただいて、古代国家形成期の王墓における造形物が同じであったのか否かを探ることにしました。

次に、これらの造形物は、古代の人びとが死の世界をどう考えていたのかということと関連するので、古代日本に認識されていた死の世界観を報告いただくとともに、埴輪からみた古墳時代の死者儀礼や死生観を紹介いただき、古代人の精神世界を理解しようとしました。

一方で、昔は日本独自のものと考えられていた前方後円墳と埴輪が、近年の調査で韓国に存在すると判明し、その出現契機と分布域をいかに解釈できるかが問題となってきたので、政治史的課題にも触れることとしました。

報告によって、造形物については、古代中国のように死の世界で死者を護る兵馬から死者の生活を支える侍従俑《じじゅう》へ変わっていった事例があるほか、古代エジプトのように故人の身代わりとして来世での労働に従事するものであった事例、さらに、メソアメリカのように葬られた王が正統に継承されてきた王であることを示したものである事例など、さまざまであったことが理解できました。

また、古代日本については、死後に魂が行きつく世界は、山や海など多様に考えられており、現世と同様の世界が死後の世界にもあるとも信じられていたことが紹介されました。埴輪については、人物埴輪よりも円筒埴輪などに本来の埴輪の意味があり、埴輪は死と再生をモチーフとしたとする見解のほか、埴輪の樹立は死者が生前にもっていた支配域を埴輪で表現して古墳に封じ込めて安定を確保するという儀礼であったとする見解や、女子埴輪が人物埴輪の根源的意味を語り、葬送の場において奉仕する姿が人物埴輪にあらわされたとする見解が披露されました。

さらに、韓国で前方後円墳がつくられた地は、百済《くだら》とは別の勢力を維持した馬韓《ばかん》であったとする見解も述べられました。

各報告の後、古代国家成立期における殉葬の代用品は共通しているのか、また、墓での奉仕が死者のためであったのか生者のためであったのかなど、いくつかの課題について討論を行いました。

このシンポジウムや講演会によって、埴輪に関する疑問がすべて解けたわけではありません。しかし、このなかの指摘を参考にして、今後に新しい解釈を導くこともあり得ると考えます。

本書は、報告篇を「古代王墓の造形物と人びとの心」、討論篇を「王墓における造形物供献の意図をさぐる」、講演篇を「埴輪のつくり・すがた・いのり」と題した三部構成としました。

刊行にあたって、報告および講演された関係者の方々に謝意を表します。なお、報告者の一人としてお願いしていた中国社会科学院考古研究所の劉慶柱氏は、開催日直前に発生したＳＡＲＳ問題のため中国出国が不可能となったので欠席されました。そこで急遽、翻訳代読を西谷大氏に、補足説明を上野祥史氏にお願いしました。また、このフォーラムの開催については設楽博己氏の、本書の挿図編集については山田俊輔氏の協力を受けました。

二〇〇四年七月

杉山　晋作

目次

王の墓と奉仕する人びと

第一部　報告

古代王墓の造形物と人びとの心

報告1　メソアメリカの墓と奉仕する人びと

寺崎　秀一郎

はじめに

私にあたえられたテーマと若干ずれると思うが、こういうものもあるということで、今日は話を聞いていただきたい。メソアメリカは、南北両アメリカ大陸を結ぶもっとも細くなっている地域である。アメリカ大陸は、一万数千年前にはじめて人類がやってきたところで、他地域との接触なしに独自の文化を発展させたといえる。そのなかでも、今日はとくにマヤ地域、図1にあるメキシコの南部、テワンテペク地峡と呼ばれるもっとも細くなっている部分、それからユカタン半島を含みながらエルサルバドルとホンジュラス両国の西部地域という範囲を含む約三二万平方キロの地域の話をさせていただく。

マヤ文明

マヤ文明は密林に消えた文明というイメージをもっている方も多いと思うが、図2はグアテマラ、ティカル遺跡の神殿群である。このティカル遺跡の場合、もっとも高い神殿Ⅳは高さ七〇メートルに達するが、いずれも現在では熱帯雨林に飲み込まれている。当時人びとが生活していたころには、熱帯雨林は切り払われていたが、このような現在の状態が「密林に消えた」というイメージを再生産している。しかし、このイメージもマヤ考古学の進展にともない、少しずつ変わってきている。

そのほか一般的な「マヤ」のイメージとしては、石づくりの階段状ピラミッドがあげられるが、エジプトのピラミッドと比べると随分異なる。たとえばいくつかの遺跡の階段状ピラミッドは九段の基段からなる。「九」は当時の人びとの世界観と一致する。彼らにとって、この世は天上界・現世・地下世界という重層構造をしており、地下世界は九層からなっ

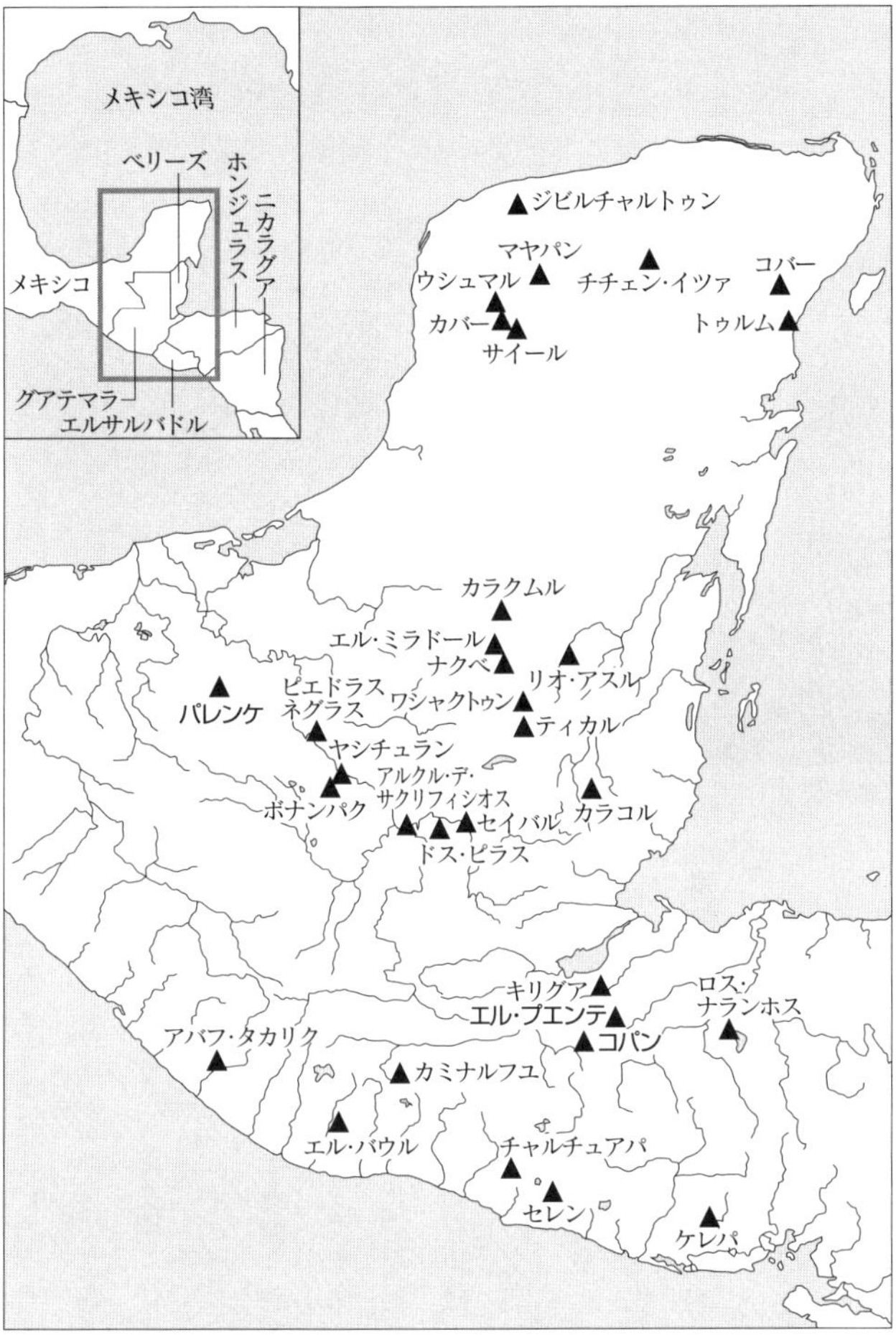

図1　主要マヤ遺跡分布図(寺崎秀一郎『村落社会の考古学』朝倉書店, 2001年, 一部改変)

図2　ティカル遺跡の神殿群

ていると考えられていた。都市や神殿の構造はこうした彼らの世界像を映し出したものである。

各種の石彫もマヤ文明を代表するものであろう。

マヤの人たちが「石の木（テ・トゥン）」と呼んでいた石碑は、多くの場合、祭壇と並置される。石碑と祭壇がセットとしてあり、これも一種の信仰のあらわれであるといわれている。マヤの世界の人たちは、石の文化を発展させたのである。

ほかにも、マヤ文明を特徴づけるものとして奇異な文字、マヤ文字があげられる。この文字が読めるようになったことによって、マヤ考古学は飛躍的に進展した。

今日は、こうした石の文化を発展させてきたマヤ地域のコパン遺跡を中心に話をしたい。

コパン遺跡の王墓と人物造形

コパン遺跡は、ホンジュラスの西部、グアテマラ国境に近いところに位置する。この遺跡の中心グループで注目していただきたいのは、図3下の右下の部分である。中心グループ南東部分が大きく削られているが、これはこの近くを流れるコパン川が長い年月のあいだに流路を変えて、遺跡の一部を削り取ってしまったた

アクロポリス西側，巨大な遺跡断面

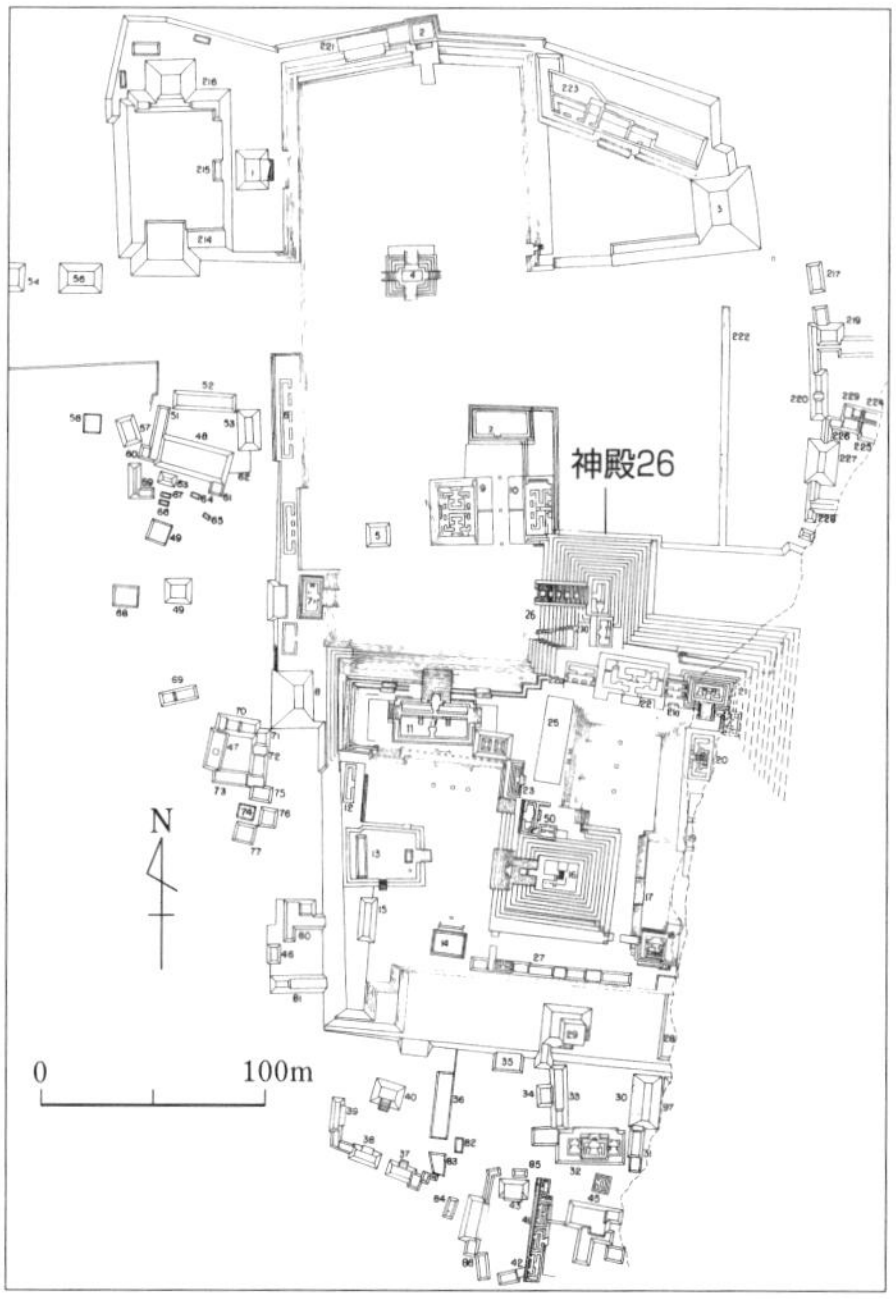

中心グループ平面図（Fash, W., *Scribes, Warriors and Kings,* Thames and Hudson, 2001）

図3　コパン遺跡

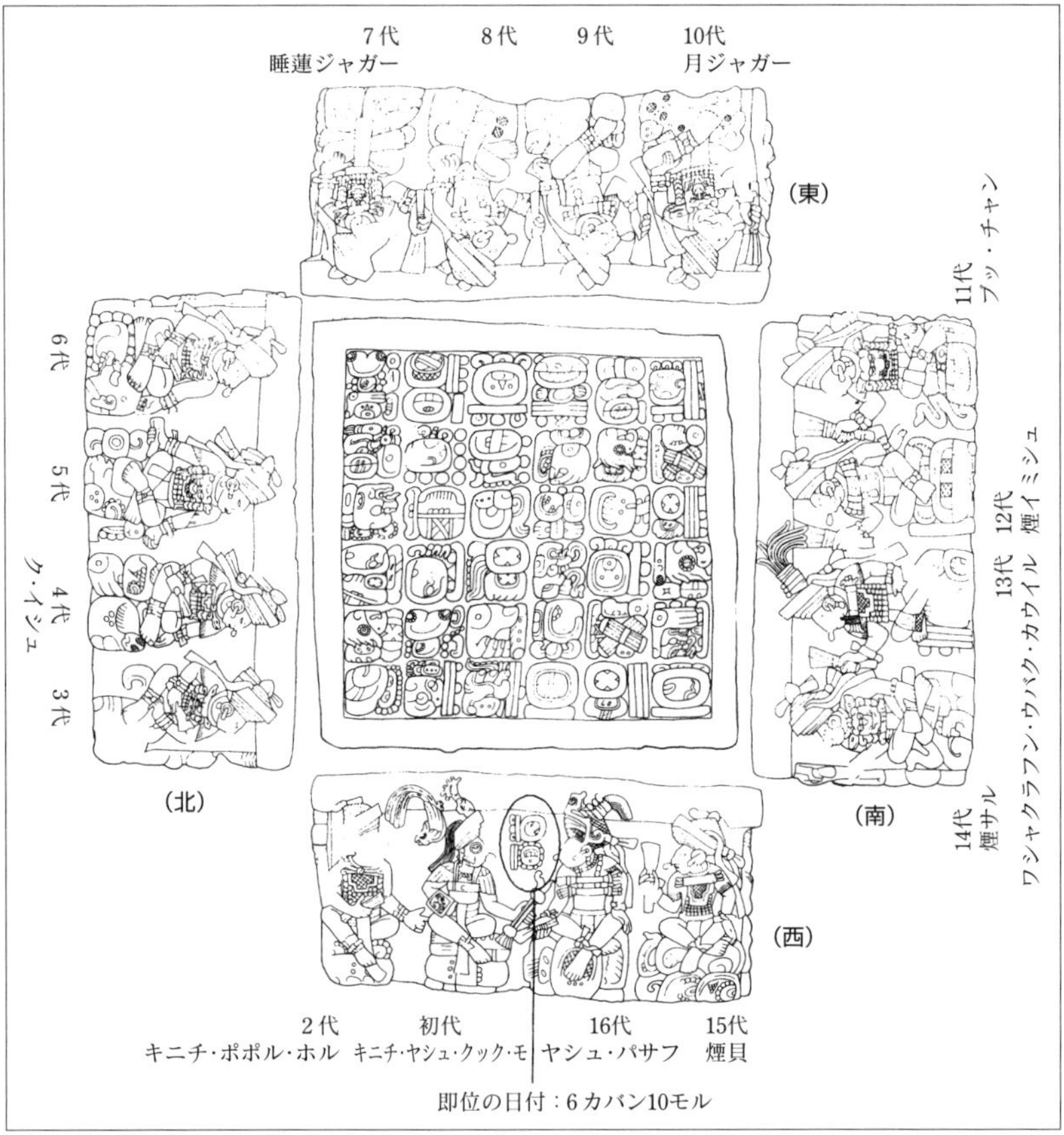

図4　祭壇Q（Schele, L. and D. Freidel, *A Forest of Kings*, 1990）

めである。遺跡の裏側に回ってみると、遺跡そのものが削られた巨大な遺跡断面が見えている。

図3上の写真の白い横の層の部分は古い時代の建物の床面である。その上にさらに建物をつくった結果、この遺跡断面に屋根構造の一部が見えている。これは高さ三〇メートル、幅が二〇〇メートル以上あり、おそらく世界最大の遺跡断面といってもいいのではないだろうか。

こうしたことからもわかるように、マヤの建物は、古い建物の上にどんどん新しいものを建てていく。新しい建物を建てるときの契機は、一つは人の死ではないか。そこに住んでいた人たちが死んだ場合に、その建物、あるいはその建物の内部、あるいはそのすぐ近くに遺体を埋めて、それから新たに別の建物をつくる。その結果、たまねぎの皮をむくように、中には古い建物が埋まっていることがしばしばある。これはピラミッドも同様である。ピラミッドの中からは王墓が見つかることがあるが、これは必ずしも最初からピラミッドを埋葬用神殿としてつくったことを意味していない。王の死を契機として神殿の増改築を行うことによって、結果的にピラミッド内に複数の王墓がつくられたのである。

コパン遺跡の場合、その王朝史は、発掘調査ばかりでなく、文字の解読が進んだことによって、よくわかってきている。コパン王朝史を端的に表わしたものとして祭壇Qが知られている。祭壇Qは、一辺の長さが一六〇センチ、高さが七〇センチほどの凝灰岩《ぎょうかいがん》の四角い石の塊である（図４）。その側面には一六人の人物像が彫られている。かつては、この人物像は天文学者が集まって会議をしている様をあらわしたものと考えられたが、文字の解読が進むことにより、ここに描かれている人物は天文学者ではなくコパンを支配した歴代王であることがわかってきた。

西面に彫られた左から二番目の人物がコパン王朝の創始者であるキニチ・ヤシュ・クック・モ（K'nichi Yax-K'uk' Mo）と呼ばれる初代王である。この人物を起点にし、時計回りに二代目、三〜六代目（北面）、七〜十代目（東面）、十一〜十四代目（南面）、そして再び西面の十五・十六代目王とならぶ。この祭壇が天文学者が集まって会議をしている様子をあらわしたものだと考えられたのは、上面の文字が読めなかったからである。

文字が読めるようになってくると、書き出しの部分にある「5 Caban 15 Yaxkin」という数字がマヤの暦（二六〇日暦）であることがわかった。これは現在のわれわれが使っている暦に換算すると、西暦四二六年九月六日にあたる。この日にヤシュ・クック・モという人物が、自分が王位につくことを表明し、「8 Ahau 18 Yaxkin」という日、すなわち、自分が王位になると表明した三日後に、王朝を起こしたと書かれていることがわかってきた。

実際にこの祭壇を建てたのは西面、右から二人目に彫られた十六代目の王である。ここで重要なことは、この十六代目の王が初代王からバトンのようなものを受け取ろうとしていることである。しばしば双頭の蛇は王家のシンボルとしてあらわれるが、これは自分が王であることを示す一種の儀仗である。その儀仗を初代王が十六代目の王に渡そうとしている場面である。

初代王と十六代目王のあいだには「6 Caban 10 Moll」という十六代目王の即位した日付が刻まれている。この日付は西暦七六三年七月二日ということになる。こういう形で、王朝は歴代王によって治められたということが示されている。マヤの王権は原則的に父系男子相続であり、祭壇Qを建てた十六代目王は、自分が初代王に連なる正統な王位継承者であることを、この祭壇によって物語っている。これは身内だけでなく、周囲にも、自分は正しい「血筋」に連なるのだということを表明していることがよくわかるが、実際はこのヤシュ・パサフ（Yax Pasaj）という十六代目の王は、十五代目の王の息子ではないという説が近ごろでてきている。そういう意味では、自分が正統な王位継承原則に則った継承者ではないからこそ、あえてこういうディスプレイをする必要があったのかもしれない。

今回は粘土造形物が課題としてあたえられたが、たとえばマヤ世界の粘土造形物というと、土でできた人形がある（図5）。これらはいずれも古典期後期（紀元六〇〇〜九〇〇年頃）につくられたものであるが、図5左上の人物は、頭につけている飾り、一種のターバンのようなものに着目すると、普通の人ではない。かなり身分の高い人をあらわしているのではないか。一方、図5右上の人物を見ると、鳥のマスクをかぶっている。ふんどしをつけて、あぐらをかいているが、これは玉座《ぎょくざ》と解釈されている。

こうした人物形の粘土造形物が王墓から見つかる例は必ずしも多くはない。むしろ、これらは出土状態がはっきりしないまま、博物館、あるいは個人コレクションに収められているケースが多い。

男性ばかりでなく、女性も同じようにつくられる。肩がざっくり開いているのは、頭からかぶる一種の貫頭衣《かんとうい》である（図5左下）。現地では「ウィピル」と呼ばれるが、これは現在でもメキシコやグアテマラでは民族衣装として、女性がふだん着ているものである。図5右下の女性は、座って膝の上に赤ん坊を抱いている。子供を抱く女性の像は、粘土に限ら

図５　古典期後期の人型粘土造形物（Schmidt, P. et al., *Maya*, 1998）

ず石やヒスイなどでつくられたものもあるが、かなり古い段階の紀元前から、こういう子供を抱く母親像が存在する。

王墓についてコパンの例で考えてみると、神殿26は「神聖文字の階段」と呼ばれるように、マヤ世界でもっとも長いテキストをもつ建物である（図6）。この内部に、いくつもの古い建物が埋まっている。今日取り上げるのは、「チョルチャ」と呼ばれる建物のなかにつくられた墓、「埋葬ＸＸＸⅦ－4」と呼ばれているものである（図7）。

埋葬ＸＸＸⅦ－4という墓は、コパン十二代目の王、煙イミシュ、あるいは「カック・ナブ・カウィル」と呼ばれる王の墓だといわれている。王の墓というだけあって、りっぱな構造をしている。長さが八メートルほどで、石でできた柱を六本もち、その上に天井部をもつが、この天井部がマヤ建築を代表する「疑似アーチ」構造をしている。マヤの人たちは、アーチを知らなかったので、石を少しずつせりださせて天井部をつくり、そのうえに大きな一枚板を乗せる。この技法により、石でできた天井部をつくることができた。これは王墓だけでなく、王や貴族が使う建物も同じ構造の天井をもっている。埋葬ＸＸＸⅦ－4も疑似アーチの天井部があり、その下に石棺が置かれている。キャップ・ストーン（蓋石《ふた》）でふさがれていたが、このなかに王の遺骸が納められていた。

この遺骸はかなり骨の状態が悪かった。そのため、年齢の推定が難しく、十二代目の王ということが確定したのは、最近のことである。この骨の状態の悪さから、王の死後、すぐにここに埋葬したのではなくて、二次葬ではないかという可能性もすてきれないが、発掘担当者のウィリアム・ファーシュによれば、遺体は未焼成の粘土で包まれていたため、保存状態が悪いとしている。この王は一人で葬られていたわけではなくて、子供も一緒に埋葬されている。

マヤの場合も、王墓にはしばしば殉葬《じゅんそう》をともなうケースがある。ただし、それは頭骨のない遺骸であったり、あるいはマヤ世界では「トロフィー・ヘッド」というが、頭蓋骨だけがなかに入っていたりするケースが知られている。

この王の墓は、骨自体の保存状態は悪かったが、遺物は豊富で、土器だけでも一一三個あった。それからヒスイ製品や貝製品などが副葬されていた。コパンは内陸部に位置しているにもかかわらず、海産のウミギク貝なども含まれている。

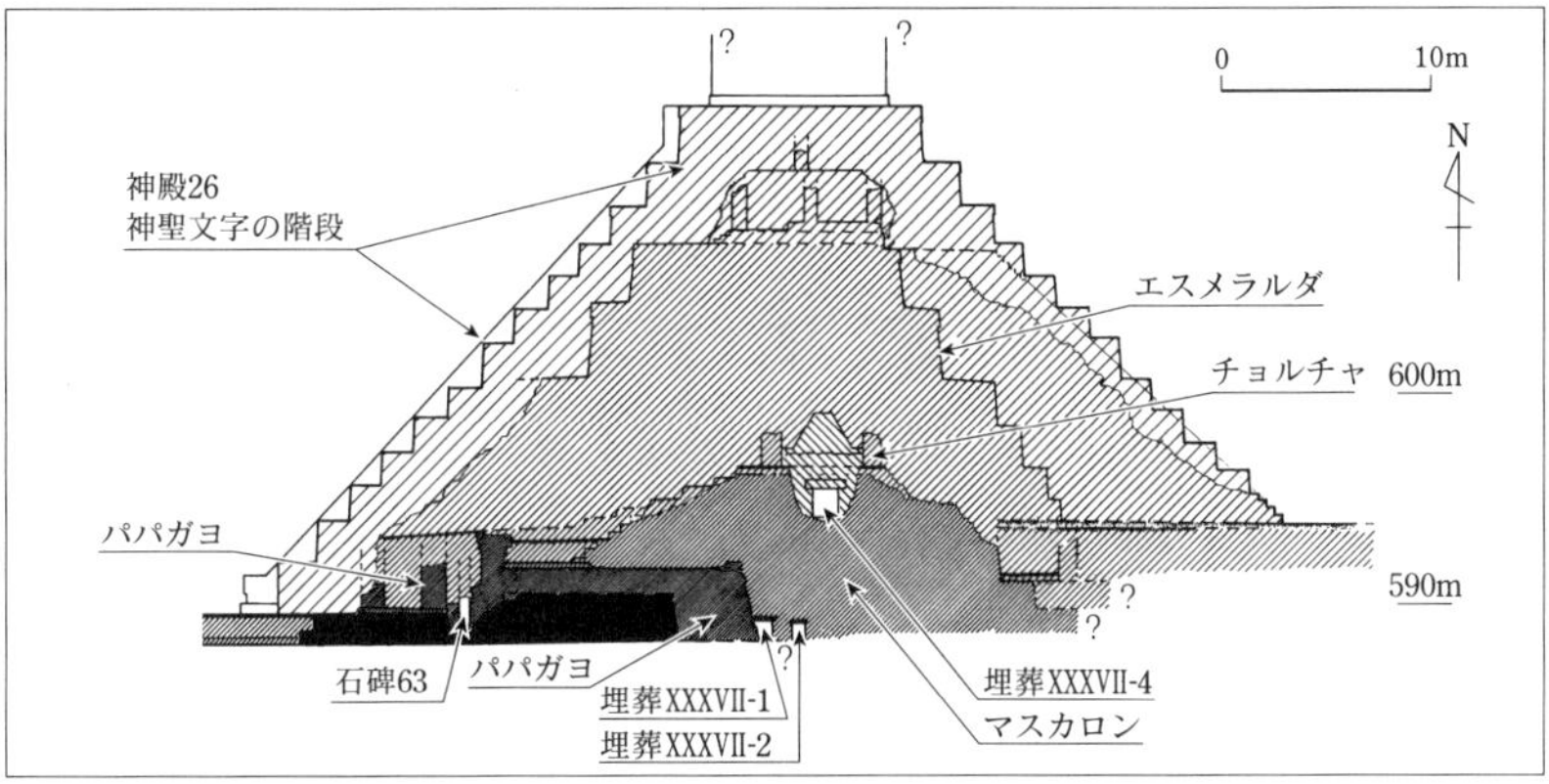

図６　神殿26断面図（出典：図３に同じ）

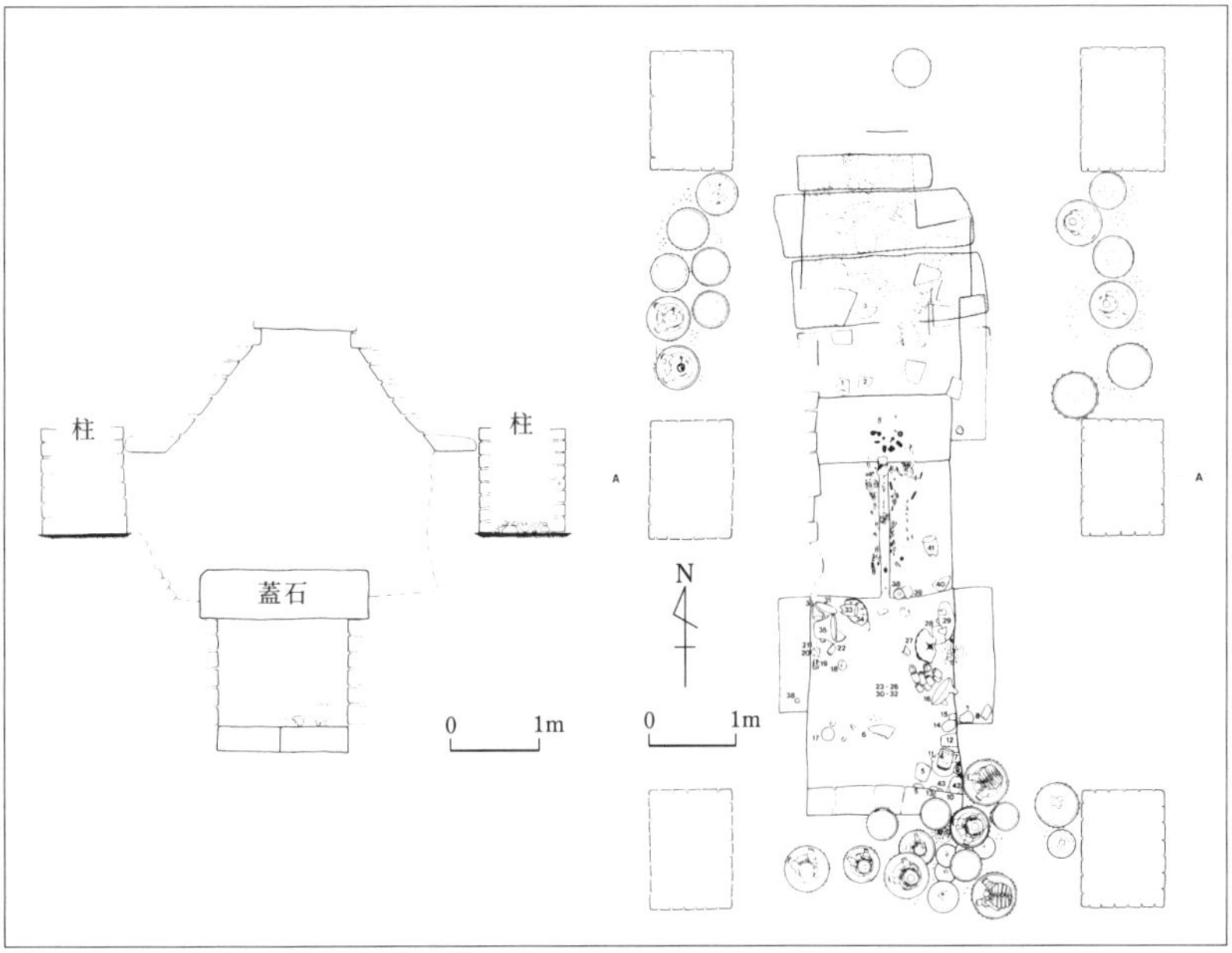

図７　埋葬XXXVII-4（出典：図３に同じ）

人物象形香炉の意味

この王墓で今日のテーマと関係があるのは、ここに置かれていた人物象形香炉《じんぶつしょうけいこうろ》である（図8）。

人物象形香炉といっても、実際には蓋であり、全部で一二体あった。下に香炉の本体があり、そのうえにぴったり口径があうようにつくられた人物象形香炉の蓋がつく。中は中空で、頭の上に穴が開いていて、香炉の本体で香をたくと上から煙がでてくるようになっている。この場合の香はコパルと呼ばれる樹脂だと考えられている。このコパルという樹脂は、現代でもグアテマラの高地などでは、民間信仰において儀式用の香として使われているものである。

これらをそれぞれ見ていくと、いずれも香炉の蓋としてつくられた人物象形のものは共通した要素をもっている。頭にターバンを巻き、胸飾りをもち、ふんどしをつけて台の上に座っている。ただし同じものは一つとしてない。①はターバンをぐるぐる巻いて、最終的に脇に垂らす様子がよくわかる。腕輪をしていたり、サンダルを履《は》いているものもある。②は変わったターバンの飾りをつけている。③も同じようにターバンを巻いて、巨大な耳飾りをしている。同じようなものはヒスイ製品として、王墓から見つかることがある。ここで注意すべきことは、ここには繰り返しコパン王朝の創始者であるヤシュ・クック・モがあらわれてくるということである（④）。

この④で、注目すべきは目の部分である。まるでめがねのようなものをつけているが、この特徴をもつものは、コパンで見つかる数多くの石彫のなかでも一種類しかない。たとえば祭壇Qにおいて、バトンのようなもので王権を委譲している人物＝キニチ・ヤシュ・クック・モも、よく見ると丸い目の飾りをつけている。そういう意味では、この像の人物は、祭壇Qに示される人物と同じなのではないか。そうであれば、副葬された人物象形香炉は奉仕する人びとではなくて、むしろ王その人なのではないかと考えられている。

実は、この丸いめがねのような飾りは、マヤの世界には伝統的に存在しえないものだといわれている。では、どこから

図8　人物象形香炉蓋（埋葬XXXVII-4出土）

来たのかというと、当時、コパン王朝が成立するころ、メキシコ中央高地では、テオティワカンという非常に巨大な都市が繁栄していた。そのメキシコ中央高地の雨の神「トラロック」が、丸いめがね様の飾りをつけて、いろいろな場面ででてくる。そういう意味では、このヤシュ・クック・モという人物は、メキシコ中央高地と強い関係をもっていた人物ではないか。コパン王朝は、そういう力をもった人がはじめて建てたのではないかということも一つ考えられる。

ただし、この場合は二つの可能性があって、一つはヤシュ・クック・モが本当にテオティワカンからやって来たという考えである。もう一つは、非常に強い関係をもっていたからこそ、おそらく当時身につけていたであろう飾りを手に入れ、自分は強い大きな都市との関係をもっているのだという意味で、こういう姿で描かれたという考えである。

たとえばマヤ世界でも巨大な遺跡として知られるティカル遺跡の場合、古典期前期、四～五世紀ごろには、テオティワカン的なものが多くでてくることが知られている。その場合はemulation（模倣）であり、ティカルの王はテオティワカンと強い関係をもっているのだという意図で、テオティワカン的な図像があらわれると考えられたが、近年の調査成果では、テオティワカンから直接人がティカルにやって来たことを示している。いずれにしろ、この人物象形香炉の蓋のイメージは、たとえば神であったりするのではなくて、実際の王の姿を模しているということである。

そのように考えると、問題になってくるのはこの「一二」という数である。埋められているのが十二代目の王だとすると、初代王に始まり、被葬者である十二代目の王を含む歴代コパン王に対応する数だということである。その際に、どの香炉の蓋がどの王に対応するのかというのはわからないが、異常なのは、非常に小さい香炉の蓋が一個だけあり、さらに描かれているのはえび反り姿という点である（⑤）。これは「アクロバット」と呼ばれるモチーフだが、この香炉であらわされた人物こそが、今まさに死んで埋められる十二代目の王であり、残りはすべて彼の祖先、この人物に連なる歴代コパン王の姿ではないかとするのが現在の定説である。

問題は人物象形香炉の胸飾りである。この胸飾りのパターンが祭壇Qに描かれるものとは異なる。かつてはその胸飾りの分析によって、単純な父から子へという王位の継承ではなく、むしろ有力な二つの家系から交互に王を輩出していた、マヤの王権は二元統御《にげんとうぎょ》（dual rulership）によって支配されていたのだという説が示されたことがある。そうであるならば、ここに示した人物象形香炉は写実的な飾りをつけているにもかかわらず、なぜ胸飾りだけはそれほどのバリエーションがないのかという問題もでてくるだろう。

エル・プエンテ遺跡の王墓

こうした自分の先祖をかたどった人物象形香炉を墓に納める例がほかにもあるのかというと、実はコパンと非常に近い地域、直線距離にして五〇キロメートルほどしか離れていないラ・エントラーダという地域のエル・プエンテ遺跡に類例がある。

図9は一九九四〜九五年にかけて、われわれが発掘したものだが、さきほどの十二代目の王とほぼ同時代の建物をピラミッドのなかで見つけた。そこにも人物象形香炉の蓋と土台がでてきた。蓋の下部からは多彩色土器などを副葬した埋葬（二次葬？）が見つかった。このエル・プエンテの遺跡の例で興味深いのは、人物象形香炉の蓋と胴部は、口径は一致するが、離れて出土していることである。離れて出土した香炉の蓋の周囲からも大量の灰が見つかっており、香炉の蓋と胴部が必ずしも密着した状態では使用されなかったことを示す一例である。

このエル・プエンテ遺跡は、コパンの強い影響下に成立した遺跡であろうと推測しているが、その埋葬パターン、死者儀礼も、コパン王と同じようなものを使っていたのではないかと考えられる。こうした例が、ほかのマヤ世界、マヤ遺跡でどれだけ見つかるかというと、非常に少ない。複雑な形をした香炉はあるが、明らかに歴代王ではないかという姿や形で合致する例は、コパンの例がおそらく唯一である。

エル・プエンテ遺跡のピラミッド

人物象形香炉の蓋

図9　エル・プエンテ遺跡

パレンケ遺跡の王墓

では、これがコパンやエル・プエンテなど南東マヤ地域だけの特殊な事情なのかどうかということをほかの例で検証してみたい。

コパンやエル・プエンテからは少し離れるが、パレンケという遺跡がある。メキシコのチアパス州、かつてはサパティスタ民族解放軍によるゲリラ戦が行われた地域である。皆さんがイメージされるのは、「ラカンドン」と呼ばれる、髪の毛の長い貫頭衣を着たマヤの末裔《まつえい》の人たちではないだろうか。彼らとリンクする地域が、このパレンケのあたりである。

パレンケ遺跡を有名にしているのは、「碑銘の神殿」と呼ばれる建物である（図10上）。これは九段の基段からなり、このピラミッドそのものが、地下世界をあらわしているのだという建物である。しかも、これはマヤ世界では、けっして多くはない事例の一つで、最初からこれは埋葬用神殿を意図してつくられたものである。被葬者である王が、生前からつくり始め、その息子が王の死者儀礼を指揮したといわれている建物である。

碑銘の神殿の断面を見ると、上の部屋の部分から、下におりていく階段があるが、そのいちばん底に大きな墓室がつくられている。ここに埋葬されているのがパカル王である（図10下左）。

パレンケの王朝史をひもといてみると、これも文字が読めるようになってわかってきたことだが、実は完全な父系男子相続ではない。つまり、パレンケの王朝史はマヤ世界において、必ずしも王権が父系男子相続という形で継承されていくのではないことを示す一例となっている。

図11を見ると、父から息子へ、という王位継承パターンは、八代目の女王レディ・カナル・イクナルで一度切れる。マヤ世界では、原則として先祖は父方にたどるので、これが一つのリネージ（Linage）となる。つぎに九代目は息子のアク・カン（Ak Kan）ということになるが、今度は別の血筋となる。十代目はレディ・サク・クックが女王として即位する

碑銘の神殿

パカル王墓石棺の蓋

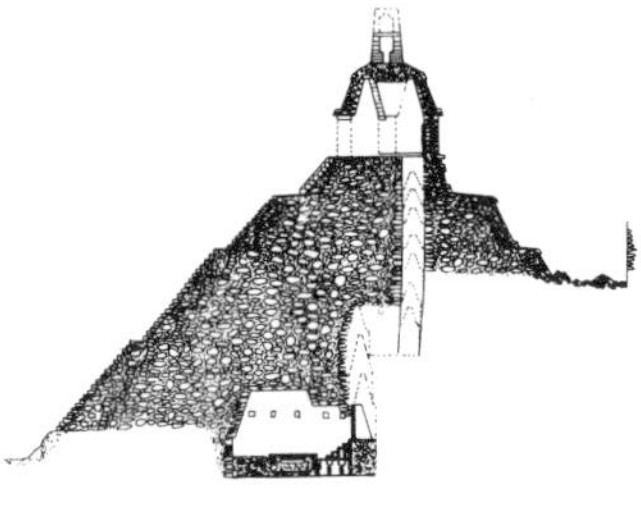

神殿断面図

図10　パレンケ遺跡(出典:図 4 に同じ)

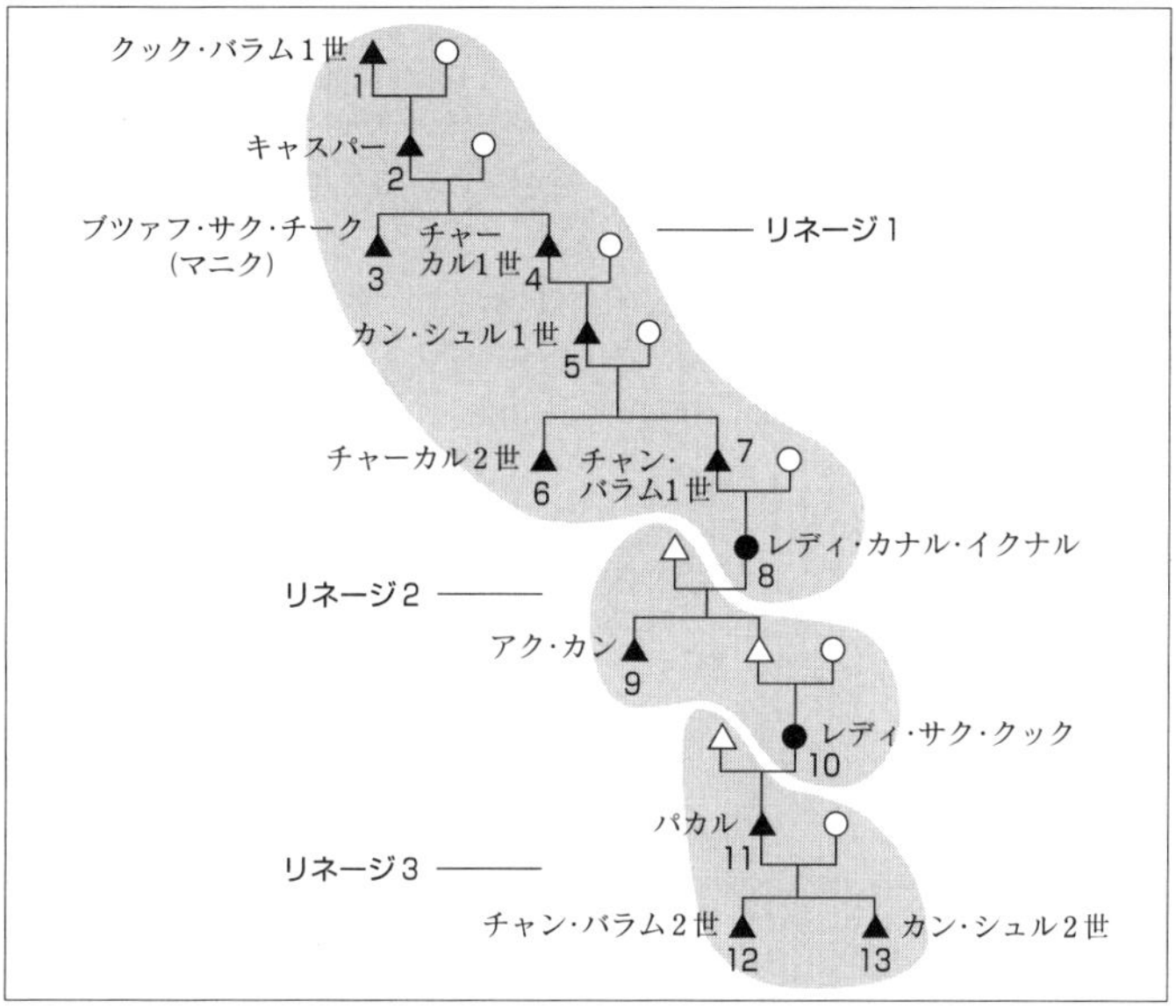

図11　パレンケ王朝系譜図(出典:図4に同じ)

が、ここまでが第二のリネージである。レディ・サク・クックの息子であり、碑銘の神殿に埋葬されているパカルから第三のリネージが始まることになる。このように碑文解読の結果、パレンケ王朝では王位は万世一系ではなく、少なくとも三つのリネージから構成されていることがわかった。

リネージを異にしながらもパカルの石棺の周囲には歴代王＝祖先の姿が示されている。これもコパンの例と同じように、自分の祖先を墓に刻むことによって、自分が正統な王位の継承者であることをあらわしているのではないか。

そういう意味では、マヤの王の墓には、たとえば粘土造形物や石に彫るという形で、自分の出自を示す習慣があったのではないか。こうして歴代マヤの王は、自分たちの王権の正統性を示していた。それが現世の王であり、地下世界とのコンタクトをとるべき重要な人物として、マヤ王の権力の源の一つであったのではないかと述べて、私の話を終わる。

報告2　古代エジプトの王墓に奉仕する人びと

近藤二郎

はじめに

私の専門はエジプト考古学で、発掘だけでも二七年目を迎える。昨年、寺崎秀一郎氏の案内でグアテマラやメキシコのマヤの遺跡を二十数カ所見ることができた。はじめてエジプトなどの中近東地域以外でゆっくり遺跡を見る機会をえたことは非常によい経験になった。

今回の国際フォーラムは、「王の墓と奉仕する人びと」というテーマである。私は、エジプトの王墓、あるいはエジプトの墓に副葬されている人物像を中心として話をしたい。

エジプトは遺物がたくさん残っており、エジプト人の死生観やテキストのことを話し始めると、あたえられた時間のなかで話をつくすことはできない。今回はエジプトの墓に副葬されているものの系譜を少し話したい。

古代エジプトというと、皆さんはピラミッドに代表されるような王墓やツタンカーメン王に代表される王家の谷の王墓をすぐ想像されると思うが、実は、古王国時代から中王国時代、紀元前二六八〇～二〇〇〇年の時代のピラミッドに埋葬されたであろう王の遺体は、現在までのところ一例も発見されていない。そのためにピラミッドが王の墓であったかどうかということすらも、疑問視する意見がでている。私自身は王墓のモニュメントとしての機能があったと考えている。古王国時代から中王国時代にかけての王墓が実際に未盗掘の形で発掘されていないので、王墓の副葬品の状態がまだはっきりわかっていない。王に仕えた高官たちの墓の発掘からでてくるものなどを通じて、当時の副葬品を考える形になっている。

王墓と殉葬

エジプトの先王朝時代から、初期王朝、第一王朝が成立する時代が紀元前三〇〇〇年にあたる。図1に示したものは、第一王朝の王墓、アビュドスにあるウンム・アル＝カーブ地区につくられた王墓である。これは上部構造がほとんど失われているが、一九〇〇年代初頭の発掘、あるいは一九八〇年代からドイツ考古学研究所で再発掘を行っており、その規模と範囲などがかなり明確になっている。

図1の真ん中より少し上に、「ジェル王」と書いてある墓がある。この第一王朝三代目の王ジェルの墓は、本体の周りに三三八基にものぼる付属墓が併設されている。第一王朝三代というと初期王朝時代が始まったばかりのころだが、これらの付属墓には人物が埋葬されている。召使たちが、王の死とともに王の墓に副葬された殉葬墓《じゅんそうぼ》であろうと現在では考えられている。

召使だけではなくて、アビュドスの第一王朝の墓は非常におもしろいことに、紀元前二九〇〇年ごろの王のペットであったイヌの墓なども併設されていて、それぞれのイヌの名前の石碑が併設されている。

この第一王朝、第二王朝の初期王朝時代の墓も、不思議なことに、第三代のジェルのときに付属墓の数が最大になるが、その後、付属墓の数が減っていき、第一王朝の終わりごろには、そういう形のものが姿を消していく。すなわち、統一王朝出現期の国家において、殉葬という習慣があったが、それがその後どのように形を変えていったのかということを、おもに話していきたい。

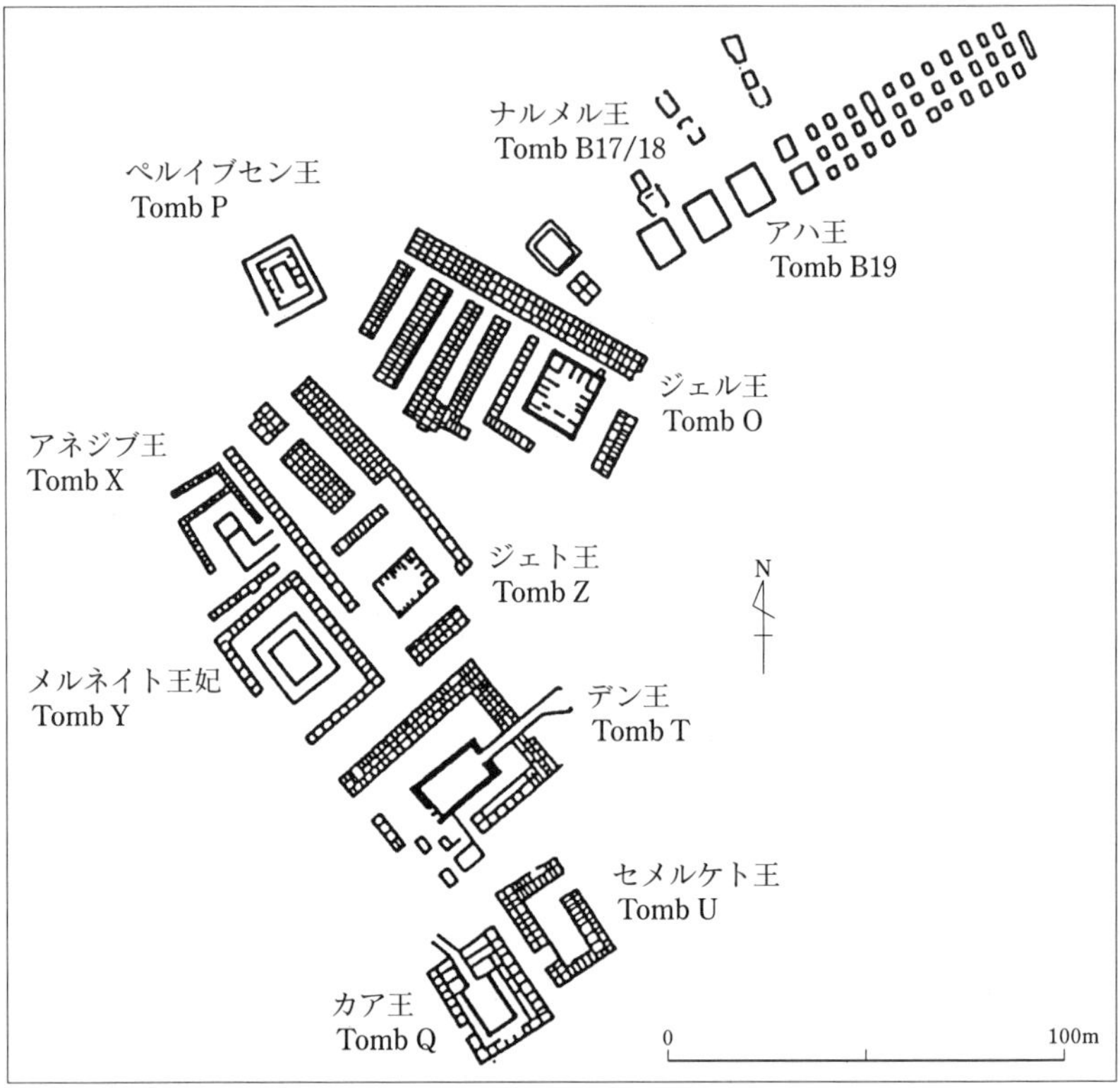

図１　第１王朝の王墓分布図（近藤二郎『エジプトの考古学』同成社，図12一部改変）

図２　ギザの三大ピラミッド

埋葬の変遷

古王国時代になると、貴族の墓から召使の石灰岩の像がでてくる。

図2は、エジプトのカイロ市内から西にあるギザという台地にある三大ピラミッドである。カイロから見ると西のかなたに見える。われわれが住んでいる東アジアの仏教世界においては西方浄土という言葉があるが、古代エジプト人にとっても、古王国時代以降は、古代エジプト人の再生・復活の概念と太陽神の再生が一致して考えられていた。ピラミッドは、ほとんど全てがナイル川の西側につくられていたが、それは必ずしも、太陽が西に没するから西側につくられたというだけでなくて、東から昇ってくる朝日を正面に受けるような位置で、西側の台地の上につくられていたわけである。

エジプトの埋葬を簡単に説明していくと、先王朝時代、紀元前三五〇〇年ほどのアル＝マハスーナ遺跡の墓では、竪穴の簡単なピットを砂漠につくり、そこに人物を埋葬している。ほとんどが屈葬である。おそらく初期には食糧を入れた壺がならんでいたが、食糧がだんだん粘土のようなものに変わっていった。埋葬された遺体のなかには、ミイラとなるものもあった。砂漠に穴を掘って埋葬することにより、急激に人間の体内にある水分が蒸発して、自然乾燥ミイラとなったのである。

ところが、初期王朝時代になり、王墓がつくられるようになり、墓も地中深くに部屋をもつようになると、今まで自然乾燥であったミイラができなくなってくる。空間ができて腐るようになってきてしまう。そのために古代エジプト人の最大の願望は、いかにして自分の遺体を残していくかということであった。

ウンム・アル＝カーブ（アビュドス）という地区は、アラビア語で直訳すると「土器片のお母さん」という意味である。土器片が山のように積まれているところから、そういう地名となった。なぜ土器片がいっぱい積まれているかというと、実は初期王朝時代の土器片ではなくて、新王国時代やそれ以降、この地域がオシリス神の墓のあった場所として、初期王朝の王墓がつくられて一〇〇〇年以上たってから巡礼が行われ、その人たちがオシリスの墓と思われていたデンという初期王朝時代の王の墓にかわらけを投げて帰ったから、新王国以降の素焼きの土器が山を成しているのである。

一代目の王はナルメルという王だが、非常に小さな王墓である。二代目がアハ、これもやや大きめになった墓だが、三代目になり周りに付属墓が図1のように併設されていった。その後も、第一王朝時代には付属墓をもつものが存続していったが、三代目のジェル王のとき、三〇〇基以上という最大の規模をもったのが特徴である。

第三王朝、古王国時代になり、はじめてピラミッドが建造された。紀元前二六五〇年のカイロの南にあるサッカーラにある階段ピラミッドである。ジェセルと呼ばれる王のピラミッドで、このピラミッドはエジプトでいちばん古いピラミッドであるとともに、石でつくられた最初期の巨大モニュメントになっている。

最初からピラミッドをつくるわけではなくて、最初は一段だけの石造の「マスタバ墓」とエジプト学では称しているものであった。マスタバというのはアラビア語で「ベンチ」という意味の用語だが、ベンチ状のものから階段状のピラミッドに変わっていった。しかも石でつくることにより、永遠に王の墓を存続させるという意思があった。

実はピラミッドもいくつかの変遷がある。なぜ階段なのかというと、この時期は、太陽の再生ではなくて、天の星、北天の周極星を永遠のシンボルとしていた。地平線に没することのない北極星の周りの星々を自分の生命とたとえ、「天にのぼる階段」という形でピラミッドを建造していた。しかもピラミッドの北側には神殿がつくられて、天の北極、北天を見るような構造になっていた。紀元前三〇〇〇年ごろの古代エジプトにおいて、カイロの近郊など北緯三〇度ほどの低緯度地域では、北斗七星が周極星として一晩中見えていた。私たちが見る現在の北の空とは違った空が見えており、そういう明るい星々を、自分の永遠の生命にたとえていたのである。

その後、第四王朝時代、つまり階段ピラミッドから一〇〇年以上たつと、ピラミッドの形が三角形にとがった四角錐につくられるようになった。サッカーラの階段ピラミッドは、いちばん古いピラミッドのためなのか、底面の平面プランが正方形ではなく、非常に例外的に東西方向に長い長方形をもつピラミッドだが、ほかのピラミッドの底面は正方形につくられている。

この三角形の形状は、太陽神を意識してつくられており、表面には磨かれた石が化粧石として積まれていたために、太陽光線を浴びると古代のピラミッドは光り輝いていたといわれている。また、東側に延びて参道、河岸《かがん》神殿などの施設がつくられていて、この墓は東向の墓であった。すなわち太陽の昇ってくる日の出の方向に、墓をつくっていったのである。

いちばん大きな大ピラミッドの副葬品、墓の横につくったものとしては、クフ王の第一の船がある。一九五〇年代に発見され、約二〇年ほどの復元作業をへて、現在一般に公開されている。これはレバノン杉でつくられた非常に大型の構造船であるが、紀元前二五五〇年ぐらいの、長さ四三メートルという非常に大きな船が、ピラミッドの南側、ピラミッドに付属して地下に解体されて二隻埋納されていた。もう一隻である第二の船は、現在もまだ地下に解体されて埋められたままである。これは「太陽の船」という通称がついている。太陽神の昼の航海は、日の出から日の入りまでの一二時間である。エジプト人は、一日を二四時間に分けていて、昼間の船と太陽が沈んだあと、西の空からつぎの朝には東に来るので、われわれの地下に上天と同じような下天があって、その闇《やみ》の世界、下天を航海するためにもう一隻いる。そういう船がピラミッドの脇から見つかっている。

ピラミッドに、ヒエログリフのテキストがはじめて書かれるようになるのが第五王朝末期、紀元前二三〇〇年ぐらいのことである。統一王朝がはじめてエジプトに出現してから七〇〇年ほどたった時代で、この時代以降のピラミッドの中に、はじめて文字が書かれている。ギザにある大ピラミッドやさきほどの階段ピラミッドには、文字のテキストは一切書かれていないし、ギザのピラミッド群の大ピラミッドのなかには落書きのようなものしか残っていない。

ところが、紀元前二三〇〇年ごろになると、埋葬室に大きな石棺が置かれ、その部屋の天井には星が描かれている。古代エジプトの星は、五芒星《ごぼうせい》と呼ばれる五つの星形をしていて、ヒトデの形を模している。英語でヒトデは starfish といっているが、これよりも古い段階のモチーフでは、ヒトデの口や触手がわかるようなレリーフが残っていて、古代エジプト人はヒトデから、星のデザインを拝借したことがわかった。

墓に仕える人物像

ピラミッド内部には、王の名前とテキストが書かれている。基本的にピラミッドテキストは、古代エジプトのそれまでの時代にあったさまざまな呪文集のうちから、ランダムに集成したものを王墓のなかに記した。王が死後にその呪文を唱えることによって再生する力をえるために書かれたのである。

その後、ギザにある高官の墓に召使の像がつくられるようになった。古王国時代の召使像は、厨房《ちゅうぼう》などを中心とする食べ物や飲み物を扱っている点に特徴がある。たとえば女性の召使の像は、パン焼きや粉ひき、あるいは水の張ってある大きなかめのうえでビールになる前の段階のパンを細かくちぎってなかに入れビールをつくっている。大きさは高さが二〇～三〇センチ、大きなもので四〇センチぐらいのものであり、石灰岩でつくられた上に彩色を施している。

おそらく、初期王朝時代、第一王朝時代の殉葬墓に召使を埋葬する形から発展して、人を殉葬させるのは忍びないから、こういう形にしたのだろうと思われる。殉葬の習慣は、古代社会において主人に奉仕する召使たちが、王あるいは主人の死によって、一緒に死出の旅路をしたとする説がある。もう一つ、新しい支配者あるいは新しく家督を相続する者が新しい権限のなかで自分の世界をつくっていくためには、前の代に仕えた人は前の代の人と一緒に死んでいく必要があり、新たな支配者の下には、新たに奉仕する召使集団を形成したのではないかともいわれているが、真偽は定かでない。

その後、中王国時代になると、石灰岩の召使の像に代わり、木製の模型、つまり木で作られた箱庭のような模型が、もちろん王墓での副葬品はわからないけれども、総理大臣クラスのメケトラーと呼ばれる人物の墓から大量に見つかった（図3）。これは、古代エジプトの水平の織機で紡錘車《ぼうすいしゃ》を回している女性がいて、機織《はたお》り工房の箱庭のようなものである。

図3　メケトラー墓の模型

同じようなものとして、大工仕事をしている工房や、ビールづくり、パンづくり、あるいはナイル川での魚を捕る漁の場面、牛の頭数を調べる場面といったものがある。おそらく、メケトラーの家に付属する工房、貴族階級の工房、あるいはメケトラーが生前行っていたおもな仕事を代表させるようなものを、模型として墓のなかに副葬したのではないか。この模型は非常に大きなもので、長いほうが九三センチほどある。かなりりっぱなものが二〇以上副葬されていて、ほかにも船の模型が副葬されている。

紀元前二〇〇〇年ごろになると、古王国時代が一度滅亡した混乱の時期をへて、中王国という新しい中央集権国家が生まれていくが、その頃の中部エジプトのアシュート近郊にあるメセヘティと呼ばれる地方豪族の墓には、模型の軍隊が副葬されていた。エジプト兵の軍隊である。長さが約一七〇センチ、高さが約六〇センチの軍隊の像などが地方豪族の墓の副葬品として入れられている。この墓には、エジプトの軍隊とヌビア人（アフリカ人）の軍隊と両方の模型があり、エジプト人は褐色の肌で短い髪でやりをもっているが、ヌビア人の軍隊は黒い肌で弓をもっている。赤い帯をしているとか、どういう形だったのかという紀元前二〇〇〇年当時のヌビア兵の習俗なども、この地方豪族の墓の中からでてきた模型でわかる。エジプトは非常に乾燥しているので、木材でつくって彩色を施したものが、四〇〇〇年たってもこのような形で残っている。しかも、これは長さが一七〇センチという非常に大きな模型をつくっていて、ある意味では、秦《しん》の始皇帝陵《しこうていりょう》の俑《よう》などと非常に近い性格をもっていたことは間違いない。

次に中王国時代の木棺について簡単に説明する。

古代エジプトの中王国時代の木棺は、必ず片側に目が書かれている。これは「ウジャトの目」という繁栄や幸福を象徴する目だが、もともとはハヤブサの目を図案化している。古代エジプトにおいて、ハヤブサはホルス神という王の化身として、非常に重要な役割を果たしていた。必ず、向かって右側に目が書かれる。エジプトの伝統的な埋葬は、頭部を北に向けて埋葬するという仏教世界の北枕《きたまくら》と同じような発想があるわけだが、西方浄土で西を向くような仏教世界の埋葬のしかたとは違い、東に顔を向ける。これをいうとみんなは「本当か?」と疑うのだが、古代エジプトの中王国時代ぐらいまでの埋葬では、こういう木棺の中で、人間の顔を上に向けるのでなく、左を下にして横向きに埋葬していた。死者の目の部分がウジャトの目に当たる部分に来るように、東の日の出の光を顔面に受けるような形で埋葬されていたと考えられている。それはとりもなおさず、太陽神の再生・復活を、死者が顔面に受けて自分自身も再生するということであった。

シャブティ

これから「シャブティ」と通称いわれている人形について、簡単に報告する(図4~6)。新王国時代まではおもに「シャブティ」という名称であったが、のちには「シャワブティ」「ウシャブティ」が末期王朝時代に使われるようになった。

このシャブティ(ウシャブティ)という像がはじめてエジプト史上に登場するのは、中王国時代になってからである。なぜかというと、太陽信仰もずっと続いていくが、再生・復活は、人間であればだれでもできるのだという、オシリス信仰の大衆化が中王国時代に起きたからである。

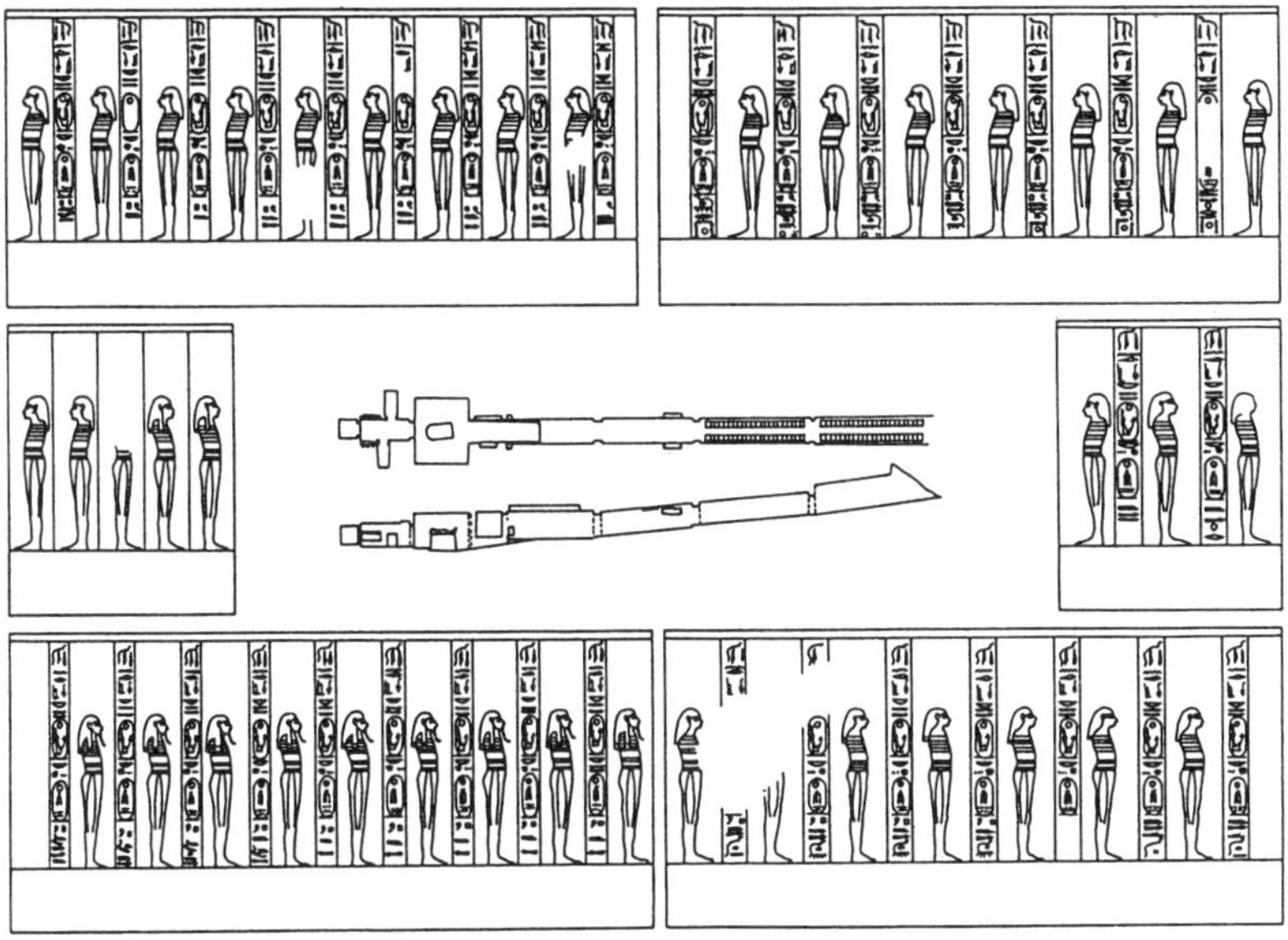

図４　新王国第20王朝ラメセス４世墓のシャブティ室，中央はラメセス４世墓平面図
(Schneider, H. D., *Shabtis*, Leiden, 1977, Fig. 38)

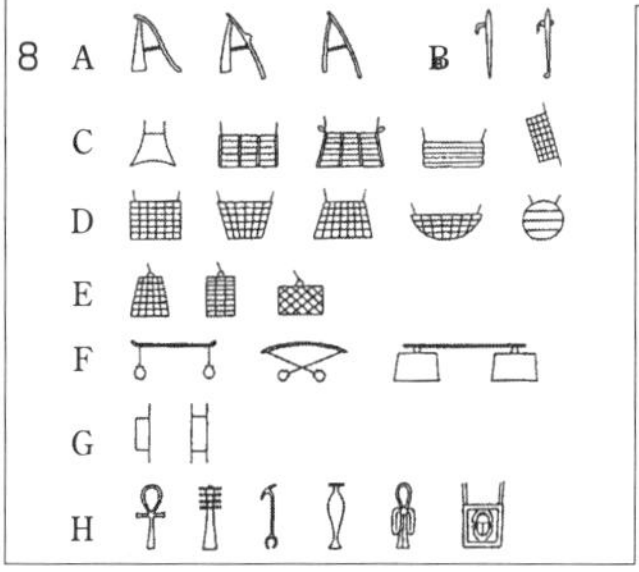

図５　シャブティ像とその道具
１：イアフメス王(第18王朝)，２：セティ１世(第19王朝)，３：プスセンネス１世(第21王朝)，４：シェションク王子(第22王朝)，５：オリルコン２世(第22王朝，監督像)，６：イシス(第18王朝)，７：ハティアイ(第19王朝)，８：シャブティの道具類
(Stewart, H. M., *Egyptian Shabtis*, London, 1995, Fig. 11, 12, 13, 18, 22, 25, 26, 27)

図6　シャブティ・ボックス

古王国時代につくられたピラミッドの中のピラミッドテキストなどは、王族だけにしか許されていなかったために、支配者や一部のエリートだけが再生・復活の権利を享受していたが、中王国時代になると、そういう権利が大衆化していった。それはなぜかというと、古王国時代に約八〇〇〜一〇〇〇年ほど続いていた中央集権体制が崩壊して、下剋上の時代になると、王族ではない者が王になっていくなど、秩序の崩壊が起こり、人はだれでも死ぬとオシリス神となって復活するという「オシリス信仰」が起こった。

　この人形の基本的な形というのは、実はミイラの形である。手を前に組んでいるのはエジプトの支配者の姿をあらわしているが、とりもなおさずオシリスとなった死者をあらわしている。実際の人間のミイラで、手を胸の前で交差させるポーズをとれるのは支配者だけであり、王家の谷などで見つかる王のミイラ、あるいは王妃でも女王のミイラなどは、手を前で組んでいる。これは死んでオシリス神となることを示している。オシリスも支配者の一人であったので、このような形をとっているのである。

　シャブティ像の胴部正面には、被葬者の名前が書かれているが、名前の上に「オシリス」と記されてある。「オシリス神某（死者の名）」を表現し、死者に奉仕する像であるとともに、この碑文では、オシリスとなった死者自体もあらわしている。また「死者の書」の第六章、「シャブティ（シャワブティ）の書」と呼ばれる碑文が記されたものもある。シャブティ（ウシャブティ）というのは「答える者」という古代エジプト語で、主人が召使を呼んだときに「答える者」という意味がある。シャブティ像は主人とともに副葬され、主人のために奉仕・労働する役割を負っていたのである。

シャブティはどのようにして副葬されていたのであろうか。新王国時代から末期王朝時代の例では、図6のようなシャブティ・ボックスと呼ばれる箱に入れて副葬されていた。ただ、エジプトの場合は未盗掘の墓が発見されることはきわめて少ない。多くの墓が再利用や盗掘を受けているため、実際にこの数がどのように推移していったかについては、今のところ確証はない。

ツタンカーメンの王墓と奉仕する人びと

つぎに、ツタンカーメンの王墓の例を中心に紹介していきたい。

古代エジプトの暦は三六五日であるが、三〇日ずつの月が一二で三六〇である。円周三六〇度、それが概念的な一年である。そしてつぎの年と前の年の間に祭礼のための日を五日間設けるという、非常に合理的な考えをした。一年は、三〇日が一二、そして上旬・中旬・下旬という一〇日ずつの週に区切られている。非常に明解な考えで、三六〇日が一年の概念である。もちろん、三六五として計算するときもあった。

一年のなかで一日一人ずつ奉仕をしていくと、三六〇あるいは三六五体のウシャブティの像が、一人には必要となる。おもしろいことに、召使だけ三六〇人いてもきっと働かないに違いないから、召使一〇人に対して、むちをもった監督一人を入れておけば働くだろうと彼らは考えた。図5の5の像は、ムチをもっているので、監督官の像である。こういうムチをもった人たちが三六〇人の一〇分の一、三六人が加わるから三九六人、あるいは一年を三六五日と考えると三六五と三六を足して四〇一人という例がある。ウシャブティの像は、とくに末期王朝になると、四〇〇体ほどつくられた。

ツタンカーメン王墓は、王家の谷で一九二二年十一月、イギリス人のハワード・カーターが第五代カーナヴォン卿の援助を受けて発見した。このツタンカーメンの王墓はほとんど盗掘を受けていないきわめて珍しい例で、もちろん、二回ほどの小規模な盗掘を受けているが、王墓の中にどういうセットが埋葬されていたかを考えるうえでは、非常に重要な墓となっている。この墓は、実は王墓として計画されたものではなくて、王家の谷でも非常に小さな部類の墓である。

ツタンカーメンの王墓は非常に小さくて、そこからはほぼ完全なセットが見つかっているから、ラメセス二世やアメンヘテプ三世のようなもっと大規模な王墓には、その何倍もの副葬品が入っていたに違いないとよくいわれる。ところが、近年の研究では、ツタンカーメン王墓から発見されたものは新王国時代の王の副葬品の標準的な量であるとされる。いかに王墓がこのツタンカーメンの何倍大きくても、同じようなセットが副葬されていたらしいと現在はいわれている。

ツタンカーメンの王墓は、黄金のマスクで有名だが、純金製である。かつては紺色の部分がラピスラズリだろうといわれていたこともあるが、ラピスラズリに似せた色ガラスでつくったものである。

ツタンカーメンの墓の中からは、シャブティ人形だけでなく、多くの王をかたどった人物像がでている。ほぼ等身大で、台座からの高さが一九二センチもある木製の王像が二体でた。ガーディアン・スタチュー（守衛の像）と呼ばれているもので前室奥の玄室との境の壁の前に置かれていた。また七〇センチほどの高さの王像はパピルスの小舟に乗って、ナイル川にいるカバを退治するポーズをとっている。古代エジプト人はカバを邪悪の象徴と考えていて、そういう儀式をおそらく行っていた。

ツタンカーメン王墓以外でも、新王国時代の王墓には、同じような彫像がすべての王墓にセットとして副葬されていたと今は推定されている。

ツタンカーメンの王墓のなかにあるシャブティは、今まで四〇一とか三九六といったが、ほとんど盗掘を受けていないので、王墓のなかに何体の像が副葬されていたかということを知るいちばんいい材料である。前室から一体、宝物庫（死者の内臓を入れている部分）から一七六体、付属室から二三六体、トータルでは四一三体となる。この四一三を見ていくと、規格のあるものが四一三あるわけではなくて、いろいろな形をした、しかも王をあらわしていると考えられるような王冠をかぶっている像もある。あるいは、これは議論が分かれるところだが、このなかの二例はおそらくツタンカーメンをあらわしたものではなくて、ツタンカーメンよりも前にいた王族をあらわしている。しかも、これらの像はプロポーションが非常に女性的なフォルムなので、これは女王ではないかといわれるものが含まれている。こういうものがなぜ入っているかというと、どうも数をあわせるために四一三にした形跡がある。

概念的な一年は三六〇日で、合わせると三九六。あるいは、ここでプラス五にすると四〇一になる。ツタンカーメンの場合は三六五と三六の監督がいて、一年の一二カ月がつけ加えられて四一三体ではないかと思う。もう一つの考えは、この一二は一日のうちの夜の一二時間を象徴的にあらわしているのではないかということである。ただ、全体で四一三という数字にするために、一日のうちの一二を加えるというのは少し説明不足なので、やはり一二カ月として、一人ずつ入れていったと考えられている。

王のミイラのなかでセティ一世のものが、エジプトでいちばん保存状態のよいものである。ラメセス二世の父親で、生前の顔立ち、つまりあごがとがっているとか、鼻が非常にりっぱであることがわかる。実はセティ一世の浮き彫りを見ると同じような形で描かれていて、彫像や浮き彫りは生前の王の姿を似せるような形でつくっていたことがわかる。エジプト人がミイラづくりになぜこれほどまでこだわるかというと、王の遺体をそのまま残すことにより、再生・復活をしたときに、この肉体をもう一度利用しようとするために、ミイラにして埋葬することが行われていたのである。

セティ一世のシャブティ像は青色のファイアンス（焼き物の一種）でつくられている。王がかぶるネメスという頭巾《ずきん》をかぶっている形、長いかつらをかぶっている形などさまざまな種類のシャブティ像がもともとは王墓に副葬されていて、そこに「死者の書」の呪文などが書かれている。召使を呼ぶと答えて仕事をする。その仕事は農作業から普通の作業まであり、畑を耕す鍬《くわ》を手にしている像もある。畑を耕す農耕具をもっているのが特徴になる。

図７　「死者の書」死者の心臓の計量場面

再生を願って

エジプトでは、新王国時代の「死者の書」と呼ばれるパピルスに書かれた文字資料がたくさん出土している。この「死者の書」は、ピラミッドテキストという古王国時代に集成された呪文集をその後も編纂を重ね、新王国時代に一つの巻物としたものである。図７は死者の心臓と真理の女神マアトである。天秤でそれが釣りあうかどうかが、非常に重要なことになる。「死者の心臓が重いとだめだ」とよくいわれるが、重いとか軽いとかは一切関係ない。天秤は英語で「バランス」というように、釣りあいがとれることが重要で、この真理と自分の心臓が釣りあえばよいわけである。

死後、心臓が釣りあうことにより、この人物は生前、不正な行為を行っていなかったことが証明されてはじめて死ぬことができる。死者にならないと再生・復活ができない。もし釣りあわないと、アメミトというエジプト人の想像力が生み出した怪物、つまり顔がワニでライオンの前足とたてがみをもち、おしりがナイル川流域でいちばんどう猛な動物であるカバから作り出された、この怪物に心臓を食べられてしまう。すなわち、死者は再生・復活の権利を失うことになる。

古代エジプトでは、死後の再生・復活の権利のために、死者は生前、いかに清く正しく生きるのかが繰り返し説かれ、こういう絵柄が書かれることによって、再生・復活はだれでもできるが、生前に悪いことや不正をすると再生はできないのだと考えられていた。彼らが再生・復活する場所はどこかというと、それは天国のようなところではなくて、ナイル川が流れていて、ナツメヤシが生えているそういう場所であった。彼らはナイルで死んでナイルに生まれる。非常に幸せな人たちだと思われ、おそらくだれでもが再生・復活ができると信じられていた。しかし、それが最下層の人までいき渡ったかとなると、かなり疑問がある。それでも、彼らはナイルをこよなく愛していて、この「死者の書」の一説には、「ナイル川の水を飲むものは再びナイルに生まれる」と書いてある。「死者の書」から取られたものが、新王国時代の第十九王朝の墓の壁画のなかに書かれているので、彼らがそういう概念をもっていたことを知ることができる。

古代エジプトの墓に副葬されたシャブティ像は、初期王朝時代に殉葬されていた召使が、古王国時代になって召使の像になり、あるいは模型という形態をへて、オシリス信仰が一般化したときに、オシリスの形をとって、死者へ奉仕するためにつくられた人形であると考えられる。

報告3　古代中国秦漢時期の帝王陵と陪葬坑の考古研究

劉　慶　柱
翻訳代読　西　谷　　大
補足説明　上　野　祥　史

（西谷）　劉慶柱先生（欠席）はスライドを説明しながら解説していく予定であったが、残念ながらそのスライドは届いていない。そこで、上野氏に報告書の図面等を整理していただいたので、私が代読しつつ、上野氏が補足する形で進めていきたい。

始皇帝陵について

（西谷）　秦《しん》の始皇帝《しこうてい》（紀元前二五九～二一〇年）は、前二四六年に秦王となる。前二三八年からは政治を執り行うようになり、前二二一年には全国を統一した。

　秦の始皇帝陵は、三八年間の期間を要して建設された。労働者は毎年数十万人も動員され、最大では七〇万人に達したといわれている。建設のために動かされた土砂の量は、五〇〇万立方メートルを超えたと推定されている。秦の始皇帝陵は、中国歴史上で最初の皇帝の陵園《りょうえん》（墓とその関係施設のこと）であり、造営期間は長期にわたり、規模も巨大で、動員された労働力も多い。また、多数の陪葬坑《ばいそうこう》も発見されている。秦の始皇帝陵は、中国だけでなく、世界的にみても非常にまれにみる規模と内容をもった墓といえる。

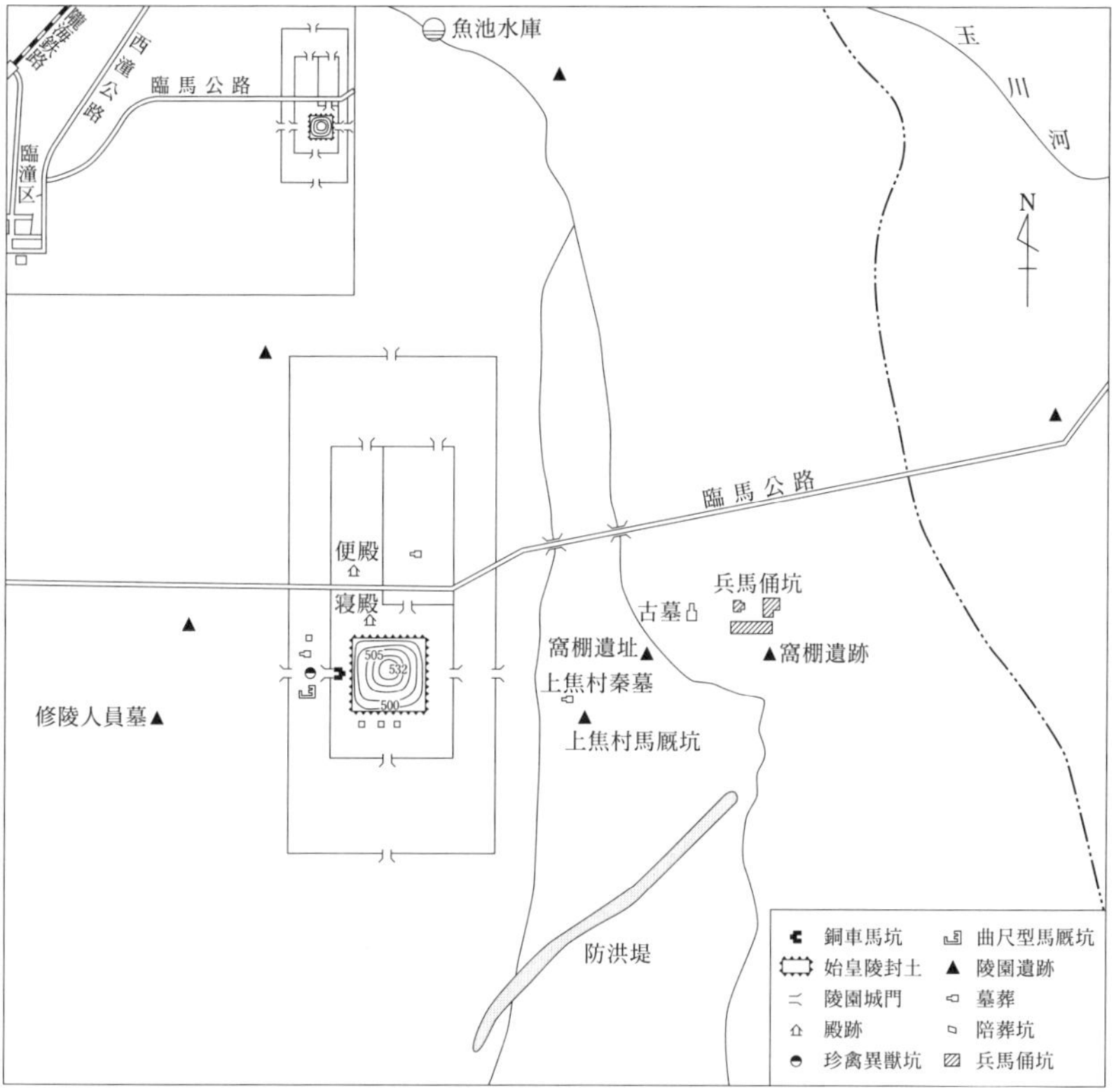

図1　始皇帝陵全図（秦始皇兵馬俑博物館・陝西省考古研究所『秦始皇銅車馬発掘報告』文物出版社，1998年，図1を改変）

始皇帝陵の陵区と面積は、五六・二五平方メートルである。陵園は内城《ないじょう》と外《がい》城《じょう》によって取り囲まれている。内城は東西五八〇メートル、南北一三三五メートルである。内城を取り囲む外城は、東西九七〇メートル、南北二一八八メートルを測る。内城内に造営された陵墓の墳丘は、東西四八五メートル、南北五一五メートル、墳頂の高さは五六メートルある。墳丘の地下に造営された地下宮殿は、東西三九二メートル、南北四六〇メートル、深さ三〇メートルを測る。

（上野）　図1が考古学調査等によって判明している、現段階での始皇帝陵の全容である。この方形の墳丘が墓本体で、それを取り囲むように内城と外城がめぐらされている。その周りに陪葬坑といわれるものがある。兵馬俑坑《へいばようこう》は有名だが、そういうものがこの内城・外城を取り囲むように四方に配置されている。

陪葬坑

（西谷）　陪葬坑は、陵園の内部に七七基、外部に一〇四基あり、さらに陵園内の陪葬坑は、内城内部と、内城と外城との間に囲まれた部分に造営されたものに分けることができる。内城の陪葬坑は、墳丘西側の車馬《しゃば》陪葬坑、墳丘西南側の文官《ぶんかん》俑陪葬坑、墳丘西南角の三号陪葬坑などである。

車馬陪葬坑の面積は、三〇二五平方メートルあり、それはグループ分けすることができ、大量の車馬が副葬されていた。一列には五つの小さな坑があり、一〇両の車馬が副葬されていた。これは始皇帝が生前使っていた車馬を象徴したものであり、そのなかの一列には銅車馬の陪葬坑があった。面積は一〇平方メートルで、二両の銅車馬が出土した。ここから出土した銅車馬は、実物を二分の一にしたものである。二両の車馬は、前後にならべられ、前は立車《りっしゃ》、うしろは安車《あんしゃ》と呼ばれている。立車とは、車の上に傘があり、人はその車の上に立って、周りが見られる形である。安車とは、始皇帝が国内を巡視する際に使ったといわれているもので、車の上部が部屋状になっている。両車とも、御者《ぎょしゃ》・轅《ながえ》・車輪からなり、四匹の馬によって引かれる形式で、大きさは二・二五メートル、三・一七メートルを測り、高さはおよそ一メートルである。各車とも部品が三〇〇〇点あまり出土している。

（上野）　始皇帝の墓の西側に陪葬坑といわれる坑が存在している。そのなか（銅車馬坑）からでたものが立車と安車である。三〇〇〇点ほどの細かい部品からなるということであるが、馬具の一部であるくつわの部分だけをとっても相当数の部品で構成される精緻なつくりである。いわんや馬車の部分に関しては、車輪・御者等々のパーツを含めると三〇〇〇点というのは想像に難くない。

（西谷）　文官俑の陪葬坑面積は四一〇平方メートルを測る。人と同じ大きさの文官俑は八体出土した。御者俑は四体、木車が一両、馬がおよそ二〇頭出土している。発掘担当者は、この陪葬坑の場所が、中央政府、皇室の宮殿や官省の所在地ではなかったかと予想している。

（上野）図2・図3はさきほどの銅車馬がでた坑の周辺にあるＫ０００６陪葬坑とＫ０００３陪葬坑である。近年調査されたものである。

（西谷）Ｋ０００３陪葬坑からは精細な彩色を施された皿類などが大量に出土していることから、おそらくここは皇帝の厨房を象徴的にあらわした場所である可能性が高い。

（上野）Ｋ０００６陪葬坑は前室と後室の二つの部分に分かれている。前室の部分には、木製の車馬と陶製の俑が出土している。これは軍人ではなくて文官であるということで「文官俑」といわれている。後室では馬の骨が出ている。

（西谷）内城と外城間に造営された陪葬坑の分布は、東西の二カ所に分かれる。東部の陪葬坑は石の甲《よろい》八七点、石の冑《かぶと》四三点などが出土した。たとえば一号坑の甲は、六一二点の甲片からなり、重さ一八キロ、高さ一二五センチ、幅四三センチを測る。

（上野）銅車馬やＫ０００６陪葬坑とは反対の、墳丘の東側の陪葬坑である。甲・冑は実用で使う場合は鉄の小札《こざね》でつくるが、ここでは石の小さい破片でできたものが出土している。このほかには、青銅製の鼎《かなえ》という器も出土している。

（西谷）西部の陪葬坑からは、跪坐《きざ》俑一四点と、珍禽異獣《ちんきんいじゅう》俑一七点が発見された。内城と外城間に造営された陪葬坑は、おそらく始皇帝が生きていたころの中央政府と官省を象徴して表現されていると推定される。陵園外部の重要な陪葬坑としては、兵馬俑坑・上焦《じょうしょう》村馬厩《ばきゅう》坑・動物陪葬坑・青銅水禽陪葬坑などがあげられる。

兵馬俑は、始皇帝陵の東一五〇〇メートルに位置する。これまで四基の陪葬坑が発見された。一号坑は、長さ二三〇メートル、幅六二メートル、面積は一万四二六〇平方メートルである。坑からは、戦車、歩兵で構成された長方形の軍陣など六〇〇〇件の兵馬俑が出土している。二号兵馬俑坑は一号坑よりも小さく、長さ九六メートル、幅八四メートルで、弩《ど》

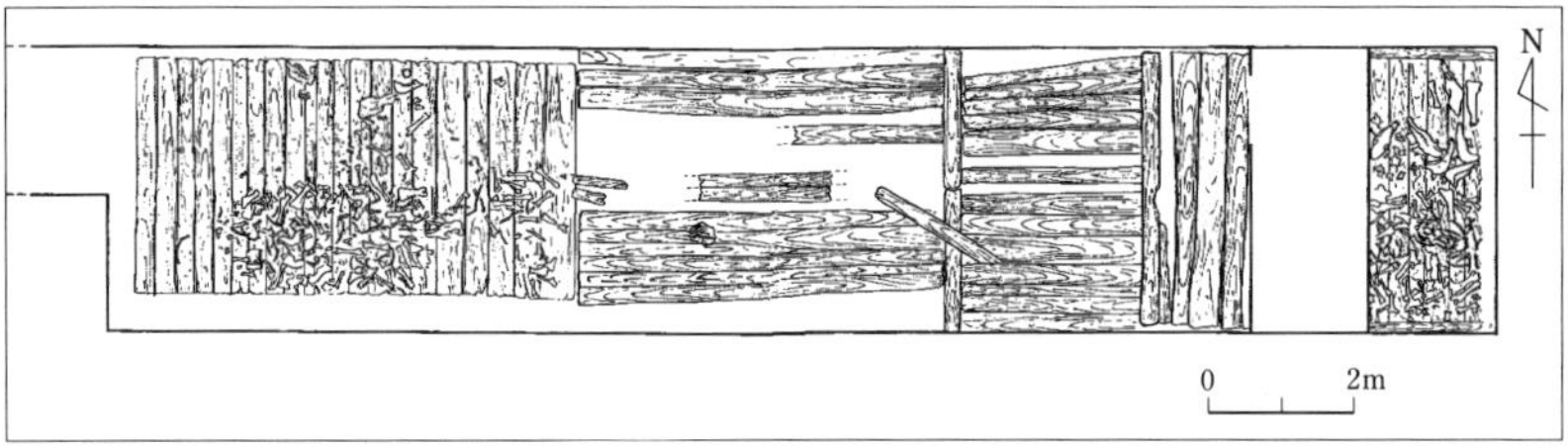

図２　始皇帝陵陵園 K0006 陪葬坑（秦始皇考古隊「秦始皇陵園 K0006 陪葬坑第一次発掘簡報」『文物』2002-3，図３）

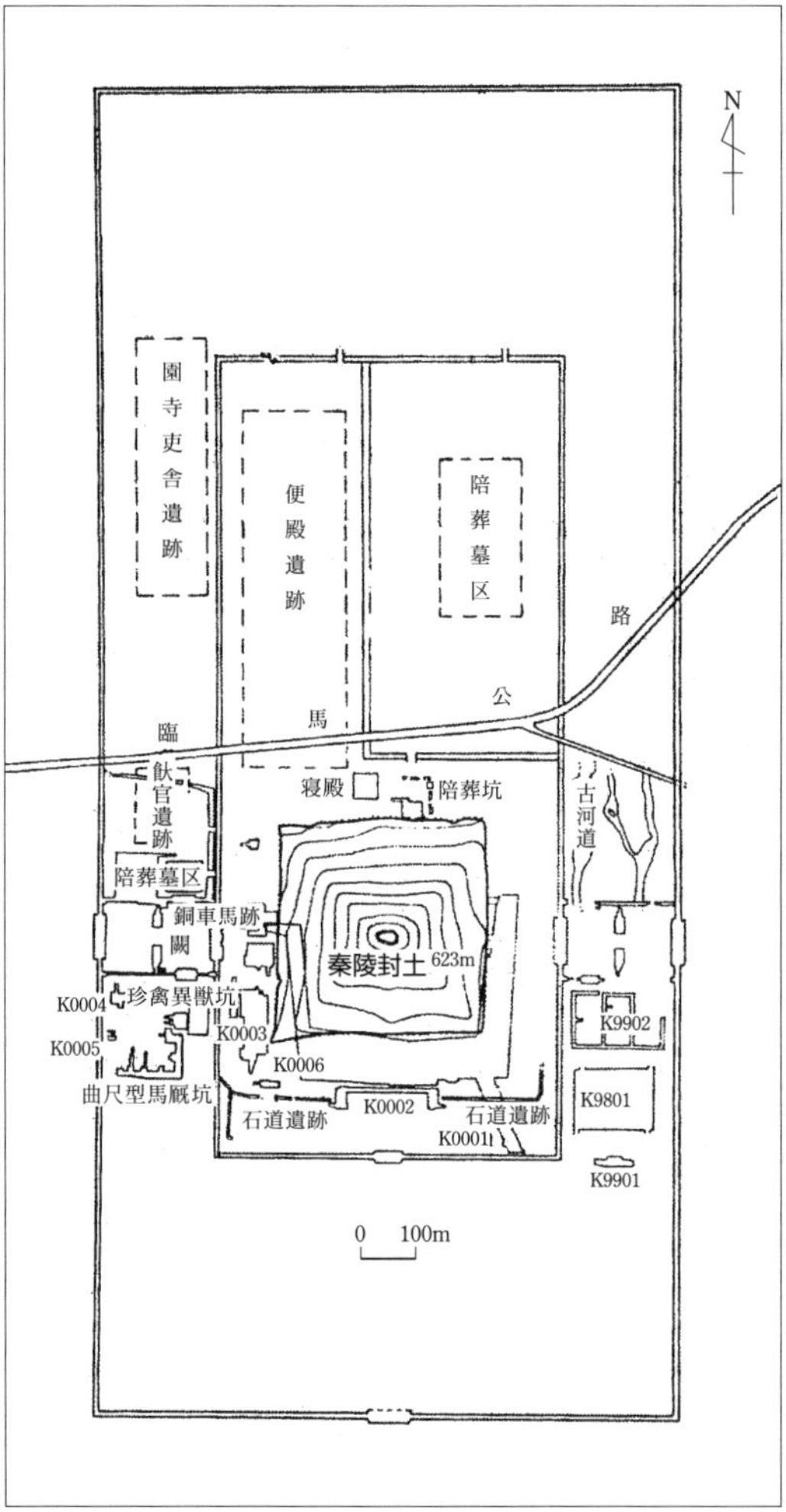

図３　始皇帝陵園と陪葬坑の位置（陝西省考古研究所・秦始皇兵馬俑博物館「秦始皇陵園二〇〇〇年度勘探簡報」『考古与文物』二〇〇二―二、図１を改変）

兵《へい》・車兵・騎兵が混合した軍陣を形成するという特徴をもつ。三号兵馬俑坑は、二つの兵馬俑よりもさらに規模は小さく、東西一七・六メートル、南北二一・四メートルである。俑の内容は、軍隊の司令部である幕営《ばくえい》を象徴したものであると推定される。

上焦村馬厩坑は陵園の東側に位置し、東西五〇メートル、南北一九〇〇メートルの規模をもつ。九八基の坑が発見され、その特徴は馬厩坑と跪坐俑坑である。

(上野) 馬厩坑は南北にならんでいるが、坑を掘ってそこに馬を埋めたものが一例ある。それに対して、馬だけでなく、馬を世話する人物俑を入れたものがある。動物骨はなく、人物俑だけが入っているものもある。いろいろなタイプのものがならんだ形の馬厩坑として報告されている。

(西谷) 動物陪葬坑は、陵園の東北七五〇メートルにある。面積は三〇〇平方メートルで、鳥類や陸上動物、魚、スッポン類が埋葬されていた。

青銅水禽陪葬坑は、陵園の東北九〇〇メートルに位置する。地下坑道式で、しかも木造構造によってつくられている。面積は九二五平方メートルを測り、すでに二四平方メートルが発掘されている。出土した大型の青銅水禽動物、たとえばツルなどは十数点におよんでいる。

漢代帝陵と陪葬坑について

(西谷) 前漢の帝陵は、漢長安城《ちょうあんじょう》付近にあり、後漢の帝陵は漢洛陽城《らくようじょう》付近に分布する。前漢の帝陵の地点と分布は明らかにされているが、後漢の帝陵についてはよくわかっていない。前漢の帝陵の考古調査の成果について述べる。

前漢の帝陵は一一基あるが、文帝覇陵《ぶんていはりょう》の「山を陵として墓とする」という形式以外の一〇基は、すべて平地に造営された墳丘と陵園をもつ。墳丘は、規模に差はあるが、その墳形は共通した特徴がある。墳丘は、ますを伏せたような形をしており、一辺が一四〇メートル前後で、墳頂部に五〇メートル四方の平坦部がある。

漢の高祖《こうそ》と恵帝《けいてい》の帝陵では皇后陵を同じ陵園内部に造営している。しかし、文帝およびそれ以降の後漢の帝陵と皇后陵は、それぞれ陵園を造営するようになる。帝陵の陵園は、一般に一辺三三〇～四〇〇メートルの規模がある。

陪葬坑は、薄太后《はくたいごう》の南陵、文帝《ぶんてい》皇后陵、景帝《けいてい》の陽陵、昭帝《しょうてい》の平陵、宣帝《せんてい》の杜陵《とりょう》などの帝陵の周辺付近で発見されており、考古学的な調査が行われている。

（上野）図4は前漢の帝陵の位置と地理環境が示されている。漢の長安城から渭水を挟んで、その北側に帝陵がならんでいる。長陵《ちょうりょう》は漢を興した初代皇帝劉邦《りゅうほう》の墓で、その西隣の安陵《あんりょう》は二代皇帝恵帝の墓である。五代皇帝文帝の覇陵は漢長安城の南西にあり、六代皇帝景帝の陽陵はもとの渭水の北、長陵の東隣にある。茂陵《もりょう》は七代皇帝武帝の墓である。漢長安城の西南にある覇陵と杜陵は、父親から直接帝位を継ぐのではなくて、諸侯王などとして外に出、のちに新たに皇帝として迎えられた者たちの陵である。「覆斗形」と呼ばれるますを伏せたような形をした墳丘は、現在でも関中にあって威容をほこっている。

各帝陵の陪葬坑

（西谷）それでは、個別の発掘された事例について述べる。

薄太后南陵の陪葬坑の考古学的発見である。薄太后は文帝の母に当たり、薄太后南陵は文帝覇陵の南に位置する。そのため南陵と呼ばれる。

ここでは二〇基の陪葬坑が墓の南北で発見されている。北側の二列には七基の墓が、南側の一列には六基の墓が発見された。陪葬坑のうち規模の大きなものは、長さ三・一メートル、幅一・六メートル、深さ四メートルを測る。一方、比較的小さな陪葬坑は、長さ一・四二メートル、幅〇・九六メートル、深さ二・一五メートルを測る。陪葬坑からは、陶器で

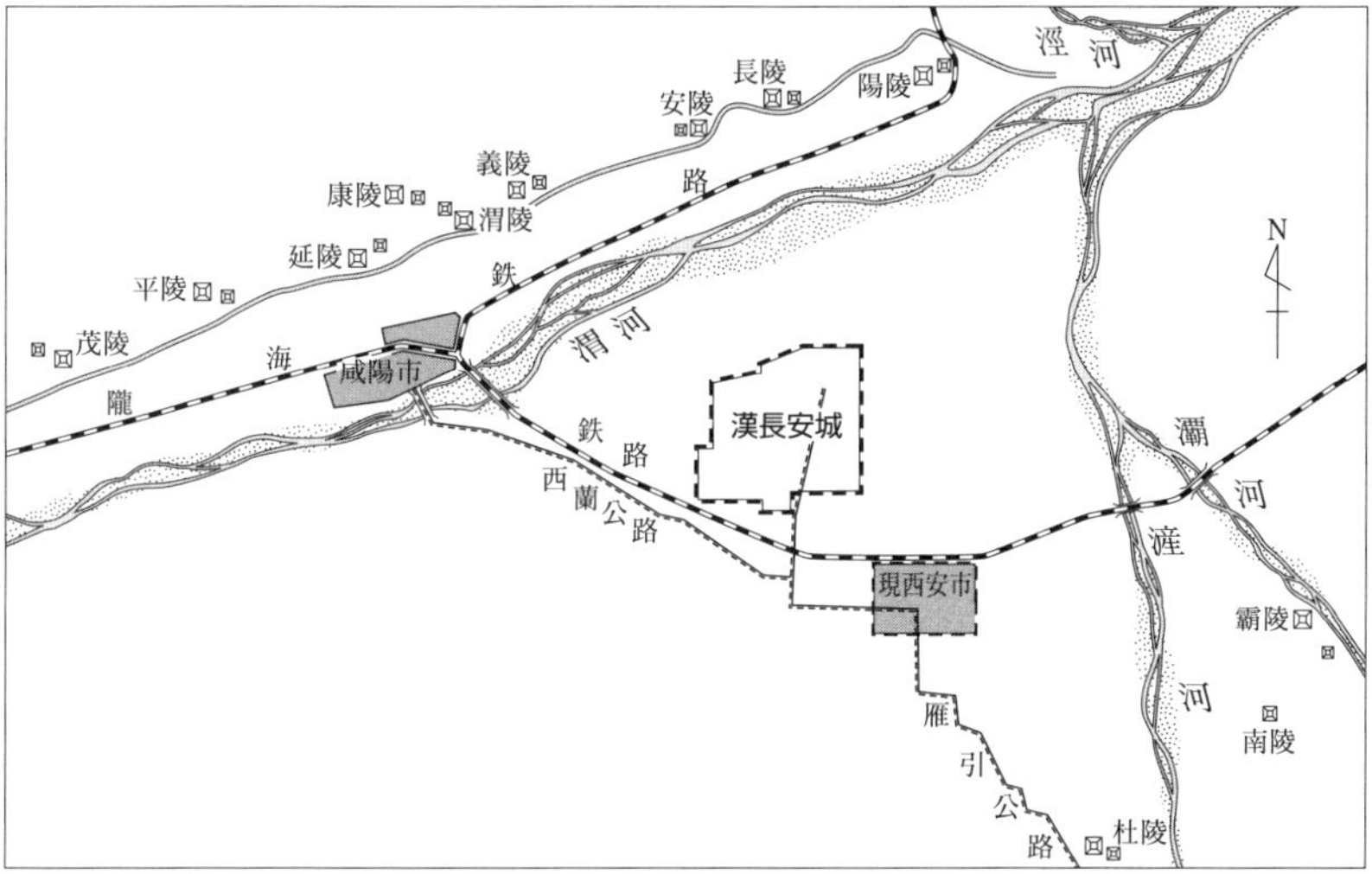

図4　前漢十一陵と漢長安城(劉慶柱・李毓芳『西漢十一陵』陝西人民出版社,1987年,図1を改変)

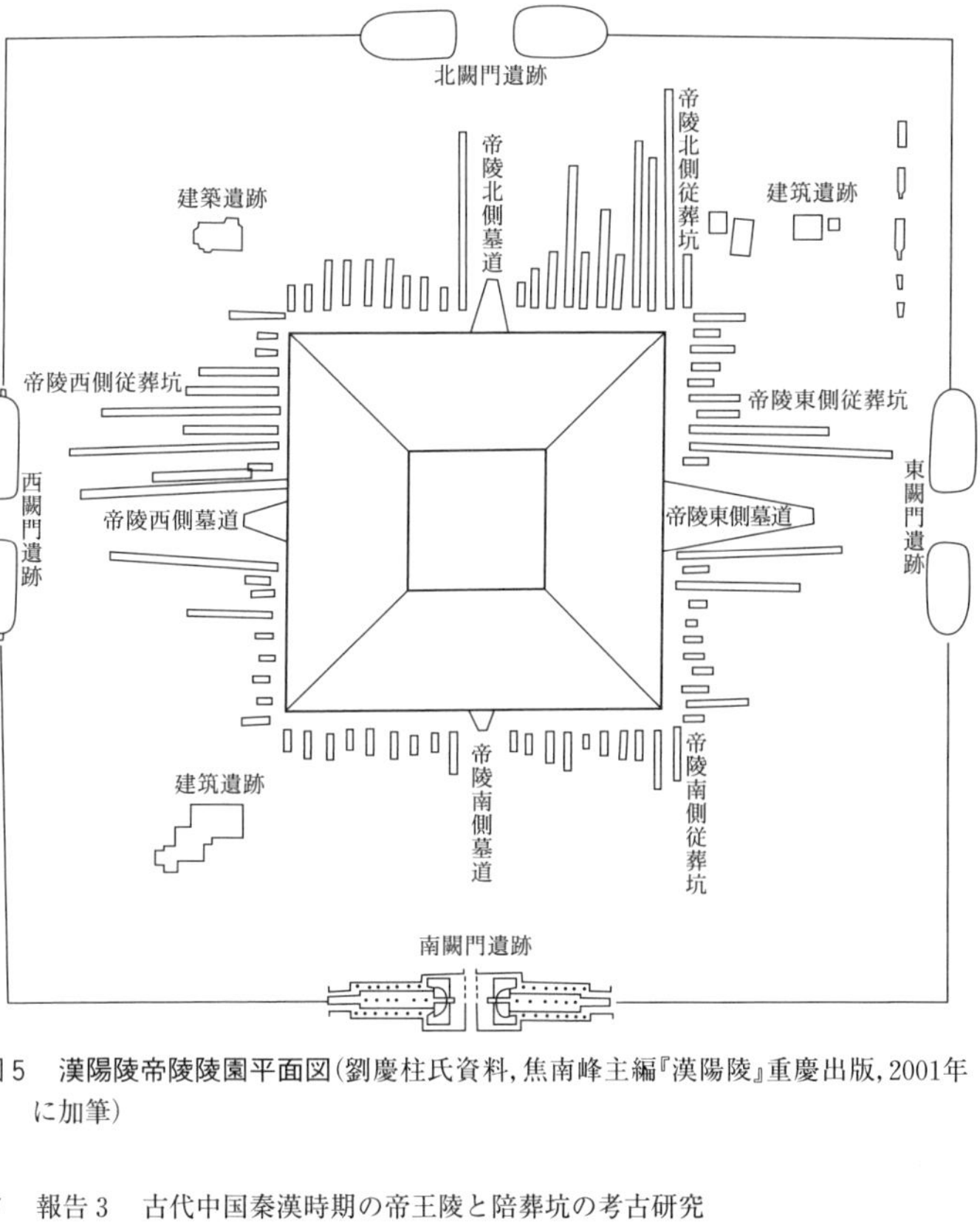

図5　漢陽陵帝陵陵園平面図(劉慶柱氏資料,焦南峰主編『漢陽陵』重慶出版,2001年に加筆)

つくられた動物俑、陶器などが出土した。動物俑は、サイ・牛・ジャイアントパンダ・馬・羊・犬などがある。彩色を施した女性俑も出土している。

(上野) 薄太后の墓、南陵の周辺に陪葬坑がある。そのなかからは、女性の俑や獣骨がでている。珍しいものでは、ジャイアントパンダの骨もある。

(西谷) 文帝皇后陵は、文帝覇陵の東南一九〇〇メートルの所にある。四七基の陪葬坑が発掘されている。東西に八列、それぞれ一～一一基の陪葬坑がならんでいた。陪葬坑から出土した遺物には、陶俑・陶罐《とうかん》・植物遺存体や動物骨などがある。動物骨には、馬・羊・豚・犬・鶏・アヒル・ツルなどがあった。

(上野) 文帝の皇后陵に付随してつくられた陪葬坑が陵の西側にならんでいる。なかからは立像や座像の俑がでた。ほかに獣骨がでている。三五号坑では、立像の俑と一緒に動物の骨が入っていた。その骨はツルの骨であったと報告されている。直接坑を掘って、俑を埋めるタイプではない形の陪葬坑も存在している。

(西谷) 景帝陽陵は漢代帝陵のなかで、もっとも多くの陪葬坑が発見された墓である。規模も最大である。

陵園の内側において、墳丘とのあいだに発見された陪葬坑は八六基におよぶ。陪葬坑の規模は、長さ四～一〇〇メートル、幅三～四メートル、深さ三メートルの範囲にある。陪葬坑中からは、騎兵・歩兵・動物などの俑および陶器・銅器・漆器などの生活用品、兵器・車馬等が発掘されている。

帝陵陵園東南、皇后陵園の真南に二四基の陪葬坑がある。陪葬坑は東西三二〇メートル、南北三〇〇メートルの範囲内にある。陪葬坑の長さは二五～二九一メートルの範囲にあり、幅四メートルである。陪葬坑には、武士俑・食糧・牛・羊・豚・犬・鳥など、また陶器俑および陶器、鉄製・銅製の生活用品が副葬されていた。帝陵陵園の西北にもう一群の陪葬坑がある。その数および配列はさきほど紹介したものと基本的に同じである。

(上野) 図5が六代目の皇帝、景帝の陽陵である。景帝の陽陵の周りには、陪葬坑がいくつもならんでいる。動物をまねてつくられた陶製品が入れられている坑や、騎兵が入れられている坑がある。副葬品も大量である。東の陪葬坑でもでた。南側にも陪葬坑があって、俑がでている。俑は秦始皇帝陵のものよりは規模が小さくて、裸の形に俑をつくり、それに兵隊の甲や服を着せている。矢も実在の大きさではなくて、この俑にあわせた大きさのものである。人物俑は、立像・座像など、秦始皇帝陵の例と似たものがある反面、こういう裸体俑に服や甲を着せる俑もある。

(西谷) 昭帝平陵陪葬坑の考古学的発見がある。

昭帝帝陵陵園と皇后陵園は東西の位置関係にあるが、その間に三基の陪葬坑が発見されている。

一号坑は、東西一〇五メートル、幅三メートル、深さ五・五メートル、六〇点の漆塗りの木馬、銅製・鉄器の武器が発見された。これは騎兵軍団を表現したものである。二号坑は、南北五九・二メートル、幅二・三メートル、深さ三メートルあり、坑の底の両側には五四個の洞室が穿たれていた。その高さは〇・九メートル、幅〇・八メートル、奥行き二・八メートルある。それぞれの部屋には大型の哺乳動物が埋葬されていた。その種類は、ラクダ三三頭、牛一一頭、馬一〇頭である。三号坑は、南北一五メートル、幅三・九メートル、深さ二・四四メートルを測る。その内部には木車が五両副葬され、そのうち四両はラクダが車を引き、一両は羊が車を引くという形式であった。

宣帝杜陵陪葬坑については、杜陵の北で四基の陪葬坑が見つかっている。そのなかの二基は兵士俑であり、木製で明器《めいき》の車、漆器、金餅《きんぺい》が出土している。

(上野) ここでは、宣帝の杜陵の状況を取上げて説明する。皇帝陵と皇后陵があり、その周辺に陪葬坑や付随の施設がある。六代皇帝の景帝の陽陵では、墓の四辺に非常に密な形で数多くの陪葬坑があったが、一〇〇年ほど後の、九代皇帝宣帝の杜陵では皇帝陵の北側に少しだけ陪葬坑をもつ。杜陵の場合は四つで、数が非常に減っている。一号坑や四号坑からは車馬と俑がでている。

(西谷) 前漢帝陵の陪葬墓にも考古学的発見がある。

高祖長陵、恵帝安陵、武帝茂陵などの帝陵の陪葬墓近くでも、陪葬坑が発見されている。そのなかでも、長陵陪葬墓の楊家湾《ようかわん》漢墓の陪葬坑の規模がもっとも大きく、出土物ももっとも多い。

安陵陪葬墓の陪葬坑も特色がある。陪葬坑の位置は墓の南七〇メートルで、兵馬俑が埋葬されていた。そのなかの六基の陪葬坑には、騎兵俑が五八〇点副葬されていた。四基の陪葬坑には、歩兵俑一八〇〇点が副葬されており、一基の陪葬坑では木製の戦車が発見された。安陵陪葬墓である咸陽狼家溝《かんようろうかこう》十一号墓は、墓室のうえに方形の陪葬坑溝がめぐる。その大きさは、東西二一メートル、南北一九メートルで、武士俑、陶製の羊・牛・豚・馬が配列してあった。

（上野）ここで説明する安陵陪葬墓の陪葬坑は、皇帝の墓の陪葬坑ではなくて、皇帝の墓の周りにつくられる陪葬墓の陪葬坑である。方形の溝状の陪葬坑がある狼家溝十一号墓では、溝の中に、動物俑が四〜五列、その隣に立俑（武士俑）が一列、平行してならべられており、密集して埋められていた。

諸侯王墓の陪葬坑

（西谷）つぎに、漢代の諸侯王墓の陪葬坑について説明する。

現在のところ、確認されている漢代の諸侯王、王后の墓は四一基である。そのうち、前漢に属するものは三六基で、後漢のものは五基である。前漢の初期のものは、陵墓の周辺付近に陪葬坑を造営する。しかし、それ以降の時代になると、陵墓の墓前、または墓室内に車馬庫を設置するようになる。

発掘調査が行われ、陪葬坑が発見された遺跡としては、前漢楚《そ》王の墓である徐州獅子山《じょしゅうししざん》漢墓、前漢梁孝王《りょうこうおう》の墓である保安山二号墓、前漢梁王もしくはその妃の墓である柿園漢墓、あるいは前漢梁平王とその王后の墓である夫子山一号墓・二号墓、そして山東省章丘市の洛荘墓などがあげられる。

このうち、今回は徐州獅子山の楚王墓と山東省章丘市洛荘墓について、あとで補足説明する。

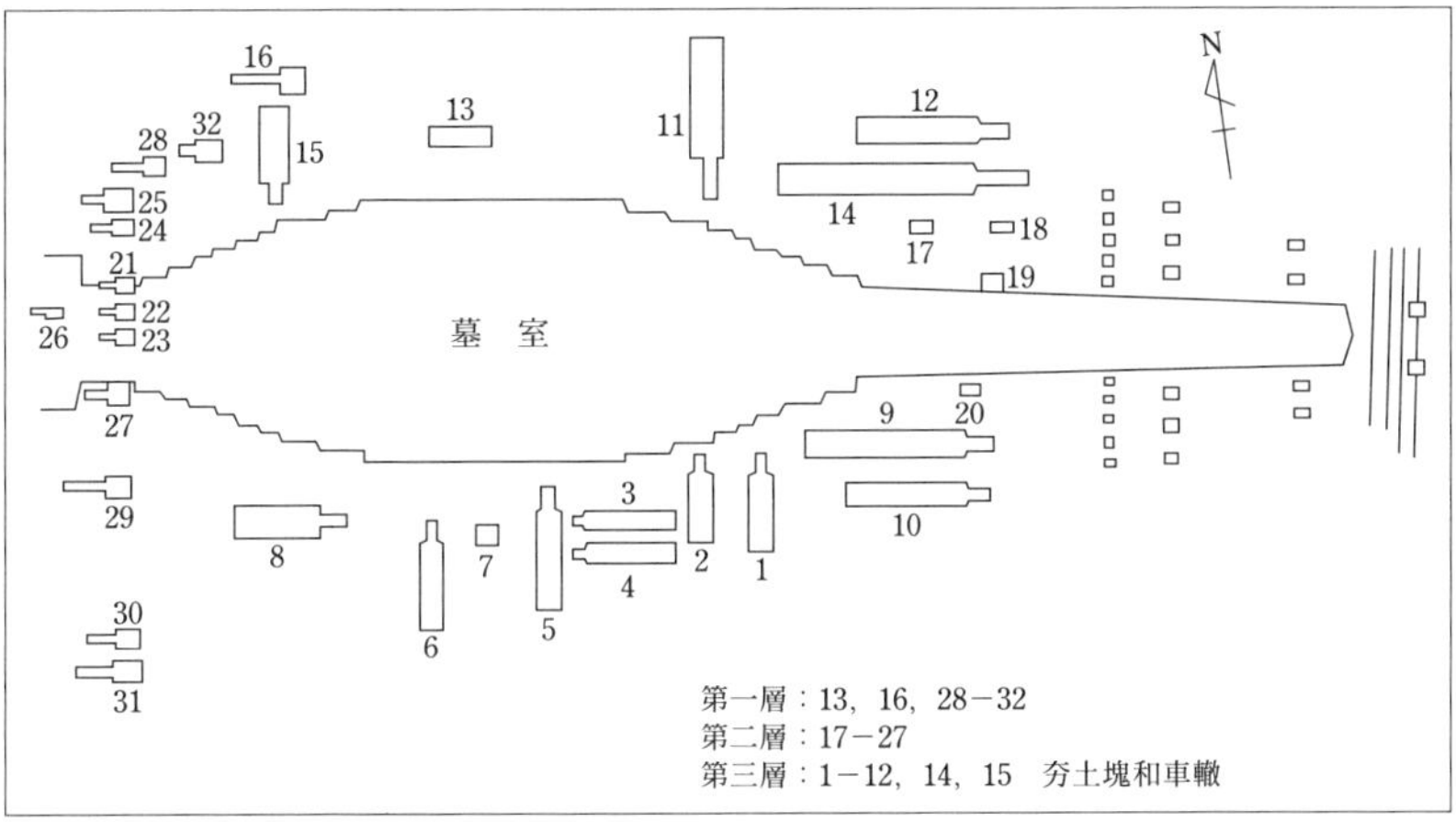

図6　洛荘漢墓平面布局示意図（劉慶柱氏資料）

徐州獅子山の楚王墓の墓道両側には三つの側室があり、銭庫・兵器庫・厨房庫・貯蔵庫、および雑多なものが入った蔵に分かれていた。陵園の外側には陪葬坑が五基発見されており、そのうち二基が発掘され、兵馬俑が二三〇〇点あまり出土している。陶製の俑の高さは、四三〜四八センチを測る。おそらく、この五基の陪葬坑が兵馬俑坑であったと考えられる。

徐州北洞山の楚王墓でも墓道の外側に部屋が設けられており、車馬庫などが発見されている。

山東省章丘市洛荘墓では三六基の陪葬坑および祭祀坑が発見され、墓室の周囲を取り囲んで一三基の大型陪葬坑が見つかっている。埋葬されていたのは、馬、車馬・兵器・楽器などだった。さらに、発掘担当者が命名した祭祀坑は墓室の周囲を囲んでおり、そのなかに、馬・猪・羊・ウサギ・犬など、生きた動物を埋葬していた。また、泥でつくった俑・木俑・陶俑・漆器なども出土している。

（上野）　山東省の洛荘漢墓（図6）は、漢が興ってすぐ、劉邦が死んで数十年という年代幅に収まるころの墓葬とその陪葬坑である。まだまだ解明されていない点が多い。

もう一つの徐州獅子山漢墓については、墓の主は楚国王であると考えられる。漢帝国には、諸侯王と呼ばれる領地をもつ国王が存在したが、六代皇帝景帝の時に、呉国や楚国が連合した国を引っくり返す程大きな反乱が起こった（呉楚七国の乱）。獅子山漢墓の主は、その時の楚国王の墓ではないかと考えられている。この獅子山では、墓に面して兵馬俑坑があり、墓に向かって入り口から墓道を通って入っていくと、銭庫・兵器庫・貯蔵庫、それぞれの部屋がある。この墓の入り口には、西側に兵馬俑と同じような俑を十数体ほど並べ、東側には陪葬墓があって、一人の被葬者が眠っていた。そこから「食官監」の印がでている。これは楚の王国の官僚の封で、最後に押したシールがでていることから陪葬坑を考えるうえではおもしろい。

近年の研究成果

（西谷）それでは、まとめを述べたあとに、上野氏が補足説明する。

秦漢帝王陵陪葬坑の考古学研究成果について、

⑴陪葬坑の規模は、大型から小型へと変化する。

秦始皇帝陵第一号兵馬俑坑の面積は一万四二六〇平方メートル、K九八〇一は一万三六八九平方メートルあった。ところが、景帝の陽陵の陪葬坑は長いもので二九一メートルしかない。宣帝の時期になると陪葬坑の一つの面積は一〇〇平方メートルあまりにすぎなくなる。

⑵陪葬坑の数量は、初めは多く、次第に減少する。

秦始皇帝陵の陪葬坑は、すでに一八一基発見されている。ところが、景帝陽陵陵園の内側で発見された陪葬坑は八六基である。前漢中期から後期にかけての宣帝杜陵陵区には、現在のところ四基の陪葬坑しか発見されていない。前漢後期の帝陵にいたっては、今のところ陪葬坑はまったく発見されていない。

⑶陪葬坑は、墓葬の形式が多室墓へと変わるとともに衰退していく。

時代がくだるに従い、陪葬坑の数そのものは減少していく。墓の形式が変化し、外蔵槨《がいぞうかく》が陪葬坑に取ってかわる。陪葬坑は多室墓が隆盛するに従い衰退していく。

⑷陪葬品は、「ほんもの」から「にせもの」へと変化する。

たとえば秦の始皇帝陵の兵馬俑は実際の人物とほぼ同じ大きさである。また、車馬も実際に使っていた本物の馬車を埋葬していた。しかし漢代の帝陵の陪葬坑から出土する兵馬俑は実際の人物の大きさの三分の一になり、車馬も明器を使うようになる。

秦始皇帝陵の陪葬坑からは動物骨が出土している。前漢初期の山東省章丘市洛荘漢墓の陪葬坑からも大量の動物骨が出土している。また、前漢中期の昭帝の陪葬坑からも大量の動物骨が出土している。ところが、前漢の後期の陪葬坑からは動物骨が発見されることはまれである。前漢前中期の恵帝安陵・景帝陽陵の陪葬坑などからは動物にかわり動物の俑が発見されている。これ以降、生きた動物を埋葬する風習にかわり、俑を副葬する習慣が広く流行するようになる。

⑸陪葬坑から出土する陶俑は、秦代と前漢前期は兵馬俑が主体である。ところが前漢中期以降は、侍従俑《じじゅうよう》へと変化する。

秦始皇帝陵をはじめとして、楊家湾漢墓兵馬俑、徐州獅子山楚王墓兵馬俑等、この時代の帝陵および陪葬墓からは、兵馬俑が主として出土する。諸侯王の墓および陪葬坑中からは、官吏俑と侍従俑が若干、出土するにすぎない。ところが前漢の中期以降になると、侍従俑が兵馬俑に取ってかわっていく。

（上野）これらの陪葬坑に入れられていた人物俑や動物俑はどこでつくられていたのかが、近年の発掘調査によってわかってきた。漢の長安城の北西、メインストリートの西側で大量に窯跡がでてきたので発掘したところ、四群に分かれて窯跡が検出された。

四つ目の窯群は、窯が三基ならんでいた。その窯の中には、ぎっしりと俑が詰まっていた。当時、宮中には皇帝の施設にかかわる官省として少府があって、そこには墓に入れるものをつくる「東園匠《とうえんしょう》」という機関があったので、この状況は多分それであろうと考えられている。「東園匠」でつくられたものは、皇帝の帝陵に入れられた。この時代になると、俑の一つ一つをへら押しでつくるのではなくて、型のなかに土を入れてつくった。鼻や体の部分をつくる道具もでてきている。漢代の考古学は、製品や副葬状態だけでなく、「つくられた」状況も明らかにしつつある。

報告4　韓国南西部の前方後円形古墳と埴輪状土製品

林　永珍

通訳　具　京姫

韓国南西部地域の日本式前方後円墳と埴輪状製品

韓国南西部地域で調査されている日本式前方後円墳《ぜんぽうこうえんふん》と埴輪《はにわ》状製品（墳周土器）は、緊密に行われた古代日韓関係を代表する資料の一つである。

韓国南西部地域では、現在一三基の前方後円墳が知られている。

韓国の南西部地域では最北に高敞七岩里《コチャンチルアンリ》古墳がある。石室《せきしつ》が露出していて、盗掘のためかなり破壊されているとわかる。全南《チョンナム》にある月渓《ウォルゲ》古墳や咸平《ハンピョン》長鼓山《チャンゴサン》古墳は、まだ発掘されていない。同じく、全南の咸平にある新徳《シントク》古墳は国立光《クァン》州《ジュ》博物館で発掘を行い、石室を確認した。

私が発掘を行った光州月桂洞《ウォルゲドン》一号墳は住宅団地の開発工事をきっかけとして、発掘されるようになった。光州月桂洞古墳群は、一九九三・九五・九七年に、計三回の発掘調査が行われた。この古墳は、前方部が破壊されているが、その部分にはもともと住宅があった。家の人の話を聞くと、ここに古墳があったことは知っていたそうである。八〇年代に盗掘され、そのため遺物はほとんど出土しなかった。いくつか発見された遺物には埴輪と木製の埴輪がある。木製埴輪は九五年に発掘された後、韓国の木浦《モッポ》海洋遺物博物館へ運ばれ、そこで七年間にわたる保存処理を行い、つい二週間ほど前（二

○○三年四月）に戻ってきた。発掘された埴輪は二種類あって、一つは円筒《えんとう》形、一つは朝顔《あさがお》形である。今まで全南地域で発掘された埴輪はかなり多くあるが、これらを全南大学で研究している。盗掘された石室は、長方形をしていた。ここから棺に使う釘が見つかり、石の棺だけでなく、木製の棺があったことがわかった。これらは百済《くだら》の中心地域ではあまり見られないもので、日本の北部九州地方でよく見られる形式である。これらの発掘の報告書は、多くの研究者が待っているが、二〇〇三年秋にはでる予定である。

光州明花洞《ミョンハドン》古墳も、一九九五年、国立光州博物館で発掘を行った。この古墳も周溝で多くの埴輪が出土した。こちらでは埴輪がそのままの姿で、固定された形で発掘された。私が最近発掘を行っている全南の潭陽月田《タミャンオリチョン》古墳は栄山江《ヨンサンガン》流域のうち上流にあたる地域にある。同じく全南の霊巌《ヨンアン》チャラボン古墳は、九三年、精神文化研究所の姜仁求先生が一部の発掘を行った。

同じく全南にある海南長鼓山《ヘナムチャンゴサン》古墳は、韓国の南西部に所在する一三基の前方後円墳のなかでいちばん大きく、長さは七三メートルにおよぶ。正式に発掘を行っていて、これもやはり北部九州地方と同じような形の石室をもっている。

今まで説明した一三基の前方後円墳は、栄山江流域に分布する。当時の、この地域の中心勢力は馬韓《ばかん》と思われる。その中心地以外の外郭地域に一〜二基が散在している。

前方後円墳以外の古墳と埴輪

今まで、全南地域から発掘された古墳と埴輪について説明したが、前方後円墳以外に、馬韓の土着勢力の墓で埴輪が発掘されている例がある。一九九八年、文化財研究所で発掘を行った羅州新村里《ナジュシンチョンリ》九号墳である。この土着勢力の墓の頂上部分で、ならんだ形の埴輪が発掘されている。同じく羅州新村里古墳の近くにある徳山里《トクサンリ》という丘陵にある古墳から埴輪が出土した。九七年、古墳の整備復元のための基礎調査の際に発掘されたものである。基本的形態は二種類ある。羅州新村里古墳と徳山里古墳の埴輪は非常に似ている。そのため羅州新村里九号墳は五世紀後半、徳山里九号墳は六世紀前半のものと思われる。私が発掘を行った羅州伏岩里《ボウアンリ》二号墳もそうである。九九年、木浦大学が咸平チュナン里古墳で発掘した埴輪も六世紀前半のものと思われる。羅州伏岩里古墳例と同じ系統と思われる。

韓国の南西部で埴輪をもつ古墳の分布をみると、外郭部に前方後円墳があり、馬韓の中心勢力地だと思われる地域には方形の古墳が散在している（図1）。

光州月桂洞二号墳で発掘された埴輪と光州明花洞古墳群から発掘された埴輪は似ている。羅州新村里九号墳の埴輪はそれと少し違う。墳丘も伝統的な馬韓の古墳の形である。羅州伏岩里古墳は、本来ははしごのような形をしていたものが、長方形の古墳になったことを確認できる古墳である。その埴輪は、はしご形の古墳群からでている埴輪の初期の形をしている。羅州徳山里古墳群からも埴輪が出土している。これも古墳が重なってかなり複雑な形をしているが、はしごのような形をしている。羅州徳山里九号墳は円形をしている。咸平チュンナン古墳も方形をしていて、周溝の部分から埴輪が発見されている。いちばん大きい、七七メートルの海南《ヘナム》長鼓山《チャンゴサン》古墳は、徳山里古墳やチュンナン古墳と比較すると、長鼓山古墳がいかに大きいかを確認できる。そこから出土した埴輪の大きさも同じである。

何年か前に発掘された務安《ムアン》高節里《コジョルリ》古墳がある。その報告書を見ると、いくつかの土器の破片があるが、それを私は埴輪の破片ではないかと思う。羅州徳山里古墳で発掘された土器の破片も、私は埴輪の破片だと思う。国立扶余《プヨ》博物館にも出土地不詳の二点の埴輪があり、ソウルにある培材《ペジェ》大博物館にもこのような埴輪が一点ある。これらのすべてが、羅州伏岩里二号墳から発掘された埴輪と同じような形をしている。

韓国の南西部で発見された埴輪は大きく三つに分けることができる（図2）。この三つの分類は系統による分類である。筒A形は、馬韓勢力の方形古墳から出土したものである。筒B形は、前方後円墳から発掘されたものである。壺形の埴輪は、方形の古墳から発掘される。また、はしご形をしている墓からもでてくるが、前方後円墳からはでてきていない。筒

表1　韓国南西部の前方後円形古墳

	現長(m)	方部(m)		くびれ部(m)		円部(m)		方部方向	備　考
		幅	高	幅	高	幅	高		
霊巌チャラボン古墳	35	7.5	2.25	9	2.25	23.5	5	南	竪穴石室
咸平新徳古墳	51	25	4	19	3.25	30	5	北	横穴石室
光州月桂洞1号墳	45.3	31.4	5.2	14.5	3.8	25.8	6.1	西北西	横穴石室
光州月桂洞2号墳	34.5	22	3.0	14.5	1.5	20.5	3.5	西南西	横穴石室
光州明花洞古墳	33	24	2.73	12	1.87	18	2.73	西北	横穴石室
光州堯基洞古墳	50							西南	地表調査
海南長鼓山古墳	77	38	9	31	6.25	44	10	北	測量調査
海南龍頭里古墳	40.5	17	3.5	15	3	23	5	西南	測量調査
咸平長鼓山古墳	70	37	7	24	4.5	39	8	西南	測量調査
咸平杓山1号墳	46	26	4	13	3.5	25	5	西北西	測量調査
霊光月渓古墳	41.2	19	2.5	11	2	22.5	6	西北	測量調査
潭陽月田古墳	38	15	3			18	3	西	測量調査
高敞七岩里古墳	53.2	29.6				34			測量調査

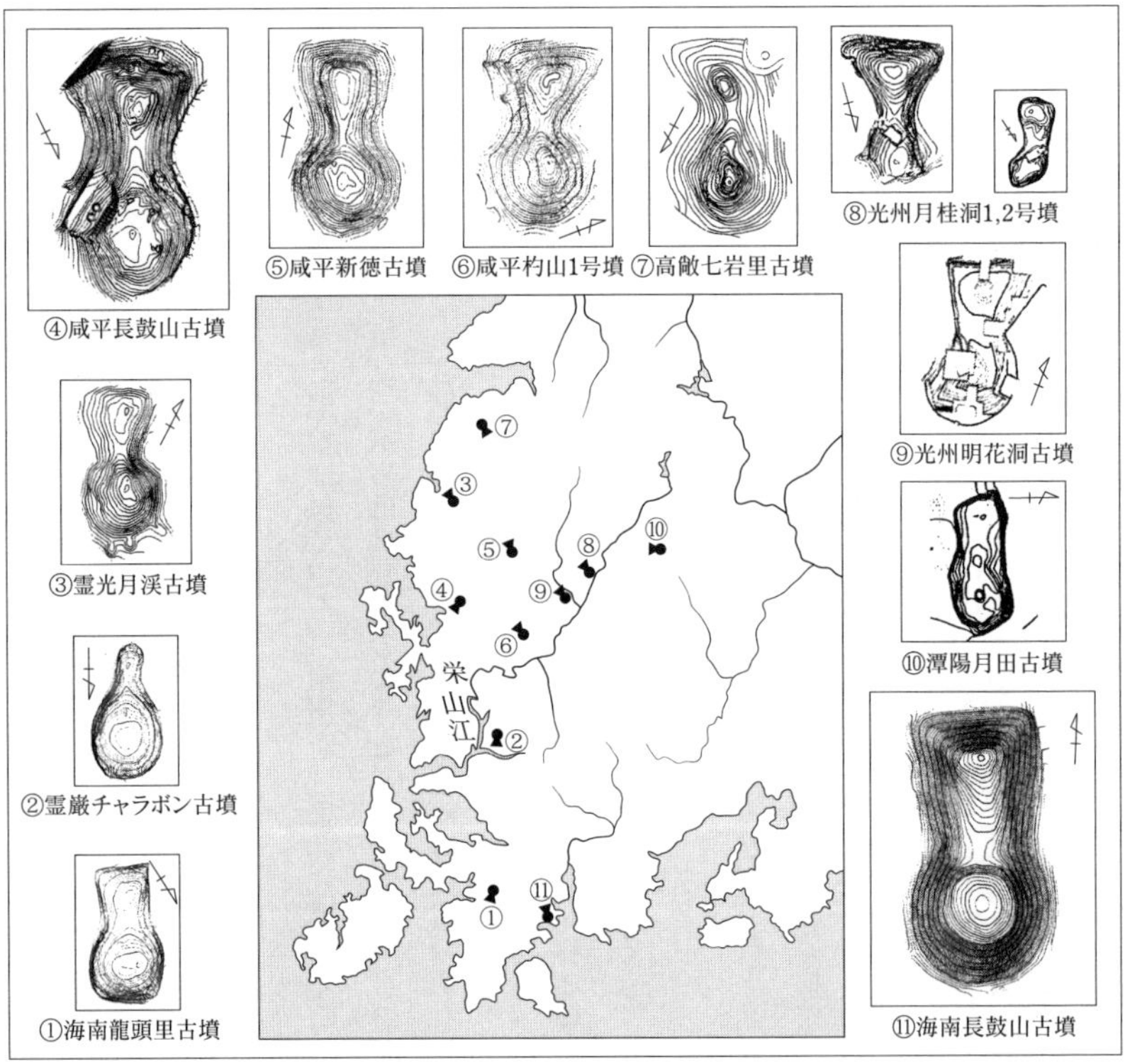

図1　韓国南西部前方後円形古墳の分布

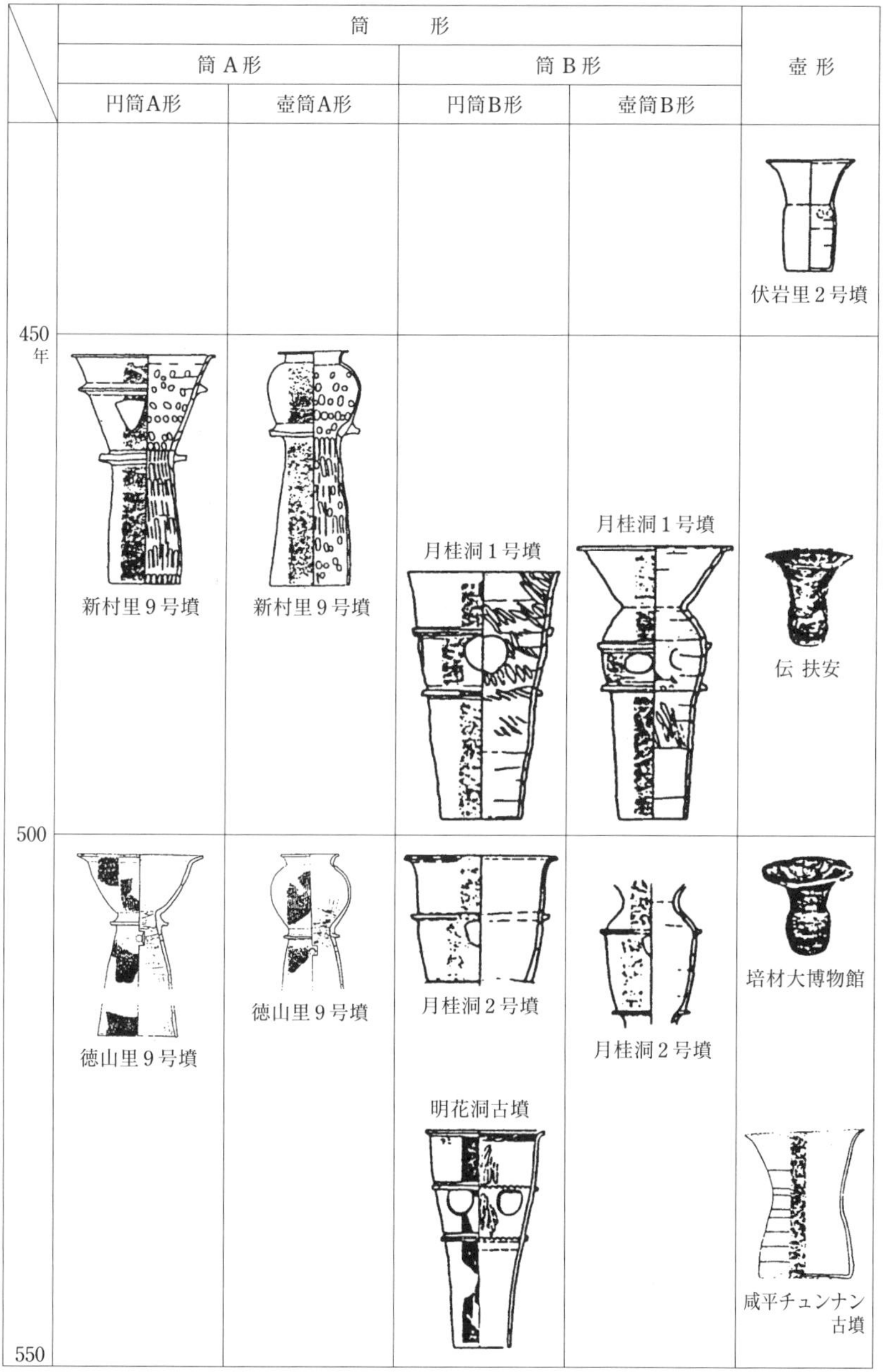

図２　韓国南西部地域出土埴輪状土製品（墳周土器）の変遷図

A形・筒B形・壺形の三つに分けた系統別変遷図を見ると、筒A形と筒B形では、壺形と円筒形の二つがセットで発掘されている。壺形のなかでは一つの種類しか発掘されていない。

韓国における前方後円墳築造の研究史

今まで韓国の南西部地域で確認された前方後円墳は一三基に達する。その共通的特性は六つである。

⑴当時のこの地域の中心地である羅州を除外した外郭地域では、一基ずつ発掘されているが、二基が発掘されている例は光州月桂洞しかない。

⑵大きさは、三三〜七七メートルの規模で、日本の前方後円墳より小さい。

⑶おもな埋葬施設は、北部九州と相通ずる形式の横穴式石室である。

⑷現在、三基から墳周土器が出土しており、そのほかの一基にも存在する可能性が確認されている。しかし、これから発掘が進むことにより、また増えると思われる。

⑸築造後は祭祀が行われるが、周溝《しゅうこう》からも多くの埴輪が見つかっている。

⑹築造時期は五世紀後半〜六世紀前半にわたる約一世紀間である。

韓国南西部地域の前方後円墳の被葬者と、その築造背景に対する見解は、つぎのように多様である。これらの意見にはそれなりの妥当性もあるが、問題点もある。

⑴当時、百済と対立した馬韓勢力者が、独自に倭《わ》と交流した結果であるという見解がある。それは馬韓勢力者の墓であるということだが、前方後円墳をつくるような勢力者の存在が確認されていない。

⑵日本との交易のような役割を遂行した倭人の墓であるという見解がある。実際に前方後円墳が発見されている場所は、交通的に交易ができるような海岸地域ではなく、内陸地方なので、この説にも限界はある。

⑶当時の馬韓を牽制するために、百済から派遣された倭系の百済官僚の墓であるという説がある。これは百済の中心部と、かなり緊密なかかわりをもっていたということであるが、今までの発掘例に、それを証明するような遺物の例はない。

⑷四世紀代、馬韓を放逐することを目的として百済に動員された、倭の軍隊の残余勢力の墓であるという説がある。これは時期的にあわない。

⑸大和政権の統合で取り残されたり、そこに統合されなかった倭の亡命者の墓であるという説がある。この説は、なぜ韓国の南西部地域に限って前方後円墳がでているかを説明できないと、理解できない。

韓国出土埴輪の特徴

韓国南西部地域の古墳からでている埴輪について説明する。

⑴形態上、三つに大きく分けられる。

⑵系統的にも三つに分けられる。

⑶円筒A形と壺筒A形は、五世紀末〜六世紀前半まで甕棺《かめかん》古墳に共存し、日本の埴輪を模倣しながら、現地の要素が加わることによって、特殊な類型として発展していった。

⑷円筒B形と壺筒B形は、五世紀末〜六世紀前半まで日本式前方後円墳に共存し、ともに出土する木製埴輪とともに、日本の埴輪を忠実に模倣している。

⑸壺形は四世紀末〜六世紀初めまで甕棺古墳から出土するが、壺A形は日本埴輪を模倣して成立したあと、壺B形として発展し、六世紀なかばごろから日本に波及したと推定される。中の山古墳（埼玉県行田市）出土の特殊な埴輪は、六世紀後半と思われる。

韓国南西部地域の前方後円墳被葬者と築造背景

韓国南西部地域で調査されている日本式前方後円墳と埴輪は、緊密なかかわりをもった古代日韓の交流の代表資料であり、六世紀初めまでこの地域が独自の勢力を維持していたことを意味する。そしてその歴史的実態は、馬韓だと思われる。前方後円墳や、筒B形墳周土器と墳周木器を見ると、日本の例を忠実にまねる考古資料の主人公らは、大和政権の統合が加速化される状況で、緊迫を避けて馬韓に亡命した北部九州地域の勢力者であると思われる。

一方、馬韓の甕棺古墳に使われた円筒A形と壺筒A形、壺A形墳周土器の主人公らは、日本との交流過程のなかで、日本の埴輪からアイディアをえて、馬韓式埴輪を製作したとみられる。

壺形の埴輪は韓国では、六世紀後半になるとすでにつくられていないが、日本では中の山古墳で六世紀後半に見られるようになる。このことは、土着勢力であった馬韓の勢力者が、北部九州地域に勢力者として亡命した可能性が非常に高いと思われる。

韓国南西部地域で発掘されている日本式前方後円墳と埴輪は、馬韓と日本の関係だけでなく、馬韓と百済の関係にも非常に重要な資料である。

今までの韓国の通説に、馬韓が百済に統合された時期は四世紀末だという説がある。しかし、百済の馬韓統合は一回で統合したわけではなく、三段階における統合の段階をふむような形をとっている。

百済の建国と馬韓の消滅に関して、韓国の三国時代の記録を見ると、百済をつくった勢力は、紀元前一八年、高句麗《こうくり》から南下してきたという記録がある。しかし、それを考古学的に立証する資料はない。百済が国としての形を整えた時期は、三世紀なかばごろだと思う。

百済は三世紀後半になると、その領域を広げていくが、その一次は忠南《チュンナム》地域までしか領域を拡張できない。しかし、第二次の領域拡張は、五世紀中ごろ、全南地域までわたるようになる。そして南西部にあたる馬韓地域までの領域拡張は、六世紀なかばごろになってからである。前方後円墳と埴輪が発掘される場所は、第三次領域拡張がなされた馬韓地域で、六世紀なかばまでである。

日本との関係についても新しい視点で研究する必要がある。前方後円墳の被葬者がだれであったか、どういう背景であったかということはおいて、このような百済の領域拡張の事実をみると、韓国の南西部には、百済とは別に独立した馬韓という勢力が六世紀なかばごろまでは存在していたことがわかる。

さまざまな資料を検討してみると、五世紀後半~六世紀なかばごろまでの馬韓と北部九州の地域は緊密なかかわりがあったと思われる。その時期、馬韓は百済に併合され、日本では北部九州地域が大和政権に併合され、六世紀なかば以降からは日韓の関係が百済と大和政権の関係になっていった。

これはあくまでも私の見解であるが、これからは百済と馬韓の関係だけではなく、百済と日本の関係を再検討し、さらに馬韓と日本との関係についても、新しい視点で研究する必要があると思う。

報告5　古代人の死生観

和田　萃

はじめに

勤務先は京都だが、住まいは奈良県高取《たかとり》町で、明日香《あすか》村のすぐ南側のところである。高取町といってもご存じない方も多いかと思うが、お里《さと》・沢一《さわいち》の『壺坂霊験記《つぼさかれいげんき》』の場所というとわかっていただけるかと思う。

高取町森《もり》という村には、村の中心から北へ五〇〇～六〇〇メートルいくと草壁皇子《くさかべのみこ》の墓、岡宮《おかのみや》天皇陵がある。しかし、すぐ北の高取町佐田《さだ》の束明神《つかみょうじん》古墳が、真の草壁皇子の墓である可能性が大きくなり、村人の一人としては少し残念である。近くに薬師寺《やくしじ》にお勤めで寺務のまとめをされている方がおられ、昨年（二〇〇二年）の十二月下旬、「明日香村野口《のぐち》にある天武《てんむ》・持統《じとう》陵へおいでになりませんか」とお誘いいただいた。その日は持統天皇が亡くなって、一三〇〇年にあたる日であった。『続日本紀《しょくにほんぎ》』によると、七〇二（大宝二）年十二月二十二日に「太上天皇、崩ず」とみえている。薬師寺は天武天皇・持統天皇にゆかりの深いお寺なので、毎年、天武天皇の亡くなられた九月九日には天武陵で回向《えこう》をされている。ところが、昨年十二月二十二日、持統天皇の一三〇〇年祭を行うということで、松久保《まつくぼ》住職（当時）以下一一人の僧侶がみえ、読経《どきょう》・散華《さんげ》をされ、一三〇〇年祭が行われた。聞くところによると、宮内庁ではそのあと旧暦で一三〇〇年祭をされたとのこと。宮内庁の見解では、陵墓には御霊《みたま》がまつられているとし、現在も一〇〇年ごとに式年祭を行っている。

現代人である私たちが古代の人びとの死生観を考えるのは、まことに難しいことかと思う。

図1　南上空から見た天武・持統天皇合葬陵(奈良県)

私自身は、『日本書紀《にほんしょき》』や『古事記《こじき》』あるいは木簡《もっかん》といった文献資料を用いて研究を進めているが、古代の人びとの死生観を考える場合、文献資料だけでは限界がある。そのため、考古学の成果を取り入れながら研究を進めざるをえないが、それもせいぜい六世紀代以降に限られる。これからの話は、おもに文献資料によりながら、また考古学資料も併用しながら、六世紀以降とくに奈良時代にいたるころまでの死生観について、少し考えてみたいと思う。

殯

古代においては、人が亡くなると、その遺骸を喪屋《もや》に安置し、喪主が哭泣《こっきゅう》し、親族や地域の人たちも喪屋に赴いて死者の魂を慰めるために、いろいろな儀礼をした。歌を歌ったり舞をし、あるいは酒を飲んだ。そうすることで、死者の魂を慰撫したのである。その対象が大王《おおきみ》や各地域の首長であると、それがさらに大規模なものになった。喪屋は小さな粗末な小屋にすぎなかったが、あらたに大きな建物、殯宮《もがりのみや》が起こされた。殯宮内には女性の肉親がこもり、さらに遊部《あそびべ》と呼ばれる人たちが奉仕した。遊部は、刀や矛などを身に帯び、遺骸に邪霊がよりつかないように、あるいは死者の魂が荒ぶることを防ぐことに努めた。

一方、殯宮の周りの空間、殯の庭においてもいろいろな儀礼が行われた。

『日本書紀』には「発哭」「発哀」「哭泣」という表現がみえる。大声をあげて泣き叫ぶのである。柳田国男の『涕泣《ていきゅう》史談《しだん》』によれば、近代になって、人びとは大声をあげて泣くことが少なくなったと指摘している。韓国では「哭き女」と呼ばれる女性のいることが知られている。現在の日本でもそうした習俗は少し残っていて、私が住んでいる森という集落でも、村で人が亡くなると、各戸から女性が一人でて、皆でその家へ泣きに行く習俗がある。

古代には、大王・天皇が亡くなると、故人をしのんでいろいろな悔みの言葉を奏上する「誄《しのびごと》」儀礼が行われた。『万葉集《まんようしゅう》』には女性の詠《よ》んだ挽歌が多いので、文学のうえでは「女の挽歌」というとらえ方がされている。そうしたことを考えると、殯宮には肉親の女性たちだけがこもったのではないか。たとえば天武天皇が亡くなったときには、持統天皇は殯宮のなかに籠っていた。そういう目でみると、大王の殯についても、また違う視点で解釈ができるかと思っている。

殯の期間は、『隋書《ずいしょ》』「倭国伝《わこくでん》」に「貴人は三年外に殯し、庶人は日を卜して埋葬した」とみえる。『日本書紀』によれば、敏達《びだつ》大王の殯の期間は、五年八カ月という長期に及ぶものであった。長期にわたったのは、後継者がはっきり定まっていなかったという事情や、穴穂部皇子《あなほべのみこ》の事件があったからであると思う。天武天皇が亡くなったときにも、大津皇子《おおつのみこ》の謀反事件が起きたように、殯の期間には政治的な事件が多い。元来、殯というのは、死を確認する期間であったと考えられているが、それがいろいろな条件で長期化したのである。

『令集解《りょうのしゅうげ》』喪葬令《そうそうりょう》遊部条所引の「古記」（七三八〈天平十〉年ごろ）によると、雄略《ゆうりゃく》大王が亡くなったとき、遊部である伊賀の比自支和気《ひじきわけ》がいなかったので、「七日七夜、御食《みけ》を奉らず。これによりて（雄略の魂は）荒《あら》びたまひき」という表現がみえ、遊部は、殯宮にこもって、朝夕に食事・水を供し、あるいは武器をもって護衛する職掌であったと思われる。

殯の期間が長期化すれば、遺骸は傷んでくる。よく知られている黄泉国《よみのくに》を訪れたイザナギ命の話は、六世紀代の横穴式石室において、何度も追葬を行ったときに眼にした状況が投影されているのだろう。「蛆《うじ》たかれころろきて、頭には大雷《おほいかづち》居り……」という表現がみえるのは、横穴式石室内における状況を反映しているからと考えられる。古墳の石棺のなかには、わざわざ穴をうがったものがある。赤坂天王山古墳《あかさかてんのうざん》（奈良県桜井市）がそうであるし、陶棺《とうかん》のなかには、栓を備えたものがあって、内部を見られるようにしたものがある。沖縄では、近代以前には、モーヤ（喪屋）をのぞき見る風習があった。それは死を確認するためであり、のちには次第に殯が儀礼化して、長期化するようになったかと思われる。

他界の所在

山中他界観

古代の人びとは、他界、すなわち魂のいき着く先をどこと考えていたのだろうか。遺骸は古墳や横穴に葬られた。しかし、魂はそこにあるのではなくて別のところ、たとえば山のなか、海のかなた、あるいは海の底、大地の下にいくという考え方がされていたようである。魂の行方は、地域によって違っていた。

平野部・盆地部・山間部などでは、山中あるいは山中の地下に他界があると観念していたらしい。山中他界観念については、柳田国男の娘婿であった堀一郎に大部な著作がある。山中他界観念は平安時代にも踏襲され、高野山《こうやさん》や伊勢の朝熊《あさま》山《やま》などの霊山に魂が集まるという信仰につながっていった。

六世紀代に群集墳が形成されるが、奈良盆地では、たとえば東の龍王山《りゅうおうさん》（奈良県天理市）の山麓などに、この時期の小円墳や横穴がたくさん集中し、龍王山古墳群を形成している。大阪平野の東側山麓には、高安千塚古墳群《たかやすせんづか》（大阪府八尾市）・平尾山古墳群（大阪府柏原市）などがある。その規模からみると、必ずしも一氏族の奥津城《おくつき》とは考えられない。盆地部や平野部に住んだ多数の氏族の共同の奥津城であり、また、それぞれの尾根筋に各氏族の墓域が決まっていたらしい。そうした状況だったかと思われる。

七〇六（慶雲三）年三月十四日の詔《みことのり》に「氏々の祖墓」という概念がみえている。当時、王臣たちは山沢を独占していた。雑令の規定によれば、山川藪沢《さんせんそうたく》は「公私、利を共にせよ」、すなわち公も私も利用してよい、いわば入会地《いりあいち》のようなもの

図２　和歌山県岩橋千塚古墳群

だった。ところが当時、王侯諸臣がそれを独占していたので、この詔でそれを禁じた。ただし、「氏々の祖墓」と各家の周りの二〇〜三〇歩の範囲だけは、私有を認めるという趣旨である。各氏々の代々の墓地は、その氏の私有の土地であり、他姓の者がその内に入ることができなかった。こうした詔がだされた背景として、群集墳の段階に尾根ごとに各氏族が墳墓を築いていた事実とかかわりがあるのではないだろうか。いろいろ事例があり、古いところでは「允恭紀《いんぎょうき》」に、葛《かつら》城《ぎの》襲《そ》津《つ》彦《ひこ》の孫である玉田宿禰《たまだのすくね》が、罪をまぬがれるために武内宿禰《たけしうちのすくね》の墓域に逃れたという話がみえる。葛城襲津彦の父親が武内宿禰とされているので、葛城氏の墓域には他姓の者は入れなかったことを示す。

七九九（延暦十八）年三月、渡来系氏族である葛井・船・津の三氏の墓地は野中寺の南にあり、「寺山」と称して子孫が守ってきたが、最近、木こりたちが勝手に墓域の木を切ったために、祖先の霊が依りつけなくなったという訴えを起した（『日本後紀』）。古墳が築造されて一〇〇年もたてば、樹木が茂る状況になっていたのである。古代の人びとは、そういう樹木に、あるいは大きく育った巨木に祖先の霊が依りつくという考え方をもっていた。和気朝臣清麻呂《わけのあそんきよまろ》の伝記のなかにも、高祖父の佐波良《さはら》以来の墓地が洪樹をなしていたという表現がみえる（『日本後紀』）。和気清麻呂が弓削道鏡《ゆげのどうきょう》の事件で罪に落とされ、それを機会に人びとが洪樹を切ってしまったため、やはりさきほどの船氏の例と同じようなことを訴えている。また現存しないが、采女氏塋域碑《うねめしえいいきひ》には、采女氏が天武天皇から墓地を与えられ、その墓域内に他姓の者は入ってはならないとみえている。墓域はその氏族の私有地であって、他姓の者は入ることができないという慣習法が、平安時代初めには成立していた。これは群集墳の造営を契機としていたと考えている。『万葉集』には、山中他界を歌った歌がいろいろある。山のなかへいくと、そこに葬った妹に会えるというような観念を、人びとはいだいていた。山中に、あるいは山中の地下に他界がある。そこは葬地であるとともに、死者の霊魂が留まる所と考えていたのだろう。

海上他界観

海岸部や海に近い河川の流域などでは、海の底あるいは海のかなたに他界が、魂のいき着く先があると考えていた。そこはもともと、常闇の常夜《とこよ》で暗い世界だったのだが、次第に海のかなた、明るい世界に変わっていった。祖霊のいる国、永遠に若さのある国、常世《とこよ》という概念に変化した。海底というのはぼんやりと明るい世界、沖縄でいう「青《おー》」の世界で、そういうところや海のかなたに、他界を考えるようになった。根《ね》の堅洲国《かたすくに》と呼ばれたり、沖縄ではニライ・カナイと呼ばれている。

海岸部で古墳が少ないところがある。熊野《くまの》（和歌山県・三重県）はそうした地域である。砂浜や海蝕洞穴に葬ることが一般的だったから、古墳が少ないのではないかと思う。熊野で古墳として知られているのは、紀伊勝浦《かつうら》の近くの下里《しもさと》古墳（和歌山県那智勝浦町）だけである。砂浜や沖合いの小島などに葬るのが一般的だったので、波とともに遺骸が失われてし

図3　古墳に描かれた喪船の図（熊本県山鹿市弁慶ヶ穴古墳）上段は鳥がとまった荷船，下段は船に乗った馬。

まう、そうした状況だったのではないか。平安時代から近世中頃まで、補陀落《ふだらく》渡海《とかい》が繰り返し行われた背景には、そうした他界観念があったと思われる。

『出雲国《いずものくに》風土記《ふどき》』に「脳《なづき》の磯《いそ》」（島根県平田市の猪目《いのめ》洞窟）がみえ、古代の人びとは「脳の磯」を他界と考えていた。「脳の磯」の夢を見た人は、亡くなると伝えている。また、海岸部では海蝕洞穴などに葬った事例が知られている。千葉県の房総半島や神奈川県の三浦半島の先端部では、海蝕洞穴内に小舟を引き入れて、小舟に遺骸を安置する、船葬のようなものがあったことが最近判明している。沖縄でも、「後生《ぐしょー》」と呼ばれるのは海に面した海蝕洞穴のようなところで、そこに風葬の形で葬っていた。

谷川健一氏が指摘されているように、沖縄では沖合いの小島を「青《おー》の島」と呼ぶ。「おー」というのは青の世界、太陽の光があまり届かない青い海底の世界であり、そういうところを他界と観念していた。海岸部あるいは海に近い川の下流域などでは、海のかなたに、あるいは海の底に他界を考えていたのではないか。

装飾古墳のなかにも、珍敷塚《めずらしづか》古墳（福岡県吉井町）や熊本県山鹿市の弁慶ヶ穴古墳のように、船の上に木棺を乗せた絵が描かれている。それは「喪船《もぶね》」である。実際に喪船に柩を乗せて沖合いに流したかもしれないが、むしろ喪船に乗って魂が海のかなたの世界へいくという観念を表現したと想像できる。熊本県の装飾横穴のなかにも、ゴンドラを描いたものが多いことが指摘されている。それもこうした観念と関わりがあるかもしれない。大和川右岸の高井田《たかいだ》横穴（大阪府柏原市）にもゴンドラを描いたものがあり、あるいはこうした観念と結びつく可能性がある。ただ、対岸の松岳山《しょうがくさん》古墳（大阪府柏原市）を中心とした一帯に船氏の墓域があったので、あるいは船氏と結びつけて理解すべきかもしれない。海岸部あるいは海へ注ぎ込む川の流域では、遺骸を海辺に埋葬するが、魂は海のかなたへ、あるいは海底へ赴くという観念があったのでは、と考える。

天空他界観

『万葉集』にただ一例、天空、高天原《たかまがはら》の世界に他界があると歌ったものがある。それは日並知皇子尊《ひなみしのみこのみこと》（草壁皇子）が亡くなったときに、殯宮《もがりのみや》で柿本《かきのもと》朝臣《あそん》人麻呂《ひとまろ》が詠んだ有名な歌の一節に、「高照す　日の皇子は　飛鳥の　浄《きよみ》の宮に　神ながら　太しきまして　天皇《すめろぎ》の　敷きます国と　天の原　岩戸を開き　神上《かむあが》り　上りいましぬ」（巻二―一六七）というくだりがある。これは草壁皇子の父親である天武天皇が亡くなったことを歌った部分である。天武天皇は飛鳥の浄の宮（飛鳥浄御原宮）にいらっしゃって、神であるままにお治めになっていたのに、亡くなられて、天の原の岩戸を開いておのぼりになったと表現している。そのあとは草壁皇子が統治されるだろうと思っていたのに、お亡くなりになった。そういうふうに続いていく部分である。ここでは、天武天皇が亡くなり、「天空の世界の岩戸を開いて神上りされた」と表現している。ただ一例だが、これは天空に他界があるとする事例だろう。この事例からすべてを敷衍するわけにはいかないが、山中他界や海上他界とともに、天空を他界とする観念もあったようである。とくにこの場合は天武天皇を歌っているので、あるいは持統朝に高天原という観念が生まれてくることとも関わりがあるのではないかと思っている。持統天皇の和風諡号が高天原《たかまがはら》広野《のひろの》姫《ひめ》だからである

私の住んでいる高取町森という所は、五〇〇〜六〇〇メートル北に村の鎮守、牛頭《ごず》天皇社があって、その横が今の岡《おかの》宮御宇《みやにあめのしたしろしめしし》天皇陵（草壁皇子の墓）である。草壁皇子は六八九（持統三）年四月十三日に亡くなっていて、今から一四〜一五年も前のことだが、勅使が来て一三〇〇年祭が行われた。だから、古代の世界と近いところに暮らしているわけであ

る。夜になると真の闇になるときがあって、「闇がねっとりする」ような感じがする。古代の人びとがすぐ側を歩いている、息をしているといった、そんな世界で暮らしている。天空に他界があるというのは、きわめて希有な事例であるが、それも他界観念の一つに考えておいてよいのではないかと思う。

出雲大神

日本神話も、ギリシアやローマの神話と同じように、神々も死ぬと観念されていた。イザナミ命はカグツチを生んで亡くなり、黄泉国へいった。大国主命《おおくにぬしのみこと》は兄神たちの迫害で何度も死に、母の御《み》祖命《おやのみこと》の力で生き返ったと語られている。神々の死は『古事記』『日本書紀』の神話のなかにもいろいろみえている。イザナミ命は亡くなって黄泉国へ赴くが、それは明らかに地下の世界が他界と観念されていたことを示している。

黄泉国と現世との境に黄泉比良坂《よもつひらさか》があるとされた。「比良坂」はなだらかな坂を表わしている。『古事記』『日本書紀』によれば、それは出雲の伊賦夜坂《いふやさか》に、あるいは出雲国と伯伎国《ははきのくに》との境の比婆山《ひばやま》にあるとされている。明らかに山中他界に結びついている。『日本書紀』の一書には、紀伊国の有馬村に葬ったともみえる。有馬村は花の岩屋の所在地だから、海上他界に結びつく。イザナミ命の他界は、地下、山中、海のかなた、それぞれに観念されていたといえる。

大国主神は、兄神たちの迫害で何度も亡くなるが、母の御祖命の勧めで根《ね》の堅洲国《かたすくに》に赴く。そこにはスサノオ神と娘のスセリビメがおり、スセリビメの知恵によって、スサノオ神のもっていた生大刀《いくたち》・生弓矢・天《あま》の沼琴《ぬごと》を奪い、黄泉比良坂を越えて葦原中国《あしはらのなかつくに》へ戻ってきたとみえる。スサノオ神は生大刀・生弓矢をもっている。それを奪ったことによって生還できたという話である。スサノオ神が地下の他界を支配する神であったという伝承を、ここから読み取ることができる。

イザナギ命は黄泉比良坂から逃げ帰ってみそぎをし、その際に生まれた天照大神《あまてらすおおみかみ》に高天原、月読神《つくよみのみこと》に夜の食国《おすくに》、スサノオ神に海原を治めるようにいうが、スサノオ神は大人になるまで泣き叫び、青山は泣き枯らし、河海は悉《ことごと》に泣き乾《ほ》した。

それでイザナギ命がその理由を問うと「僕《あ》は妣《はは》の国根の堅洲国に罷《まか》らむと思ふがゆゑに哭《な》く」といった。「妣」はイザナミ命なので、イザナミ命のいる根の堅洲国、これは地下の世界であるとともに、おそらく、それはスサノオ神に対し、初め治めるようにいわれた海原とも、重なってくるように思う。

スサノオ神は「他界を支配する神」だが、その六世孫であるオホナムチ神（大国主神の別名）も他界を統治したかと思われるところがある。国譲りに際して、タカミムスビ神はオホナムチ神に対して「神事《かみごと》を治《しら》すべし」といっているが、この「神事」は死後の世界、幽界のことをさすので、オホナムチ神に対して「死後の世界を統治せよ」といっていることになる。これは従来あまり注意されていなかったが、注目される。また、明治時代になって出雲教が起こされるが、その出雲教の教えともつながってくるところがあるように思う。

祟り

出雲の神であるスサノオ神やオホナムチ神は、他界を支配する神とする観念がうかがわれるのは、建皇子《たけるのみこ》（中大兄《なかのおおえの》皇子《みこ》の子）が亡くなったくだりである。天智《てんち》天皇（中大兄皇子）の皇子であった建皇子は、生まれつきものがいえなかった。これは垂仁《すいにん》天皇の皇子であったホムチワケ王が、やはり出雲大神の祟《たた》りでものがいえなかったことと共通している。建皇子がものがいえなかったのは、出雲大神の祟りだとする考え方があったと推測できる。建皇子は六五八（斉明《さいめい》四）年五月に亡くなったが、斉明天皇は、その翌年に出雲国造《くにのみやつこ》に命じて「厳神《いつかし》の宮」をつくらせた。建皇子の死と出雲大社の造営が結びついていることが注意される。また、その厳神の宮をつくらせたというくだりで、怪異な出来ごとがあったとされる。「狗《いぬ》が死人の手臂《ただむき》を言屋社《いうやのやしろ》に置いた」とみえ、言屋社は伊賦夜坂ともかかわっている。『日本書紀』では「天子の崩《かむさ》ります兆《きさし》なり」として、斉明崩御の予兆と結びつく伝承になっていて注目される。

出雲大神は、土師《はじ》氏の祖である野見宿禰《のみのすくね》が出雲出身だということとも結びつくところがある。出雲ではなく、伯耆《ほうき》の可

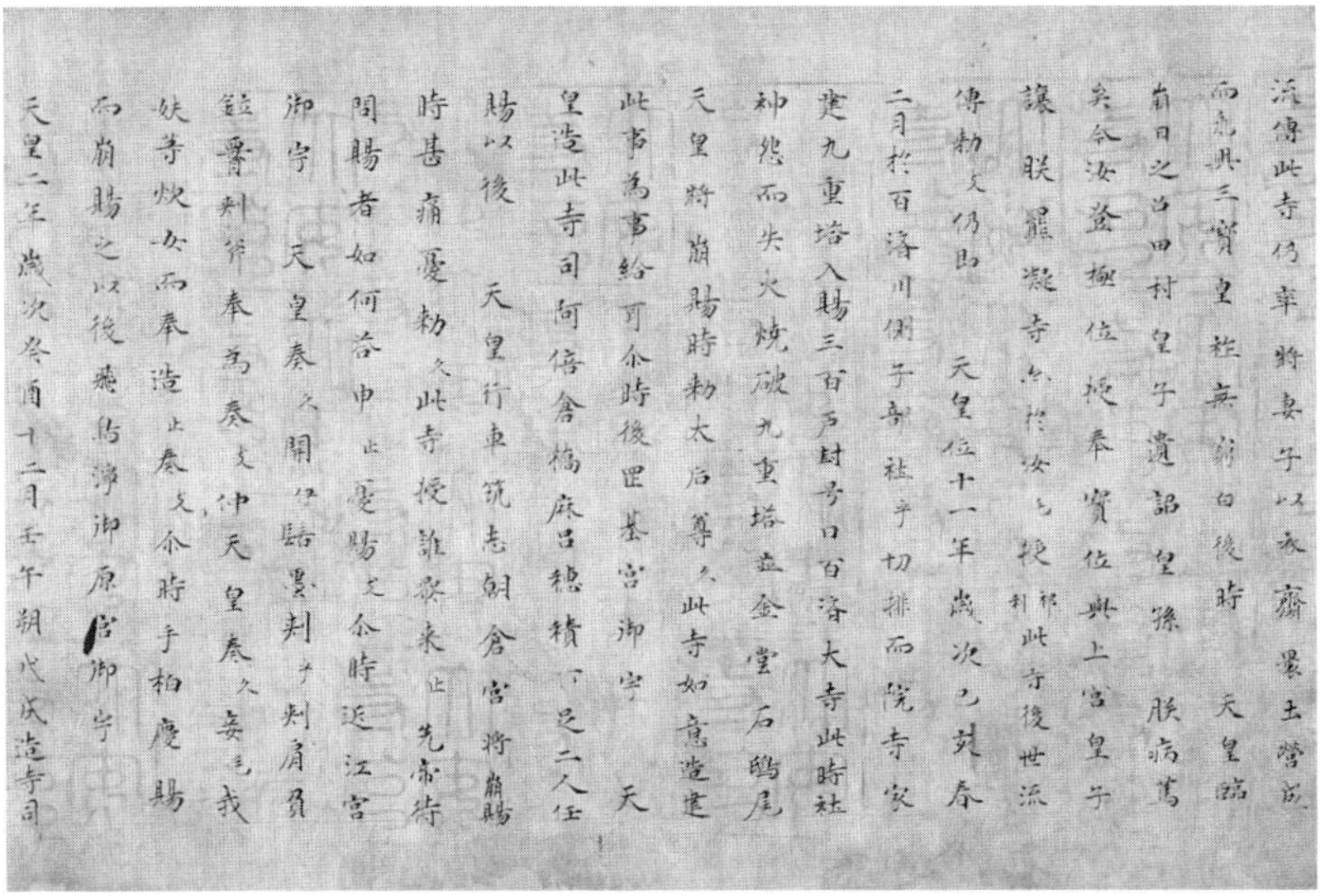

図４　「大安寺伽藍縁起幷流記資財帳」

能性もある。鳥取市内に式内大野見宿禰命神社があって野見宿禰を祀っているので、野見宿禰は伯耆の出身ともいえる。いずれにしても、大和から見て西のかなた、日の沈むところという意識がある。斉明天皇が亡くなったときも、怪異なことが起こったという。『日本書紀』によると、六六一（斉明七）年七月二十四日に斉明天皇は筑紫《つくし》の朝倉宮《あさくらのみや》で亡くなるが、八月一日には磐瀬行宮《はつせのかりみや》に遺骸が移されて殯に付された。その日の夕、朝倉山の上に大笠をかぶった鬼が出現して、殯の様子をのぞき込んだと記されている。それに先立って、朝倉社の樹木を切り倒して朝倉宮をつくった。そのために朝倉社の神が怒って、朝倉宮を壊した。また宮中に鬼火がでて、近侍する人たちのなかに病死する者が多かったと記されている。宮中に鬼火が見えたり、病死する者が多かったとか、あるいは斉明天皇の殯の様子を朝倉山の上から鬼がのぞいたというのは、やはり死者の祟りがそうした現象を生んだように思われる。

『扶桑略記《ふそうりやっき》』には『日本書紀』と同じような記事がみえるが『日本書紀』にはみえない記事もでている。斉明が亡くなった六六一年の夏に、群臣が急死することが多かった。時の人は「豊浦大臣《とゆらのおとど》の霊魂の所為なり」とうわさしたという。乙巳《いっし》の変、すなわち大化のクーデタに際して蘇我入鹿《そがのいるか》が飛鳥板蓋宮《いたぶきのみや》で殺され、翌日、父親の蝦夷《えみし》は甘樫丘《あまかしのおか》の上の邸宅に火を放って自尽した。豊浦大臣というのは蘇我蝦夷のことで、蝦夷の霊魂の祟りで、そうした怪異が現れたとしている。『扶桑略記』にみえる記事は、少し史料としての価値が落ちるので、全面的に信頼することはできないが、斉明崩御前後の記事をみると、やはり怨霊思想の萌芽のようなものが、ほのかにみえているように思われる。

そのことと関係して、私が非常に興味深い史料だと思っているのは、七四七（天平十九）年の「大安寺伽藍縁起《だいあんじがらんえんぎ》幷《ならびに》流《る》記資財帳《きしざいちょう》」のなかに、斉明が亡くなる直前のことを記した文章がある。これは前置きが随分長くて、聖徳太子《しょうとくたいし》が熊凝精《くまごりしょう》舎《じゃ》を舒明《じょめい》天皇に託したというところから始まる。その舒明天皇が亡くなるときに、妻であった皇極《こうぎょく》天皇（のちの斉明天皇）に、百済《くだら》大寺をりっぱに建ててほしいと遺言する。それを受けての記事である。

斉明は、舒明から百済大寺の再建を遺言された。斉明天皇は、阿部倉橋麻呂《あべのくらはしまろ》と穂積百足《ほづみのももたり》を造寺司に任命して造営事業を続けるが、崩御に際して斉明が述べた言葉が記録されている。私流の読みであるが、斉明は「はなはだ痛み憂へ、勅《の》りたまはく、此の寺を誰に授け参り来《く》、と先帝問ひたまはば、いかが答へ申さむと憂へたまひき」といった。斉明が亡くなるときに、枕辺にいたのは中大兄皇子（のちの天智天皇）と、妹にあたる間人皇女《はしひとひめみこ》である。斉明女帝は、苦しい息のなかでつぎのようにいったというのである。「百済大寺を誰に託してやってきたと、先帝、すなわち夫の舒明天皇が問いなさったならば、自分はどう答えたらいいだろう」そういって憂い嘆いたというのである。中大兄皇子の妹《いも》である仲天皇《なかつすめらみこと》を間人皇女とみてよいかどうかは、いろいろ問題のあるところであるが、そのとき、中大兄皇子は「自分は妹の仲天皇と一緒に百済大寺を建てる、再建を続ける」といった。そうすると、その言葉を聞いた斉明は、「その時、手を拍《う》ち慶びたまひて、崩りたまひき」。まことに壮絶な場面である。それを聞いて、斉明は安心して息を引き取ったというのである。斉明女帝は、死ぬと自分の夫に会える。その夫が「百済大寺をどうしたか」と詰問をしたら、自分はどう答えてよいのだろうと、おろおろして問うたというわけである。ここにも当時の、七世紀後半代の他界観があらわれている。その他界がどこにあったかはわからないが、いろいろな考え方ができる。やはり現世と同じような世界があって、そこでは夫の舒明が待ちうけていて、夫に会うことができる。そういう他界を想定した文章である。史実を的確に反映しているかどうかは問題を残すが、従来あまり取り上げられていなかった史料であり、当時の他界観念を知るうえで、まことに貴重な事例だろうと思う。

報告6　埴輪の構造

車崎　正彦

はじめに

これまでの報告を日本の古墳や埴輪《はにわ》と関係があるのかないのかを少し考えながら聞いていた。たとえば、エジプトにこの世とあの世をつなぐ太陽の船があるし、そうした船はメソアメリカにもある。そして中国には、戦国時代の楚《そ》の墓に、龍舟という龍であり舟である乗物に、被葬者が乗って昇仙する絵がある。そうした二つの世界を結ぶ船は、日本の古墳にも舟形埴輪としてあったり、あるいは装飾古墳の絵として描かれていたりする。しかし、エジプトや中国の土あるいは石でつくられたものと日本の埴輪とは、少し異質な感じがする。とりわけ異質だと思うのは、エジプトや中国のものは墓の中に入れられているのだが、日本の埴輪というのは墳丘の上に立てならべられていて、外から見られるような配置になっている。墓室のなかに置かれている中国の俑《よう》やエジプトの人形、その他さまざまな器物、あるいはメソアメリカの人形とは、どうも違うような気がする。

今日は、あたえられたテーマが「埴輪の構造」である。構造という言葉は、辞書を引くと、「諸要素の相互依存、ないし対立矛盾の関係を総称する」という意味がある。埴輪に引きよせていえば、一つ一つの埴輪ではなく、古墳にならべられた埴輪のあり方、そうした関係の総和が埴輪の構造といえるだろう。そうした埴輪の構造を考えることは、いいかえれば、埴輪のあり方、その関係について構造論的に考えることになると思う。これは別段特別なことではなく、たとえば、今までにだされてきた埴輪のさまざまな解釈、たとえば葬列説や首長霊継承説、殯《もがり》説といったさまざまな説も、何らかの形で埴輪の関係に基づいて、つまり、構造論的に考えられてきたのである。ただ、そうではあるが、そうした埴輪の解釈の多くは、埴輪全体の構造ではなく、ある部分の構造、とくに人物埴輪を中心とした部分構造について、とりわけ強く意識しながら考えられてきたように思う。部分の構造を考えることによって、それが埴輪の全体の構造、普遍的な埴輪の構造がわかったことになるのかどうかということについては、そうなるかもしれないが、そうならないかもしれない。部分の構造というのは、全体の構造によって規制されるはずであるけれども、その逆ではないと私は思う。

古墳と埴輪

そこで、では埴輪の全体の構造とはどうなっているか、すべての古墳をある一つの構造としてとらえることができるのかどうかということを課題として、話そうと思う。

埴輪の構造というのは、そこには必ず意味の脈絡があったはずである。それゆえに、埴輪の構造が読み取れれば、埴輪の構造のその奥に隠されている意味の脈絡が読めてくるはずだと考えている。さらに突き詰めていくと、埴輪の構造も、その全体が古墳の構造の一部になっている。埴輪というのは、そもそも古墳にならべられてはじめて意味をもつ品物であり、それ以外の所にならべることはまったくないとはいえないけれど、少なくともほとんどない。要するに、埴輪は、古墳にならべられたときにはじめて意味をもつ、あるいは構造をもつ存在だと考える。だから、また別のいい方をすると、埴輪の構造というのは、古墳の構造に隠されている意味によって規制されているはずだというのが、私の考え方である。つまり、埴輪の構造は、古墳の構造がわからないと、実はわからないはずである。しかし残念ながら、古墳の構造の意味についてはさまざまな説があり、まだ決着がついていない。

一九九七（平成九）年の歴博フォーラム「はにわ人は語る」のときに、前方後円墳は壺の見立てだろうといった。それ

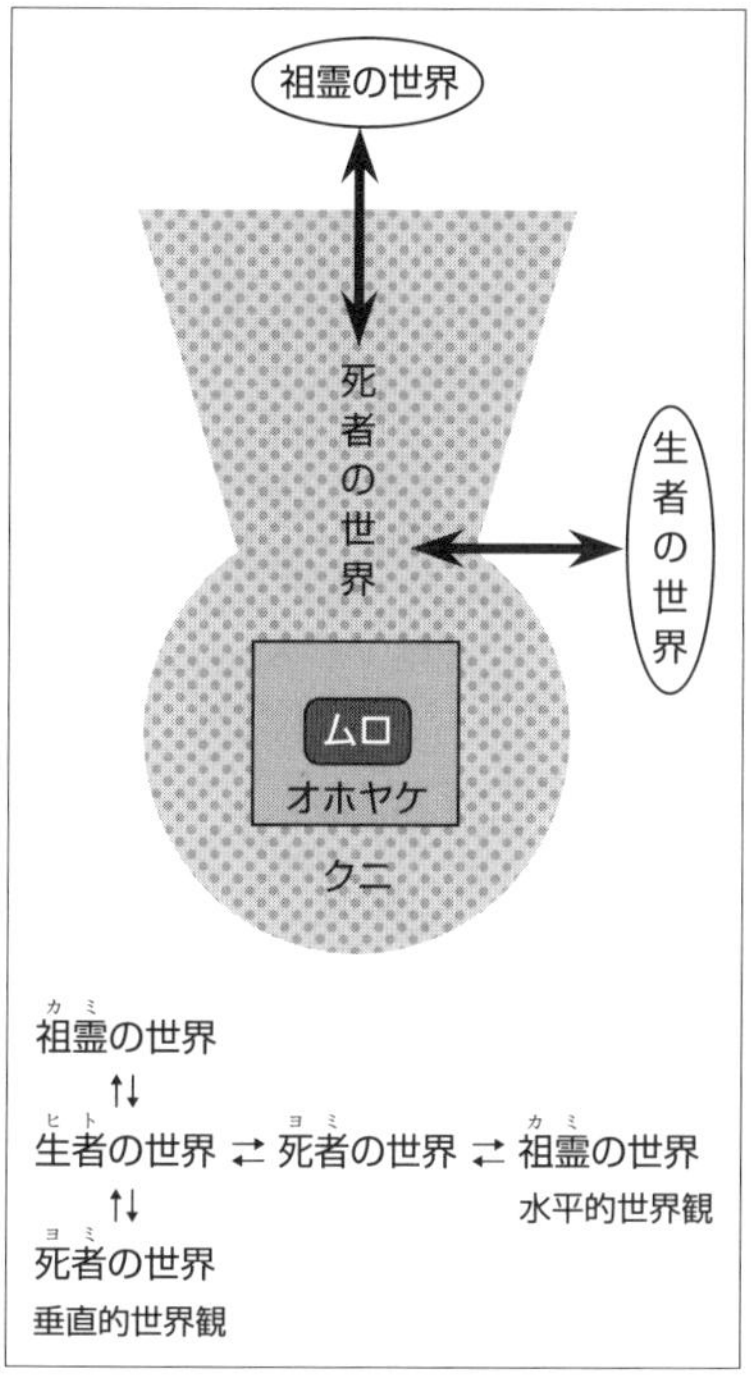

図１　古墳の世界観

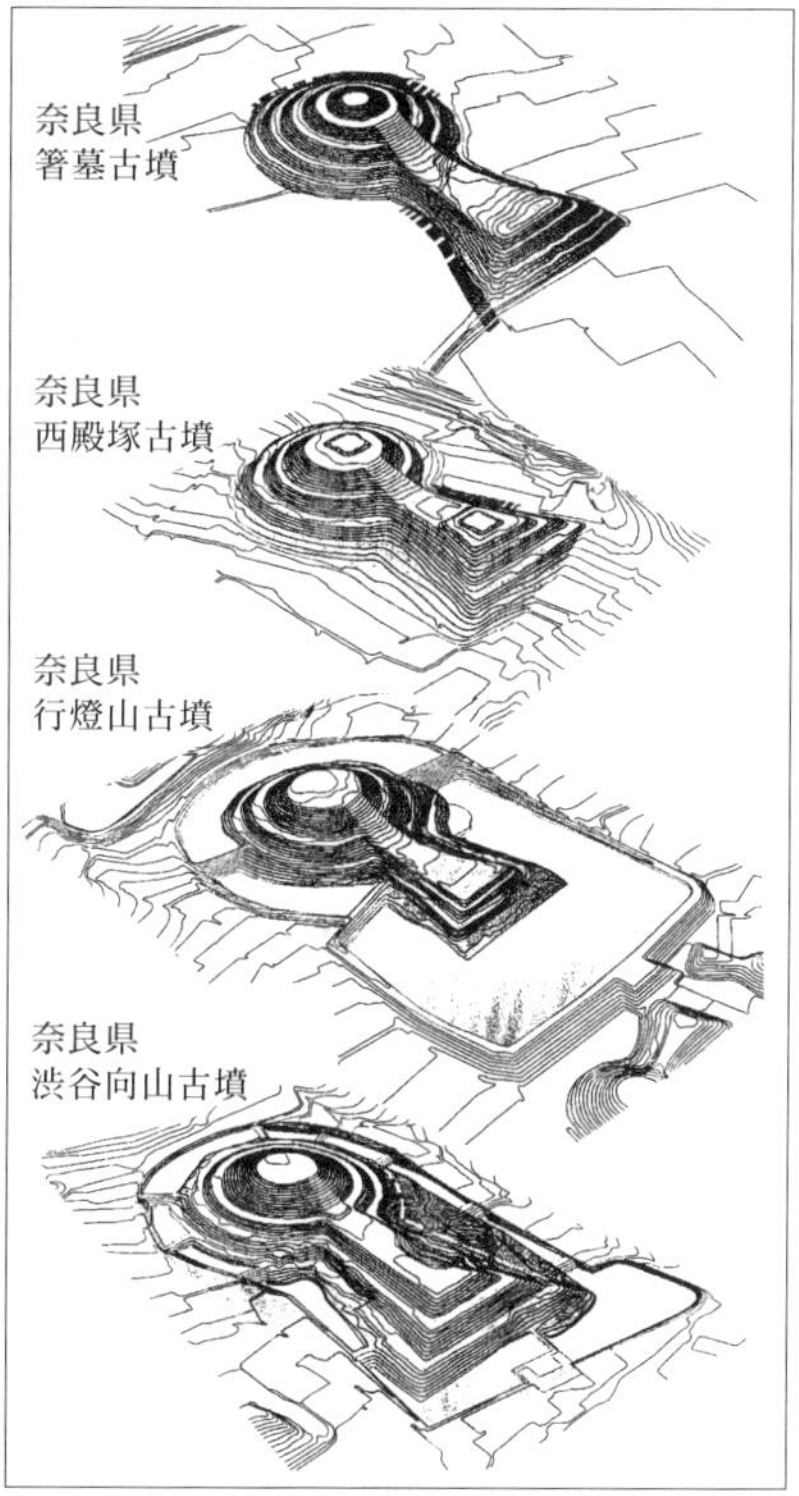

図２　前方後円墳

が始まりで、その後、どうして壺と考えるかを何度か話した。それは、古墳の構造に対する私の一つの結論である。かいつまんで古墳の構造がどうなっているかを説明すると、古墳には、必ず墳丘がある。そして、墳丘の頂上部には平坦な墳頂部があり、その下には棺や墓室が入っている。この三つは、すべての古墳に共通している。つまり、それが古墳の本質的な構造であると、私は考える。もちろん、古墳の墳丘の形はさまざまだし、棺や墓室の形式もさまざまである。あるいは、周溝をもっていたり、いなかったりする。葺石《ふきいし》があったり、なかったりもする。もちろん埴輪も、あったり、なかったりである。そうした要素はさまざまだが、すべてが基本的な構造のバリエーションであると私は考える。そういうバリエーションをすべて切り捨てていったところに、古墳の構造があるのではないかと考えている。

突き詰めていくと、残った三つの要素、墳丘・墳頂部・棺や墓室といったものが、構造としての意味をもっている。その関係性が古墳の構造としての意味をもっていると私は考えるのである。

結論だけいうと、墳丘というのは、死者の支配する領域であるとともに、死者の帰属する共同体でもあるクニを表現している。クニ（国）の見立てになっている。墳頂部の平坦な場所はそのクニのなかにある狭い空間であるが、そこは死者の居住する空間であるとともに、死者の帰属する共同体の拠点でもあるオホヤケ（大宅）、屋敷に見立てている。棺や墓室は、死者が日常住まいするムロ（室）という、寝室に相当する建物の見立てになっている。そういう見立て構造が古墳の構造として存在する。

さきほど、壺といったのは、そのクニが壺形のクニとして表現されていると思うからである。クニやオホヤケやムロというのは、ある限られた空間として存在するものである。つまり、ある意味では中空の器として見立てることができるとも考えられる。そうしたある種の空間をもっているものは、それゆえに子宮のシンボルになっている。死者の世界は子宮のイメージとして想像されていると思うのであり、子宮のシンボルであると考えれば、死者の世界は大地の子宮の中になる。私は、地母神の子宮の中に死者が埋葬されたと考えている。

前方後円墳は、壺が横たわって半分地下に埋もれた形で表現されている。その半分埋もれた状態が、おそらく重要な意味をもっていると思う。少し広い視点から古墳をみると、母胎である大地がはらんだ状況の象徴になっている。死者がこの世で死ぬわけだが、その死んだ死者は、いったん子宮のなかに埋葬されることによって、そのなかで新たな生命を宿し、あの世に再生するという、死と再生のモチーフが古墳の構造のもっとも重要な意味だと思う。もちろん、そうだと断言できる証拠があるわけではなく、そうではないという考え方もありうる。むしろ、違うアプローチの仕方からでた意見と議論することによって、より正しい解釈に近づけると思う。

埴輪の位置と構造

では、私が考えている古墳の構造の一部、つまり部分構造となっているはずの埴輪の構造が、どう読み取れるかという話に移る。

埴輪は、埴輪がかたどっている器物によって、円筒埴輪・家形埴輪・器財埴輪・人物埴輪・動物埴輪というように分類されている。そうした分類は、そもそもが一つ一つの埴輪をみるときの視点でなされている分類であろうと思う。それはそれでよいのだが、埴輪を構造としてみようとするとき、つまり、ならんでいる状態の埴輪としてどう分類できるのかという視点に置き換えたときには、どこにならんでいるのかという配列場所で埴輪を分類するほうが、構造的にみるという視点からいえば、より重要である。そういう視点で埴輪のならんでいる場所を分類しようとすると、大きく分けて、埴輪の置かれている場所は、三つに分けられる。

一つは、墳丘を取り囲むようにならべられる埴輪である。石山《いしやま》古墳（三重県上野市）という四世紀終わりごろの古墳の場合は、墳頂部と中段と裾部と、三重に古墳を囲むようにならべられた。もう一つは、多くの場合、墳頂部を四角く囲む形にならべるわけだが、それを墳頂部にならべられる方形埴輪列と呼ぶ。もう一つは、墳丘の外に区画を設けてならべた埴輪であり、造り出しの部分、あるいは今城塚《いましろづか》古墳（大阪府高槻市）のように中堤《なかつつみ》の一画にならんでいた埴輪である（図3）。

そういう三つの場所にならべられた埴輪は、それぞれならんでいる埴輪の種類も異なっている。もちろん、共通するものもあるのだが、違うものもならんでいる。墳丘にならぶ埴輪は、ほとんどの場合、円筒埴輪で構成されているが、一部、蓋《きぬがさ》や盾といった器財埴輪、あるいは、裾部や周溝のいちばん外側には、盾持ち人と呼ばれ、ふつう人物埴輪に分類される埴輪がならんだりする。墳頂部も、円筒埴輪だけの場合もあるが、靫《ゆき》や盾あるいは蓋、さらに壺がのっている円筒埴輪もある。また、埴輪列のなかには、家を置いたり、時折、囲形《かこいがた》というマツリの場をあらわした埴輪を隅に置く。もっと

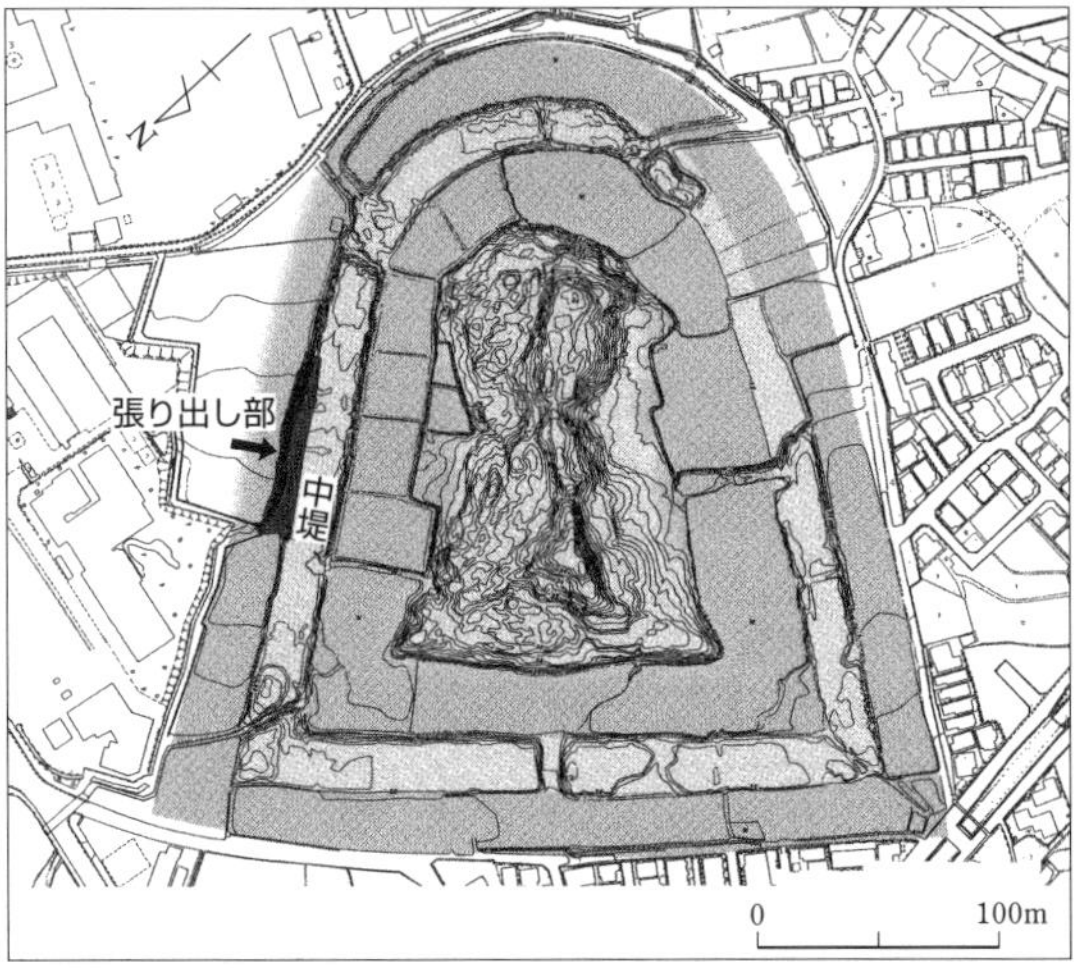

今城塚古墳（大阪府）墳丘測量図（高槻市教育委員会編『継体天皇と今城塚古墳』1997年，一部改変）

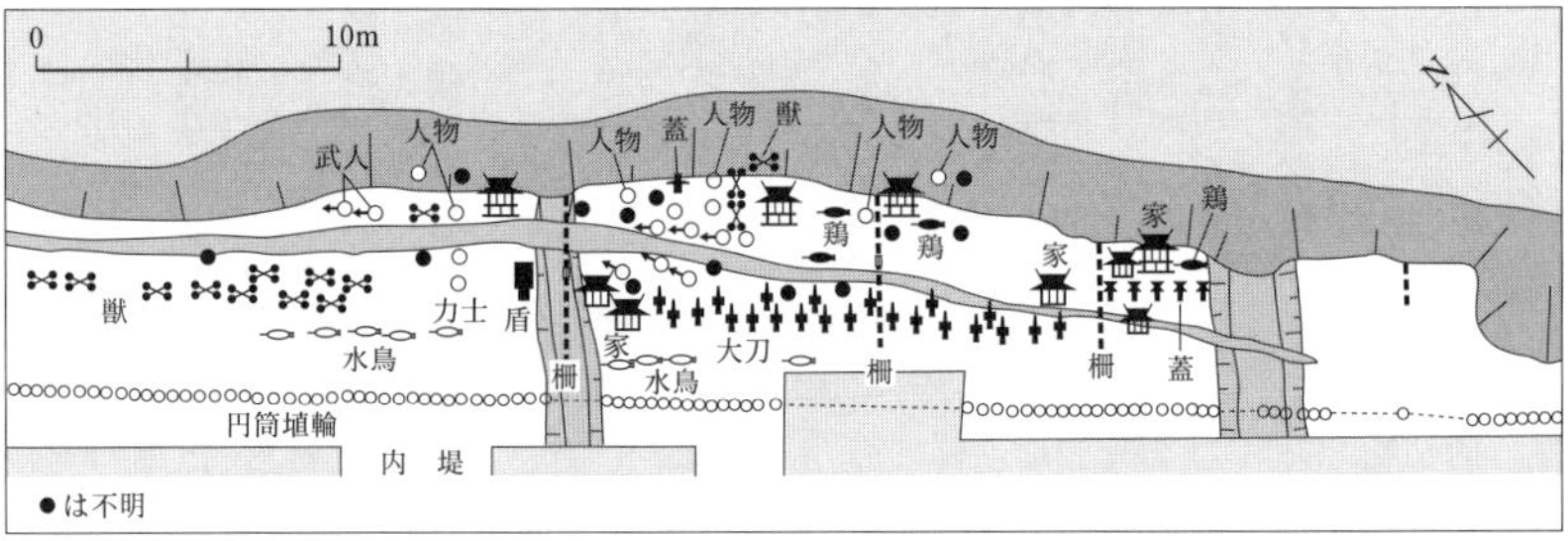

中堤の埴輪配列（高槻市教育委員会・高槻市立しろあと歴史館編『発掘された埴輪群と今城塚古墳』2004年，一部改変）

図3　大阪府今城塚古墳

も種類が多くにぎやかな埴輪は、こうした墳頂部、あるいは墳丘をめぐる埴輪ではなく、中堤の一画や造り出しにならべられる埴輪である。今城塚の中堤では、家など墳頂部と共通する埴輪を含んでいるが、さらに人物あるいは動物といったものがならべられた。これは、墳丘を囲むような埴輪、あるいは墳頂部にならべられる埴輪ではなく、中堤あるいは造り出しにならべられた埴輪にしかない種類に属す。三つの場所にならべられた埴輪はその種類が異なっているわけだが、そのすべてにおいて共通して使われているものは、円筒埴輪である。すべての場所が円筒埴輪で囲われている。埴輪のなかでどこでも使われるのは円筒埴輪であり、円筒埴輪が埴輪の本質的な意味を規定していると私は思う。

カキとしての埴輪

埴輪の構造から考えられる埴輪の意味は、ならべられる三つの場所によって区分される要素の関係によって示されると、私は考える。それは古墳の構造とも無縁ではない形で存在しているにちがいない。そうした視点でいうと、古墳はクニを象徴していると話したが、墳丘を取り囲むようにならべられた埴輪は、クニを区画するようにならべられているわけであるから、おそらくクニガキ（国垣）であろう。クニを境するものが、三重、あるいは中堤に二重にならべたり、さらに外堤にもならべたりして、幾重にもなる場合がある。それはおそらく、古典の歌のなかに「大和《やまと》の青垣《あおがき》」や「出雲《いずも》の八重垣《やえがき》」という形で表現されるものである。実際にはクニの周りにはカキ（垣）がないけれど、ある種の閉鎖空間としてのクニのイメージからカキが表現され、死者の国では埴輪として示されている。

墳頂部は死者のオホヤケである。三ツ寺《みつでら》I遺跡（群馬県群馬町）のように、豪族居宅と呼ばれるものは基本的には方形プランに造られている。それが、方形埴輪列として表現されているのである。要するに、死者のオホヤケである。オホヤケだから、そのなかにはさまざまな建物があるわけで、家形埴輪はその建物をかたどっていると考える。その点で、埴輪の見立ては、古墳の見立てと一致しているのである。

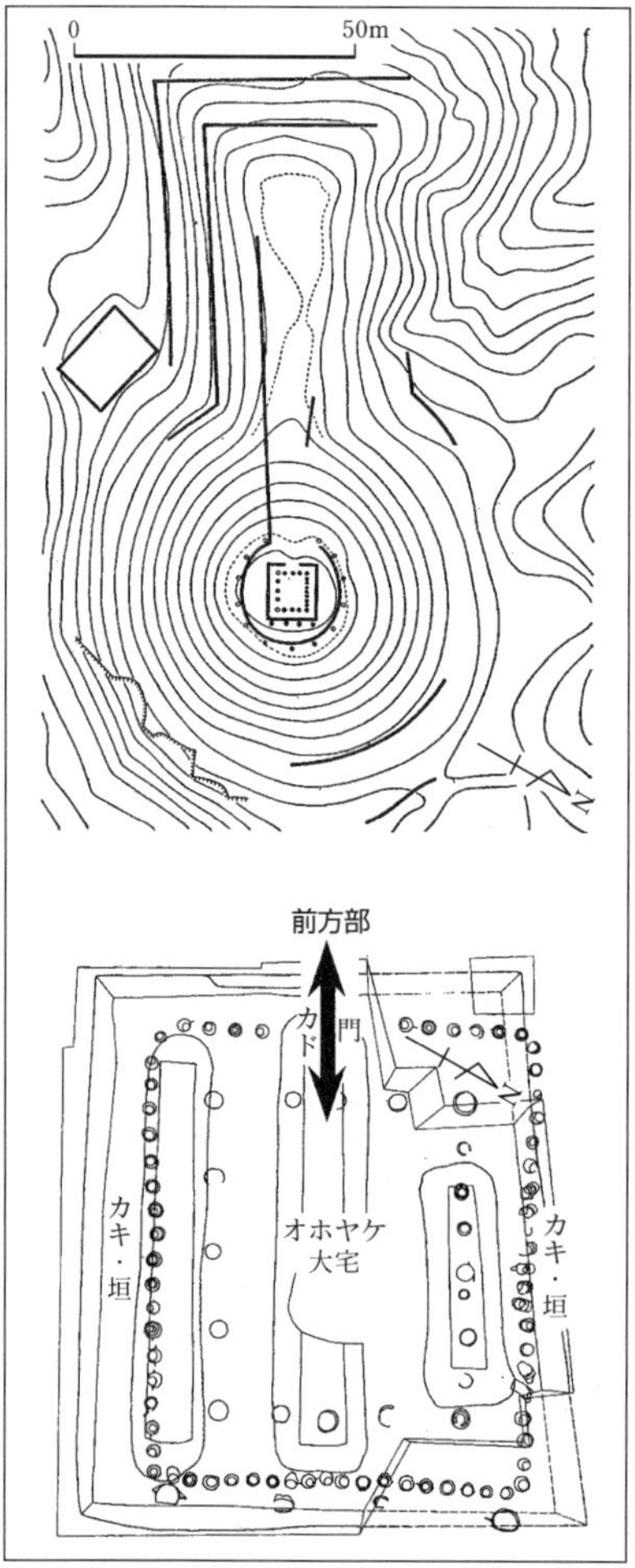

図４　三重県石山古墳（京都大学文学部考古学研究室『紫金山古墳と石山古墳』京都大学文学部博物館，1993年，一部改変）

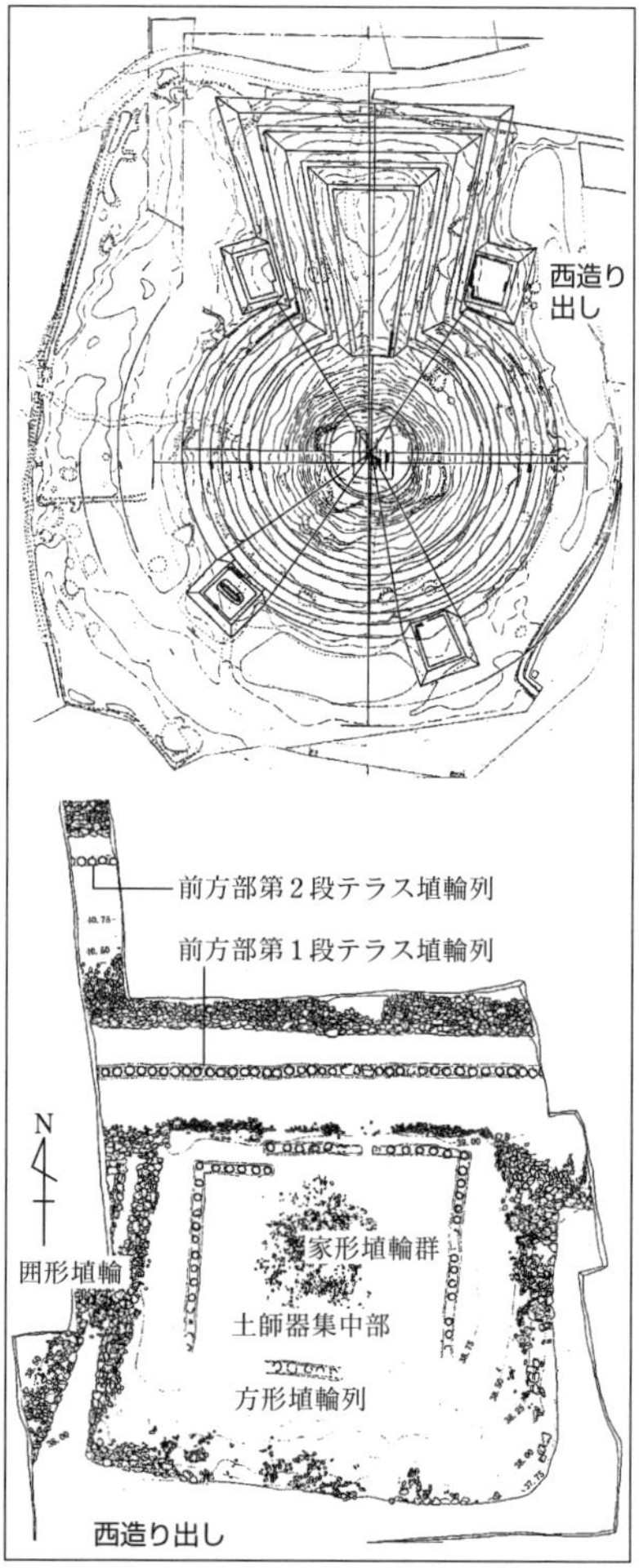

図５　兵庫県行者塚古墳（加古川市教育委員会『行者塚古墳発掘調査概報』1997年）

もう一つ、造り出しや中堤にならべられる埴輪というのは、古墳の構造として説明しなかった部分である。そこにならべられるものに人物や動物が加わる。行者塚古墳《ぎょうじゃづか》（兵庫県加古川市）の造り出しは、たがい違いになって、閉じていない形でならんでいる。同じように、囲形埴輪といっているものも、たがい違いになったところに入り口がある。そして、その中に置かれた家の中に導水の施設が隠されている。このようなマツリのバ（庭）を表現した埴輪の構造を、より大きく表現したのが、造り出しであり、そこがマツリのバになっているのである。マツリのバは、囲形埴輪がそうであるように、やはりカキで囲われている。そのカキは、埴輪をならべることによって表現している。

今城塚古墳の場合も、埴輪のならべられている部分を柵《さく》形埴輪というもので区画している。柵形埴輪というのは、ならべるとカキになるような埴輪である。中堤や造り出しの埴輪というのは、マツリのバであるし、それを区画するカキを表現していると私は考える。結局、三つのカキが埴輪の構造として存在している。その場合、カキというのは、内と外を区画するものであると同時に、外と内を結びつける。つまり、区切るとともに結びつける。そういう両義的な意味合いをもって、カキは存在していると思う。そうした両義性、二つのものを逆説的に、パラドキシカルに象徴するものとして、カキは存在している。そう考えると、生と死というものも、実は、再生という形で結びつく。生と死という、普通ならば二つの両極性のものが、ある種のものを介在させることによって、逆説的に結びつく。それが、おそらく死と再生というものの観念の根幹に存在していると思うが、埴輪の場合は、それをカキというメタファーに変換することによって、映像化していると考える。

家の中に隠されている導水の施設は、マツリに水が重要な役割を果たしたことを示している。水というものは、すべてを流し去るとともに、すべてをそこで生みだしていく。水は、絶え間なく流れることによってすべてを破壊するとともに、すべてを創造する。そういう両義的な意味合いをもっていることは、宗教学者のエルチャ・エリアーデが強調している。導水施設や囲形の埴輪も両義性を意味するものとして存在していると思う。

私の埴輪の構造に対する答えは、三つのカキが境界のシンボルであり、そして、それは両義的な意味合いをもつ存在の象徴になっていると考えることである。

そういう解釈をした場合、つぎに問題になるのは、それぞれの部分に解体された埴輪が、その両義的なメタファーとして解釈できるかどうかということになる。それについては、必ずしもすべての埴輪について答えをだせているわけではないが、いくつかの埴輪については、簡単に説明できる。

両義性をもつ埴輪

盾というのは外から内を守る境目であり、裏側と外側の境目であるから、ごく単純に水平的な境界として説明できる。あるいは、靫がある。靫そのものよりもおそらく矢が重要だと思うが、矢は『古事記』のなかにも高天原《たかまがはら》と葦原中国《あしはらのなかつくに》、つまりこの世とを結ぶものとして使われている。矢は飛ぶものだから、おそらく二つの世界を結ぶという連想ができたのだと思う。さらに、蓋があって、これは垂直方向に結びつけるものである。傘というのは、柄があって、下から上に垂直にさしかけられることによって、垂直方向の世界を結ぶ意味をもっている。

このように、埴輪の一つ一つも、実はそういう両義的な意味として解釈していくことができると私は思うのである。今日のテーマは、「王の墓と奉仕する人びと」だから、埴輪のなかでも人物埴輪が大きなテーマになっている。それについては、私自身の考えがまだまとまらないが、ただ、広い意味で人物埴輪の表現している場面がマツリの場面であるとすれば、マツリはある時間の境目に行われる。それは、ある種の境界性をもった、つまり、両義的な意味合い、聖と俗であったり、この世とあの世だったりを区切るとともに結びつける。マツリは、両義的な意味をもつものとして説明できると思う。このように、埴輪とは広義の意味でマツリをあらわす。しかし、そのマツリは葬送儀礼なのか、あるいは殯《もがり》なのか、あるいはそれ以外のマツリなのか、それはさまざまな意見があって決着していない。

古墳の構造と埴輪の構造

古墳の構造は、古墳の墳丘がクニであり、その墳頂部がオホヤケであり、その地下にムロがあるという構造になっている。こういう古墳つまり死者の世界の構造は、生者の世界と似ているし、そのアナロジーである。そして、死者の世界と生者の世界は、造り出しあるいは墳丘側面のくびれ部の所で結ばれている。古墳への出入口がくびれ部付近にあったことはほぼ間違いないし、だからこそくびれ部や造り出しが重要なマツリの場所だったのである。

しかし、古墳が壺に見立ててあるならば、壺の口の所で結ばれているもう一つの世界があるはずである。私は、それがカミ（祖霊）の世界だと考えている。つまり、古墳に表現されている世界観を図式的にいえば、生者の世界と死者の世界がくびれ部を境界として結ばれていて、死者の世界とカミの世界が前方部前端を境として結ばれている。古墳という死者の世界の構造は、まずこういう水平構造の世界観に基づいていると思う。

この水平構造の世界観で埴輪の構造も説明できるけれど、しかしそれだけでなく埴輪には、死者の世界と生者の世界、カミの世界との垂直的な関係、垂直的な世界観も表現しているのかもしれない。古墳は死者の世界だけれども、現実には生者の世界のなかに存在している。そしていうまでもなく生者の世界は地上の世界である。一方、死者は地下に埋葬されるのだから、死者の世界は地下世界として想定されていると考えられるだろう。そして天空にはカミの世界が想像されている可能性がある。

そう考えるには一つ理由がある。円筒埴輪は弥生時代の墳墓で使われた壺と器台が祖形である（図6）。弥生時代終末期の宮山《みややま》墳丘墓（岡山県総社市）と同じような裾の広がる器台は、箸墓《はしはか》古墳（奈良県桜井市）にもある。箸墓古墳には、それとは別に筒状の円筒埴輪もある。器台の裾が広がっているのは墳丘の上に据え置くからで、円筒埴輪は少し埋めてならべられるため筒状になったのである。埋めてならべる埴輪は、地面を境として地下と地上を結んでいるし、さらに天空を

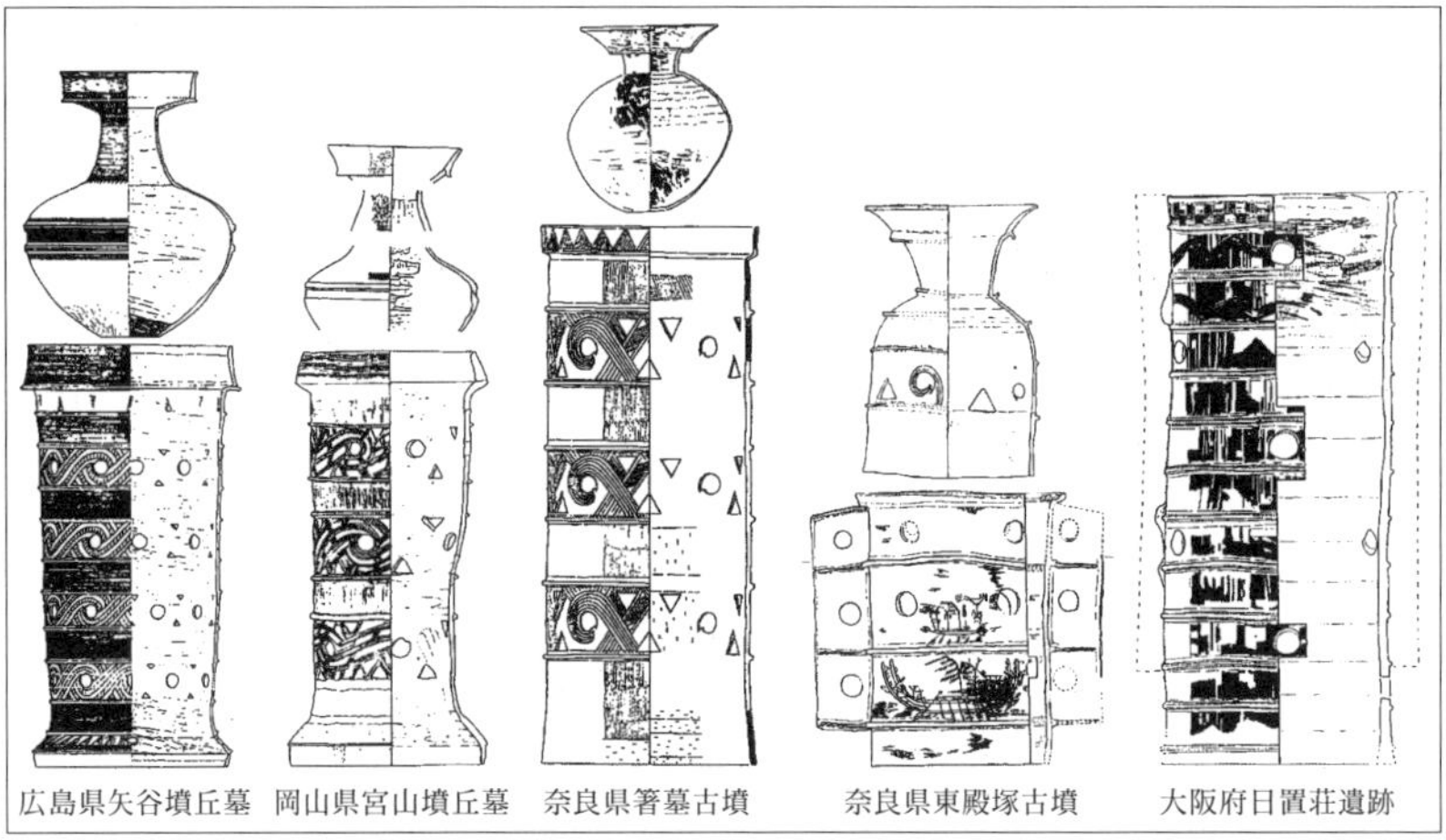

図6　壺・器台から埴輪へ（国立歴史民俗博物館編『第42回歴博フォーラム　王の墓と奉仕する人々』レジュメ，2003年）

含めて三つの世界を橋渡しする。埴輪には、そういう象徴的な意味があったように思う。

とにかく円筒埴輪は、三世紀中ごろの箸墓古墳の埴輪も、六世紀後半の日《ひ》置《き》荘《しょう》遺跡（大阪府堺市）の埴輪も、器台としての形のイメージはほとんど変わらない。

東殿塚古墳《ひがしとのづか》（奈良県天理市）の円筒埴輪に船が描かれている。この埴輪は前方部の墳丘裾部、死者の世界と生者の世界の境目に置かれていた埴輪である。この埴輪に描かれた船は、おそらく境目を橋渡しする役目をもっている。埴輪には、世界を結びつける機能が幾重にも重層して表現されているのである。

円筒埴輪には、器台としては不必要なヒレがつく。ヒレをもつ埴輪が連なってならぶわけだが、それはまさに円筒埴輪がカキのメタファーとして使われた証拠である。壺をのせる器台としては円筒形のほうが都合よいはずだが、わざわざ楕円形の円筒埴輪がつくられたのも、器台としての意味が忘れられたからではなく、器台のイメージを残しながらも、同時にカキのイメージを重層して表現したからである。

埴輪には、幾重にも重なっている多義的な意味が表現されているのである。そういう埴輪の多義的な意味は、埴輪の出現から終焉までそれほど変容することなく存続していたと私は考える。とりわけ重要な意味は、ならべられた埴輪の配置に意味される水平構造の世界観の表現であるし、一つ一つの埴輪が少し埋めてならべられたことに意味される垂直構造の世界観の表現だったのではないかと考えている。

報告7　古墳時代人の死生観

一瀬　和　夫

はじめに

埴輪がどういうふうに研究されてきたかというと、人物埴輪から研究が始まっているといっても過言ではない。一九三三（昭和八）年ぐらいには、人物埴輪が何を表現しているのかということで興味がもたれたが、そのうち古墳の上に散らばる埴輪をよく見ると、どうも人物以外に器財、すなわち家・蓋《きぬがさ》・盾という持ち物があるらしいことがわかってきた。そういう物の形をかたどった埴輪が中心にあるらしいということも、わかってくるようになった。最後に、円筒埴輪がようやく研究の材料に入るようになった。円筒埴輪が興味をもたれるようになったのは、壺と器台が円筒埴輪につながってくるということがわかったからである。仁徳《にんとく》陵古墳（大阪府堺市）では三万本ほど埴輪が置かれるが、そのうちの九八％くらいまでは円筒埴輪が占めるように、埴輪というと結局円筒埴輪しかないかもしれないという景観が具現できるようになっている。

私の話は、五世紀の形象埴輪を中心としたものになる。さきの車崎氏の報告は円筒埴輪を用いた総論的なものであったが、私の話は形象埴輪を用いるため部分的なものになる。

墓としての古墳

埴輪がどういう形で古墳のなかにあり、どういう役割を果たし、なにを意味しているのであろうか。埴輪が表現豊かなので、それを見ることによって、逆に古墳を考える手掛かりになるという期待もある。

まず、古墳は人の墓であるから、墓に遺骸を葬る、置くという行為が最低限の条件としてある。死者を葬る行為には、古墳をつくった人間、死者と一緒にすごした人間のどういう考え方があったのかを知るため、遺骸を葬る話から始める。

紫金山《しきんざん》古墳（大阪府茨木市）では、中央に割竹形木棺《わりたけがたもっかん》という、丸太を半分に割りそのなかに遺骸を置く方式の棺を用いた（図1）。本来あった木棺は腐ってなくなっているが、まず、木棺を置くために粘土の床をつくり、その床に木棺のみを置いて遺骸を納めた。遺骸の周囲には鏡が置かれ、端のほうには腕輪や甲冑などが置かれた。そして蓋《ふた》をかぶせ、その周囲には刀が置かれていた。その後、さらに周囲にようやく石が積まれて竪穴式石室と呼ばれる構造になったのである。

古墳と祭祀の場

ところが、墓ではないところで、死者とともに納めた品物と共通した鏡などがでてくる場所がある。それは、沖ノ島（福岡県大島村）を代表とする祭祀の場である。沖ノ島の祭祀のなかでは、四世紀の腕輪や鏡は山の上に置かれ、六世紀の馬具類は少し下の岩陰に置かれた。古墳の墳頂に竪穴式石室がつくられるころは沖ノ島でも山の上で祭祀が行われ、墳丘の裾に横穴式石室が設けられた古墳時代後期は沖ノ島でも少し山陰になるような所で祭祀が行われたという共通性がある。

また、古墳時代が終ると沖ノ島でも違う祭祀が始まり、墓とはあまりかかわりあいをもたない祀りになってくる。その時期は、およそ七世紀かと思う。斉明《さいめい》朝あたりから祭祀のための品物が変わってくるのである。

つまり、古墳と祭祀の場所は、かなり似た形で移行している。奉げる品物も似ているので、古墳の被葬者を、おそらく

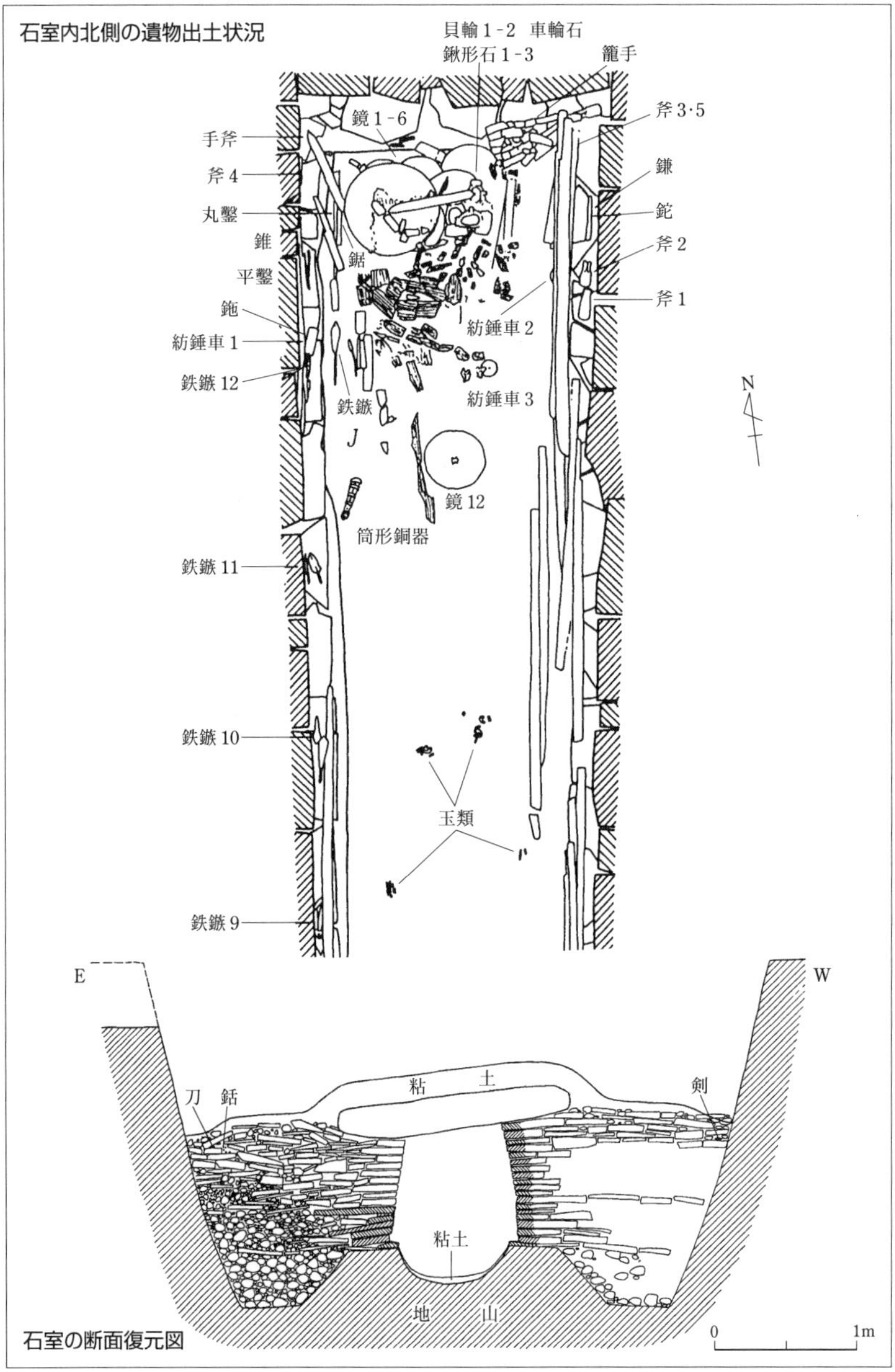

図1　大阪府紫金山古墳の竪穴式石室（京都大学文学部博物館『紫金山古墳と石山古墳』1993年）

神と同じような存在と考えていたということがうかがえる。

遺骸の覆いと封じ

前方後円墳の後円部の墳頂に設けられた石室の床は、石などのしっかりした基礎構造をもつというつくり方ではなかった。棺は、もっとも下の所に据えられただけである。遺骸を直接置くような調子で石室づくりが始まった。棺を置き、その上に石室という名の石をかぶせ、さらに大きな石をのせて、さらに粘土で密閉した。メスリ山古墳（奈良県桜井市）の場合、密閉用粘土の上をさらに栗石で囲い、ようやく墳丘全体をつくる土で埋められた（図2）。つまり、死者が置かれた場所から身動きできないように、丁寧に覆っていくという作業が、前方後円墳の場合は初期の段階から存在したのである。

埴輪はその上に置かれた。埴輪はまず遺骸を一重に囲み、さらにもう一重巻かれた。時代が進むにしたがって、こういう垣根が厳重に回されていき、古墳と一般人とを徹底的に隔離することとなった。この埴輪は、外から見ると隔離という考え方になるが、被葬者から見るともっとも安全な場所を厳重に囲い込んでいることになり、そういう感覚で遺骸の周囲は整えられていったのではないか。被葬者は垣根によって隔離されたが、その素材は、壺がモデルになっている（図3）。壺は、古墳時代を通じてずっと残っており、六世紀後半の中の山古墳（埼玉県行田市）でも壺が置かれた。壺も古墳の基本的なアイテムとして残っていた。

食物の供え

弥生時代から四角く掘った溝に囲まれた方形周溝墓という墓がでてきた（図4）。墓の中央に木棺を置くが、その木棺も床板を用いずに側板だけ立てて蓋をするという構造が多く、遺骸の上を覆うことに執着するという基本的な考え方が、

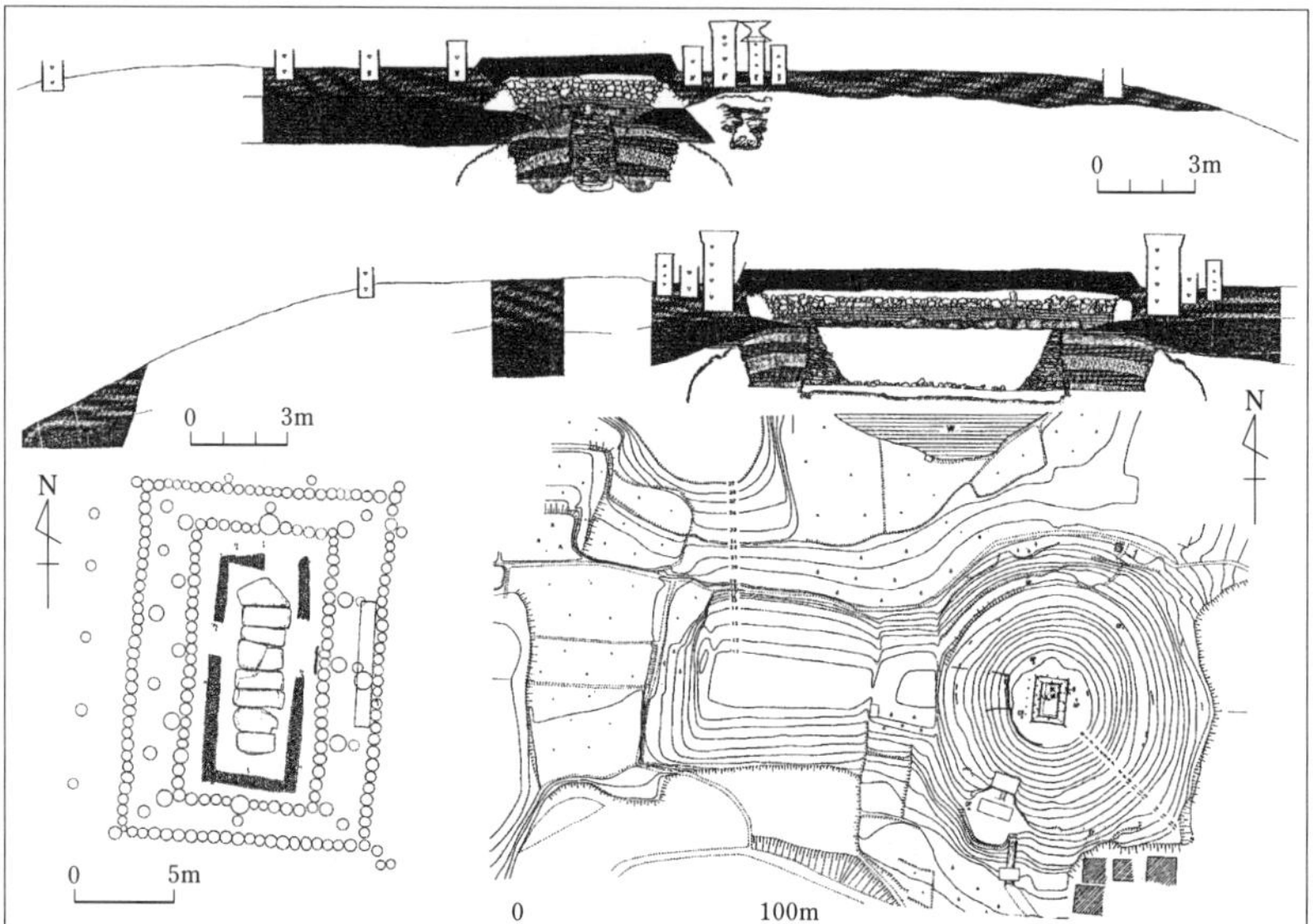

墳頂部埴輪方形列配置図

図2　奈良県メスリ山古墳の墳頂部の構造(奈良県立橿原考古学研究所『メスリ山古墳』1977年)

奈良県箸墓古墳，3世紀

奈良県桜井茶臼山古墳，4世紀

大阪府美園古墳，4世紀

図3　奈良県・大阪府の初期古墳出土の底部穿孔壺形土器

弥生時代からでてきたとわかる。その墳丘には壺が置かれるが、弥生時代の時点から、底に穴を開けて使えない状態にした壺を用い始めている。壺は遺骸の身の回り品として確実に備わってくる副葬品であり、それは、死者に恒常的な食料を約束することが重要になった。身の回りの衣類は死者が直接にもち、その周囲には食物が中心的にならべられた。垣根のように円筒埴輪がならべられたということは、食物がふんだんな状態に盛られていて、無限に食物を供給するという意図をもっていたのではないか。

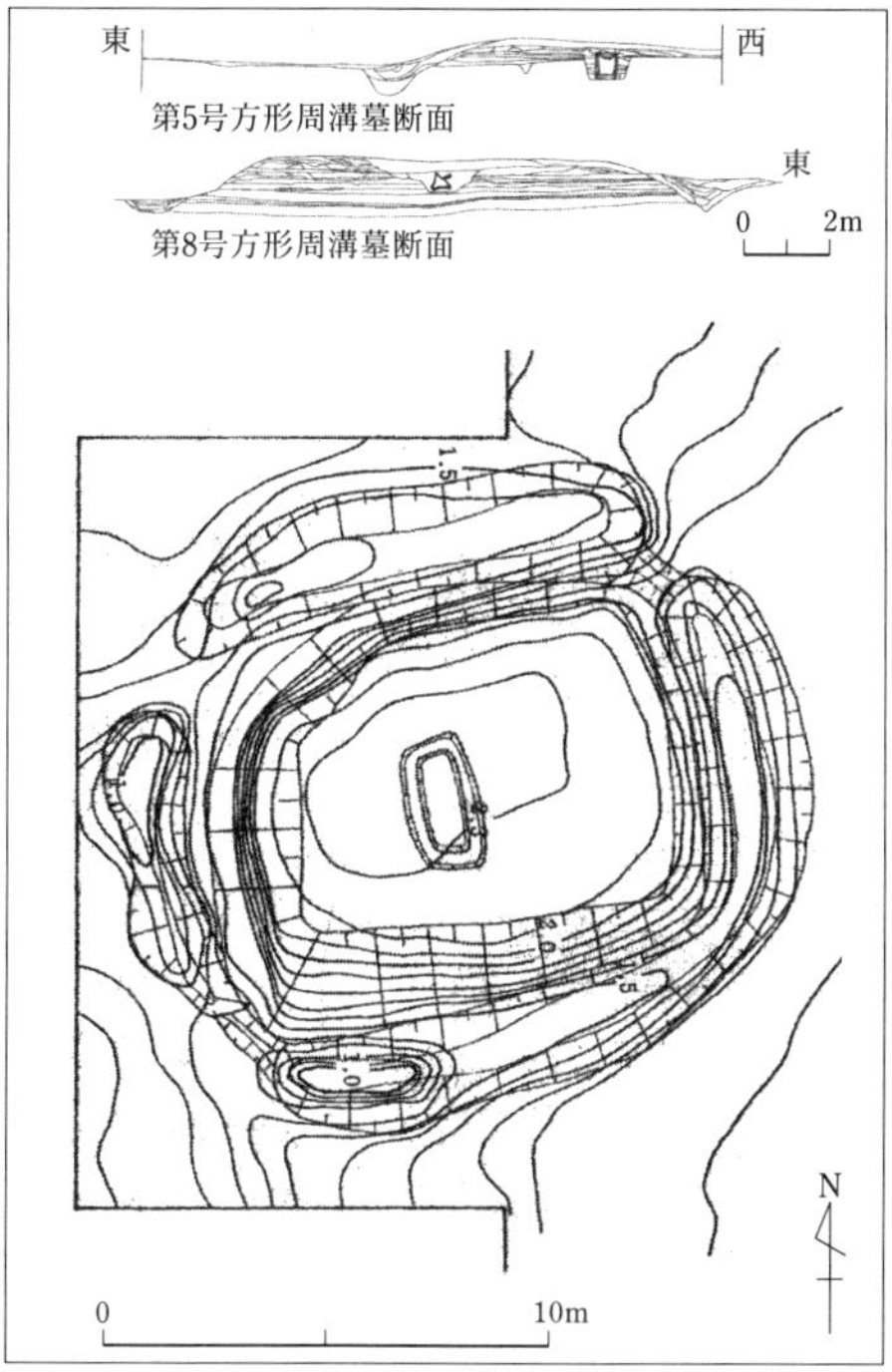

図4　大阪府巨摩廃寺遺跡方形周溝墓（大阪府文化財センター『巨摩・瓜生堂』1982年）

住まいと威儀具

つぎに出現してくるアイテムが、住み家というか、シェルター的なものである。室大墓《むろのおおばか》古墳（奈良県御所市）を参考にすると、基本的には、被葬者の上に家が一つ置かれたようである。豪華な家が置かれ、その周囲にも家や傘のような蓋《きぬがさ》が立ちならび、家を防護するために盾そして弓矢を入れる靫《ゆき》もならべられた（図5）。しかし、墳頂部では主《あるじ》は不在で、メソアメリカやエジプトとは違い、日本の古墳の場合、主を表現したことは今のところなさそうである。墳頂に置かれたであろう高床の家は中の見えない所に作り込みがある。高床には上り下りするときの出入り口とされる穴が開いていて、床に網代《あじろ》で組んだベッドが置かれて

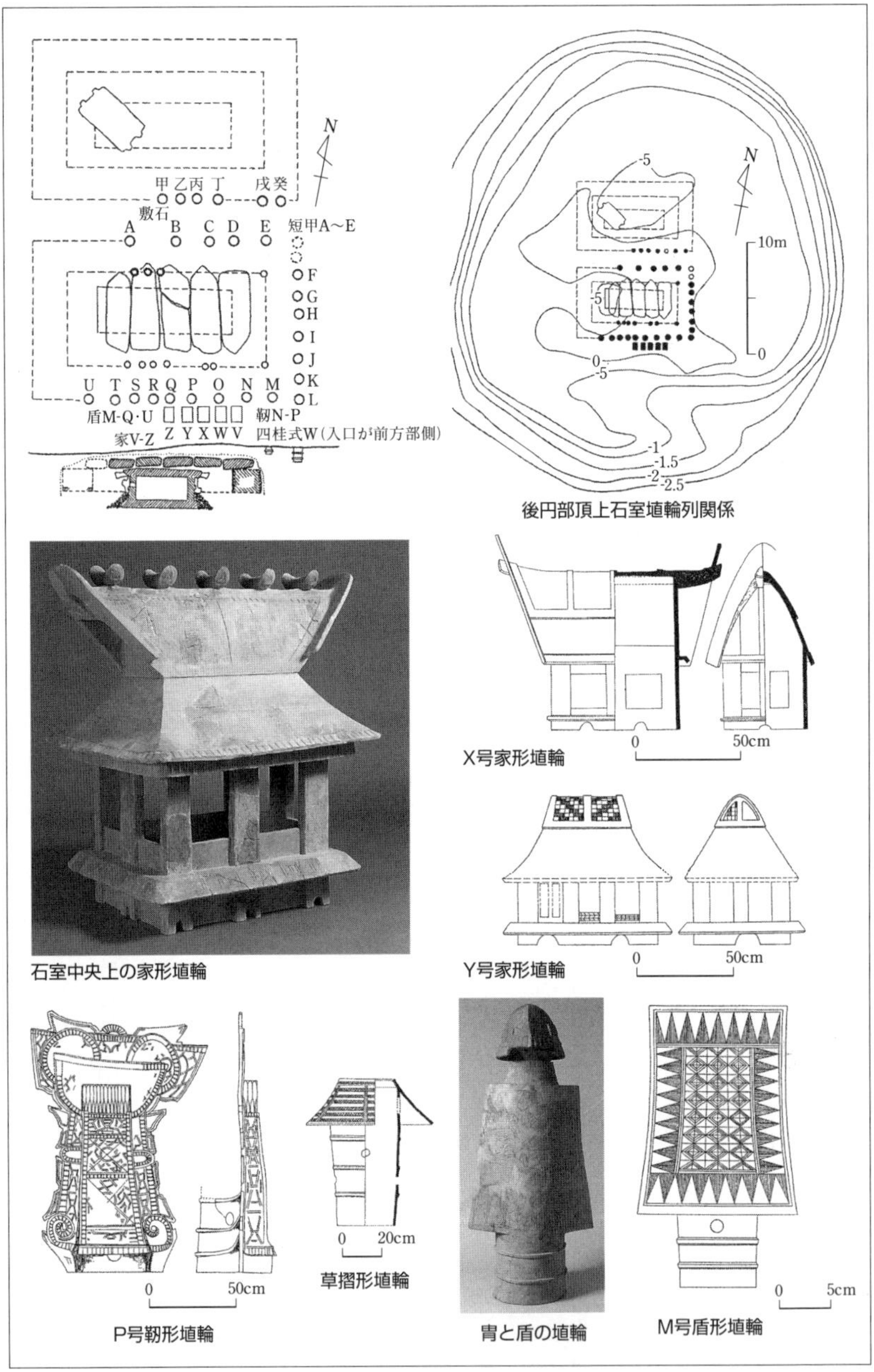

図５　奈良県室大墓古墳後円部方形壇の構造と埴輪(奈良県教育委員会『室大墓』1959年，奈良県立橿原考古学附属博物館『古代葛城の王　王をささえた技術集団』1995年より作成)

いる。周囲は盾で守られているという家だが、ここまで作り込みながら、主の表現はない。頂部にいる鶏は時のリズムとその空間を守る、これもシェルター的な存在だった。これが、墳頂部の様子だった。

動物・船の出現

五世紀にはいりようやく動物が種類を増やし、しばらくして人物が出現してくるが、その動物や人物の置かれる場所は棺、すなわち遺骸の周囲ではなく、棺を包み込んだ墳丘部分でもない。主たる墳丘とほかとの境界にあたる部分かその外側に動物や人物の埴輪が置かれた（表1、図6〜8）。

墳頂部にはシェルターがあり、墳丘の周囲に人物埴輪がでてくる。手綱《たづな》を引いた人物と馬があり、船もある。また、周濠のなかは水鳥がいたり、船が置かれていたりという状態で、水にかかわりのある動物が周濠の中からでてくる。動物は水鳥とは別の場所に置かれ、前方部に多いというのが私のイメージである。

墳丘本体と周囲とは埴輪の表現が分かれるだろう。境界線の所でいちばん重要であるのは馬や船などの乗り物であり、くびれ部の奥で特徴的に見つかるのは囲形《かこいがた》埴輪である。宝塚《たからづか》一号墳（三重県松阪市）では、船の埴輪の周囲に囲形埴輪がある。囲いのなかに漕があり、そこからパイプが前後につながっている導水施設を表現した祭祀の埴輪である。もう一つの囲形埴輪の屋根をとると、井戸が表現されている。そして、後円部と前方部の境で船が出土し、船着き場のような家形埴輪もあり、導水施設をもった囲形埴輪が周囲からでている。水源に関係したような埴輪が主の館の入り口のような所に集中する傾向がある。

津堂城山《つどうしろやま》古墳（大阪府藤井寺市）は、外堤がある二重濠となっている。基本的には、五世紀の前方後円墳は二重濠をつくろうとしていたはずであるが、この二重濠を掘るまでで終わっているケースが多い。仁徳陵古墳は、二重濠の外側の外堤も水を取り込み丁寧に囲んで整備したので、三重濠の姿になっている。ただ、そこまで整備されているのは仁徳陵古墳

表1　形象・人物・動物埴輪の出土位置

出土位置	形象埴輪	人物埴輪	動物埴輪
初期墳頂部	壺，器台，高杯，円筒・朝顔		
主体部直上	家		鶏
後円部頂方形区画	家，蓋，盾，靭，甲冑，大刀，椅子		鶏
横穴式石室前庭部	家，靭，大刀	巫女	
横穴式石室周囲・墳丘下段テラス	盾	男子，女子，楽人群(琴，弓，太鼓，鈴，笛？)，馬曳き，盾持人	馬
造り出し(前半)	壺，家，蓋，盾		鶏，水鳥，馬
造り出し(後半)	家，蓋，盾，双脚輪状文	巫女，馬曳き，男子，女子，武人，力士	鶏，水鳥，馬，猪，牛
くびれ部	壺，家，盾，さしば，冠帽，囲，船	馬曳き	馬(鷹)
前方部前面		男子，力士，猟師，楽人群	猪，犬
周濠内	船		水鳥，魚
外堤	蓋，盾，さしば	盾持ち人	
外堤区画	家，蓋，盾，囲，柵，大刀	巫女，馬曳き，男子，女子，武人，力士，猟師・漁師，楽人群	水鳥，馬，猪，鹿(鵜)

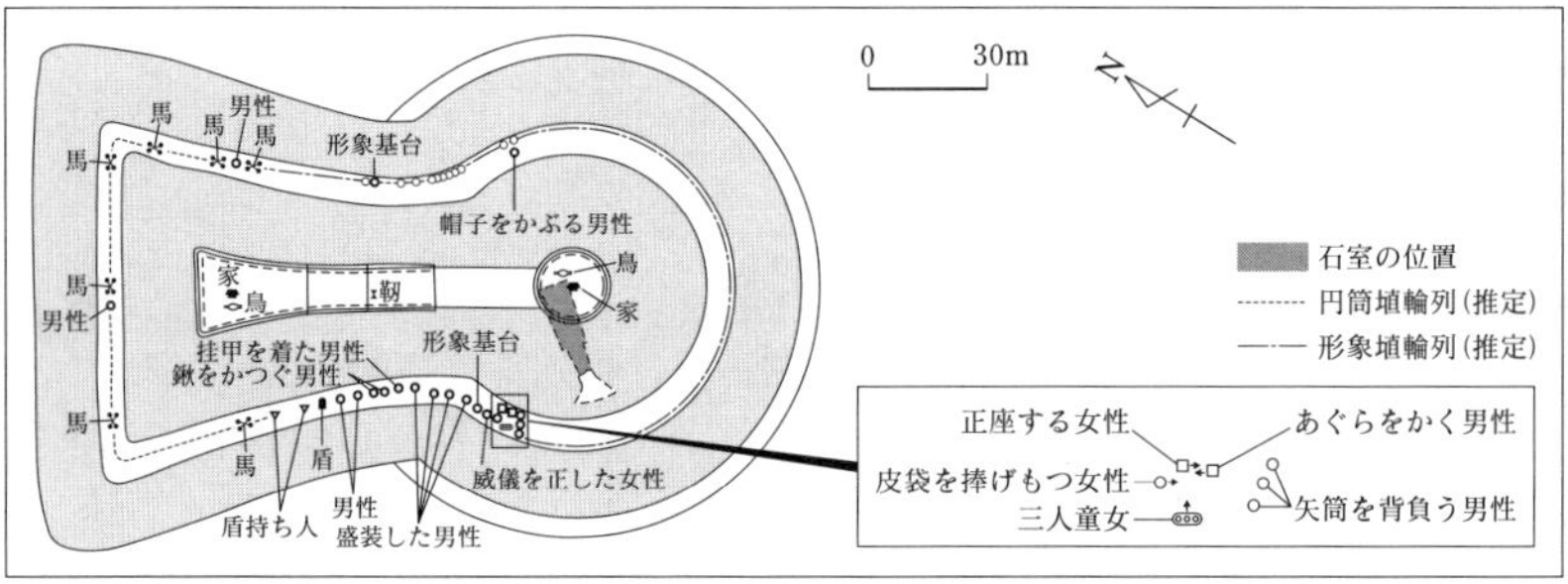

図6　群馬県綿貫観音山古墳の埴輪配列(財団法人群馬県埋蔵文化財調査事業団『綿貫観音山古墳1』1998年を改図)

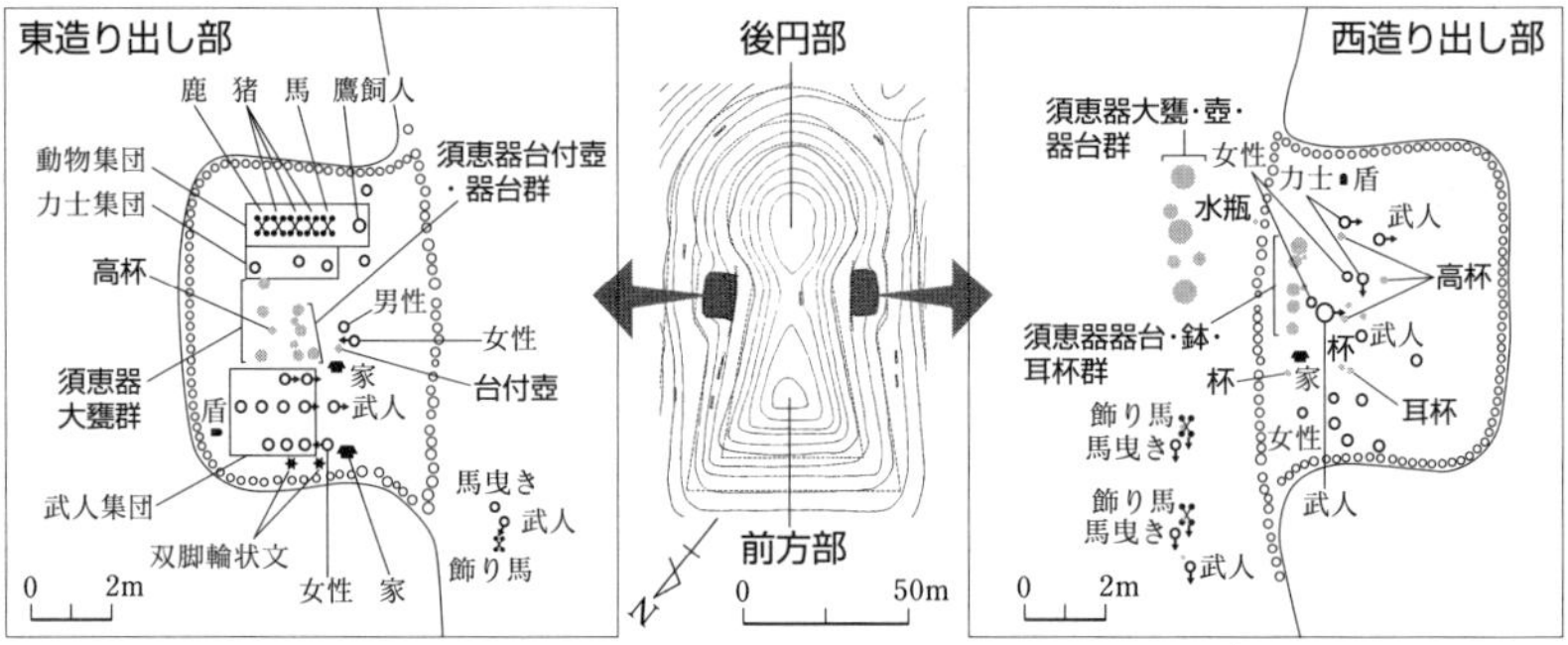

図7　和歌山県井辺八幡山古墳造り出し部の埴輪配列(埼玉県立さきたま資料館『はにわ人の世界』1998年を改図)

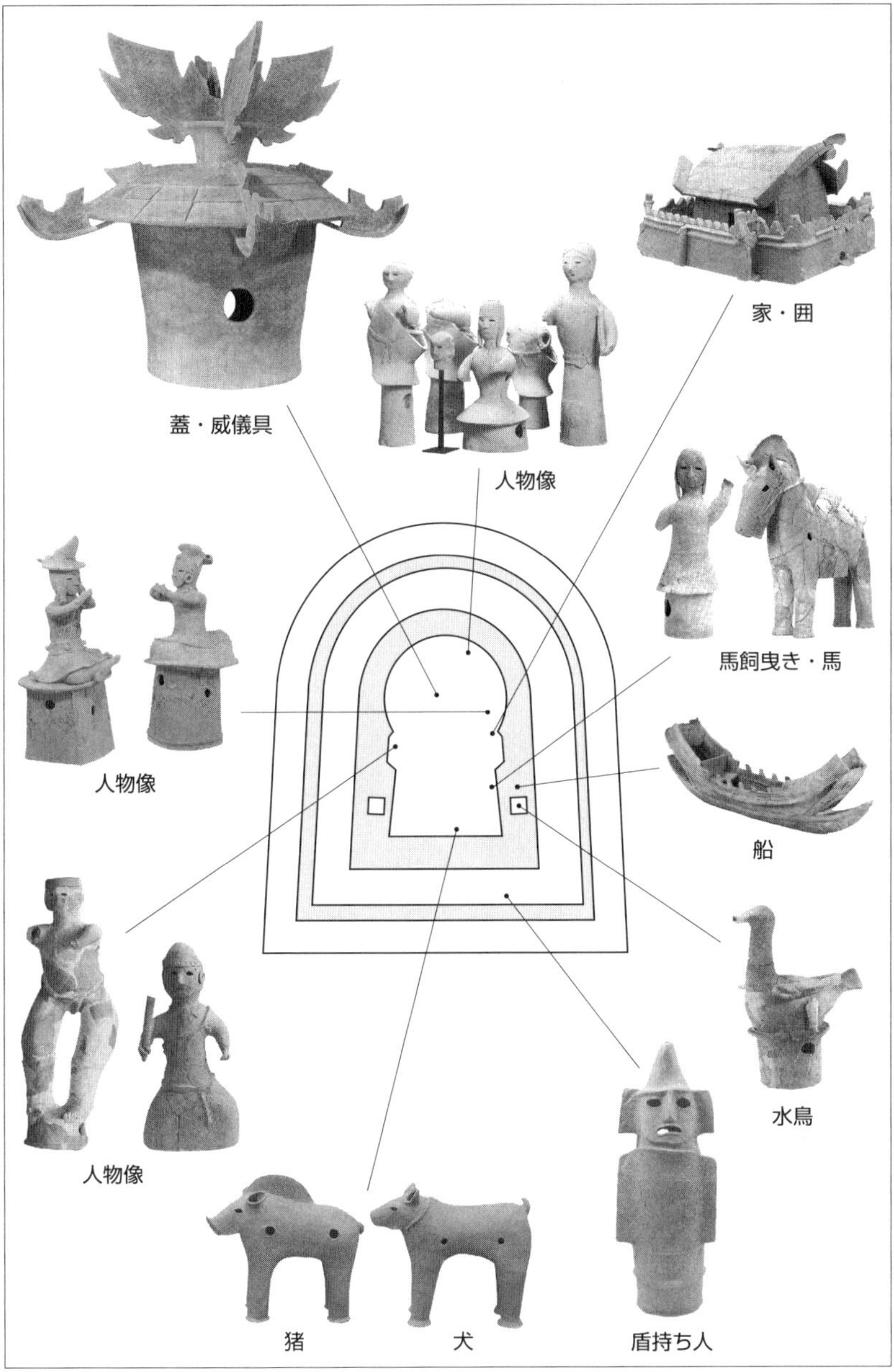

図8　古墳墳丘内の埴輪群像の空間イメージ(国立歴史民俗博物館編『第42回歴博フォーラム　王の墓と奉仕する人々』レジュメ，2003年を改図)

一基だけであり、基本的には二重濠にはさまれた堤を基本形とした。その堤には、基本的には盾と円筒埴輪がならぶ。五世紀には盾持ち人もでてきて、それが列になって古墳を囲い封鎖するようになる。

保《ほ》渡《ど》田《た》八幡塚《はちまんづか》古墳（群馬県群馬町）は、堤のうえの一部分に区画を設け、区画内にいろいろなシーンを埴輪であらわしている。注目すべきは今城塚《いましろづか》古墳（大阪府高槻市）もこういう区画をもっているが、保渡田八幡塚古墳で見られるような各シーンをさらに柵形の埴輪で区切って、形象埴輪とともに完全なる小宇宙をそれぞれがもっていることである。保渡田八幡塚の場合は各シーンのグループを鮮明に区分けできない。今後、今城塚古墳の例を丹念に分析することによって、そういう部分が明らかになると思っている。

たとえば、保渡田八幡塚古墳のシーンのなかに人と器物と馬の列によるグループがある。今城塚古墳にも同じように動物の列があるが、保渡田八幡塚古墳と致命的に違うのは、今城塚古墳では動物列を柵形埴輪が横切ることである。単純に器物や動物や人物などの分類別の構成で切ることができないことを、今城塚古墳の例は示している。その場合、基本的には各シーンごとに家が備わり、家を中心としてこういう各シーンが連続的に展開していることがわかる。家があるということは、なんらかの役割をもった施設が本来あり、鵜・猪・鶏にしても、人物像の表現にしても、家を中心にしてそうした世界、宇宙を区切っているという考え方ができるのではないかと思う。その区切っている施設をどう考えるのかは、あとで連続的に考えてみたい。

大王の墓と水

墳丘本体を首長居館とみなすなら、その周囲の境目に、乗り物と水にかかわる埴輪がありそうだ。象徴的な例として、大阪府の古市《ふるいち》古墳群（大阪府羽曳野市）に、応神《おうじん》陵古墳という日本で二番目に大きい古墳がある。その応神陵古墳がつくられる以前にあった仲《なか》津《つ》姫《ひめ》陵古墳は大水《おおずい》川という川の源に築造されている。応神陵古墳は規模が大きいため、つくろうと

図9　大阪府応神陵古墳築造以前(左)と築造後の古市古墳群(一瀬和夫「大阪府誉田山古墳外堤の活断層の存在」『古代学研究』134号，1996年)

すれば、崖の下まで濠を渡さないといけない構造となった。少し小高い場所を利用して墳丘の本体を置き、周濠の片側はこの大水川をまるごと利用して、さらに外側に堤をつけたしてつくっている。それが応神陵古墳である。この大きな古墳はこういう風にかなり無理なつくり方でできている。しかし、この墳丘と河川との一体化を考えると、今、くびれ部などでできている水源にかかわるような埴輪は、まさに平野部に向かう川の源に応神陵古墳がつくられていることと同じ意味が考えられるのではないかと思う(図9)。

森浩一氏は、河内平野に周濠をもつ大型墳の被葬者の性格を、治水王的としている。その説を受け継ぐ形で白石太一郎氏は、「奈良盆地で同一水面をもつ定型化した周濠の完成は、四世紀後半の大和の大首長が灌漑《かんがい》や治水工事に大きな関心をもっていた」とし、「その周濠は水稲耕作を基盤とする大和・河内の首長たちの灌漑王的性格を象徴し、同時に農耕祭祀の司祭でもあった首長が豊かな水を保証する呪的な機能をもつ」として、奈良盆地でもそういう考え方が確認できるとしている。

古墳の周濠は、水をためる機能があるのかないのかという議論もある。少なくとも奈良盆地の箸墓《はしはか》古墳(奈良県桜井市)の時点では周りに溝を掘り込むだけだが、西殿塚古墳《にしとのづか》（奈良県天理市）のあとにつくられた崇神陵古墳《すじん》（奈良県天理市）になると、山の斜面であったとしても階段状にダム的な施設をつくり、水をためていこうとした姿勢が確実にみられる。景行陵古墳《けいこう》（奈良県渋谷町）でも同じく水をためようとした意識がある。

王の死後の住まい

五世紀になり、津堂城山古墳のように、同一の水面で古墳の周囲を囲ってしまうことへと変化した。同一の水面レベルになっているので、水をためようと意図して計画し工事がされたことは確実であろう。話の先を急ぐと、基本的には、濠で囲っている構造を見ると、三ツ寺《みつでら》Ⅰ遺跡（群馬県群馬町）のように墳丘の中心部は首長ないし大王の住みかであり、水の祭祀が執り行われ、その周囲にはいろいろな施設が表現され、さらにその施設に関して人間や動物が表現された。外堤にも首長の防衛線のような隔離ゾーンがあるが、そのゾーンは衛星的に配置されたそれぞれ従者の屋敷のような存在だと思う。そういう屋敷が点在することにより全体に何重にもはりめぐらせた垣根を構成しているという、一連の支配体系を示す流れがあったのではないか。その水源に基づく範囲の外側は、生産域である稲作地帯が広がっているという空間構成になっている気がする。

衛星のように配備される屋敷の配置例は、各建物が垣根で囲われ、それが道でつながりまた垣根があるという黒井峯《くろいみね》遺跡（群馬県子持村）で見ることができ、さまざまな神がやどる（図10）。三ツ寺Ⅰ遺跡の溝で囲われた居館の周りにも、防御と奉仕の役目をもつ屋敷と垣根の連続があって、首長の館はそれらで守備され囲われていたことになる（図11）。そういう世界のイメージを参考にして、埴輪が具体的に表現されて配列されている。しかし、群在するあり方に対する各々の解釈については、考古学的には今のところ手掛かりを失う。

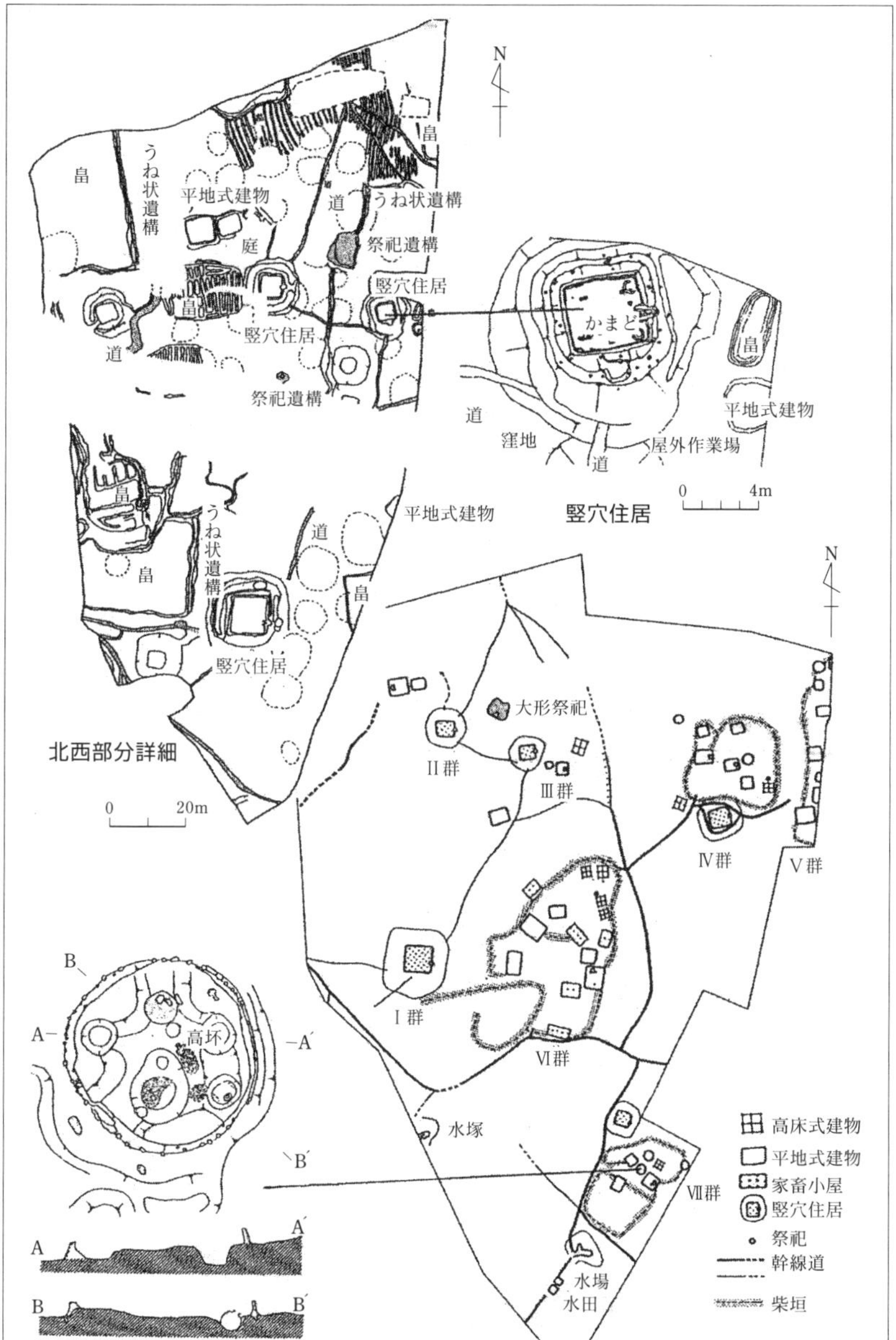

図10　群馬県黒井峯遺跡の集落構成（石井克己・梅沢重昭『日本の古代遺跡を掘る 4　黒井峯遺跡　日本のポンペイ』読売新聞社，1994年を加工）

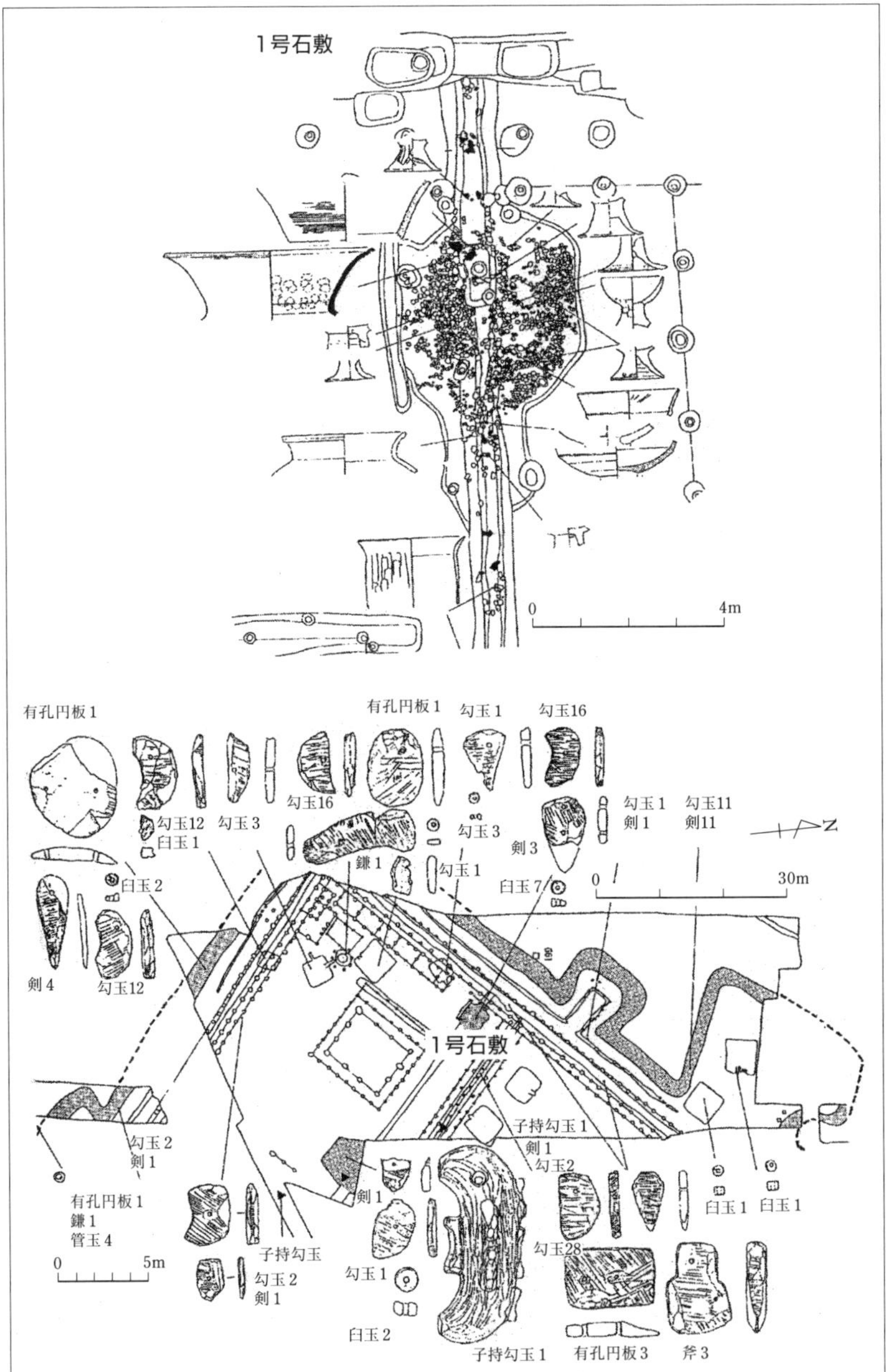

図11　群馬県三ツ寺Ｉ遺跡の館での石製模造品の出土分布と１号石敷（群馬県教育委員会ほか『三ツ寺Ｉ遺跡』古墳時代居館の調査，1988年を加工）

安息とイニシエーション

境目や垣根というラインは、他者にとってみると隔離の方向に進み、被葬者にとってみると守りの方向に向かうという、互いに「ちまた」として相反するような考え方があったと思う。

埋葬施設の棺や石室という境目は、神と自然のようなものをあらわしていたり、政治や祭儀の双方の側面を備えていたり、制御と鎮魂というものを備えていたりする。さらには、制御する力に対してのおそれと永遠の安全、生存への期待をも示しているのではないかと思う。石室での封じ込めは、死者の復活を願ってではなく、地中に閉じ込めてしまおうという意識が強いのではないかとさえ考えられるほど、丁寧に遺骸を覆っている。

埴輪列という垣根は、死者に対してできるだけの食料を供給すれば、後世、自然の安らかな再生や支配域の生命がやどることへの期待が、常に食料を与えあうというサイクルも示しているのではないか。そうしたイデオロギーの只中で、古墳の前方部で王統譜の確認作業が行われたなどと解釈することは難しい。

そして、古墳の墳丘に周濠や堤や造り出しが付設されるにともなって埴輪も増設されていった。何が増設されたかというと、交通手段、直接的な関連施設、その周囲での従者の様子であったり、首長の直接的な身辺環境が示された。古墳の外側に関しては、水源から導かれた田畑・森・海を表現していたのではないかと思う。

そうした当時の世界・環境観の縮図がきわめて強大な具象性をもって強大な形となり、大前方後円墳としてその姿を露わにした。そして、当時の死生観の物質的な象徴性ゆえに、現在の私たちの目前にも残され続けているように思えるのだ。

報告8　人物埴輪の意味

若松良一

はじめに

一〇年ほど前に埼玉《さきたま》古墳群の瓦塚《かわらづか》古墳（埼玉県行田市）という前方後円墳の埴輪が立っている所を全面調査して、中堤の上にまとまった人物埴輪群を検出することができた。その報告の作業を通して、埴輪群像が有機的に再現しているところ、すなわち埴輪の意味論に関心をもつようになった。考古学では現象を細かく分析していくというのが本道だが、最終的に課せられるのは意味論であって、これは解釈学も要するので、かなり重荷ではあるが、努めて取り組みたい。

埴輪のなかでは円筒埴輪がいちばん古くて三世紀から始まり、人物埴輪はそのあとかなり遅れて登場した。人物埴輪は五世紀の中ごろに遅れてやってきた新参者である。だから、埴輪体系のなかではごく一部だということも承知しながら研究していかなければいけない。しかし、人物埴輪には、服装・いでたち・しぐさなど動的な表現を含むというメリットがあり、表現されたところをいかに酌み取るかが課題である。

初期の人物群像

図1は蕃上山《ばんじょうやま》古墳（大阪府藤井寺市）出土の、従来、巫女《みこ》といわれてきたスタイルの女性像で、袈裟《けさ》状の衣装をつけているところに注目したい。たっぷりしたサリー状の布を右肩から左脇に斜めにかけて、たすきとゆるく結んだ帯で押さえ

たコスチュームである。これは近畿地方では永く踏襲されていく特別な衣装のようである。両手を前方へ突きだしていて、酒を注ぐための壺か、𤭯《はそう》の類の容器を捧げもつスタイルであろう。五世紀の中ごろに近い時期のわが国では最古の人物埴輪の一つである。顔のつくりなども立体的で、大仙《だいせん》古墳（大阪府堺市）からでた頭部などとも共通性がある。出土したときには顔面に赤彩がなされていたが、薄れてしまったという。

蕃上山古墳からは、お下げ髪のようにみえる美豆良《みずら》という髪形をした男性像もでている（図2）。襟《えり》を左前にした服を

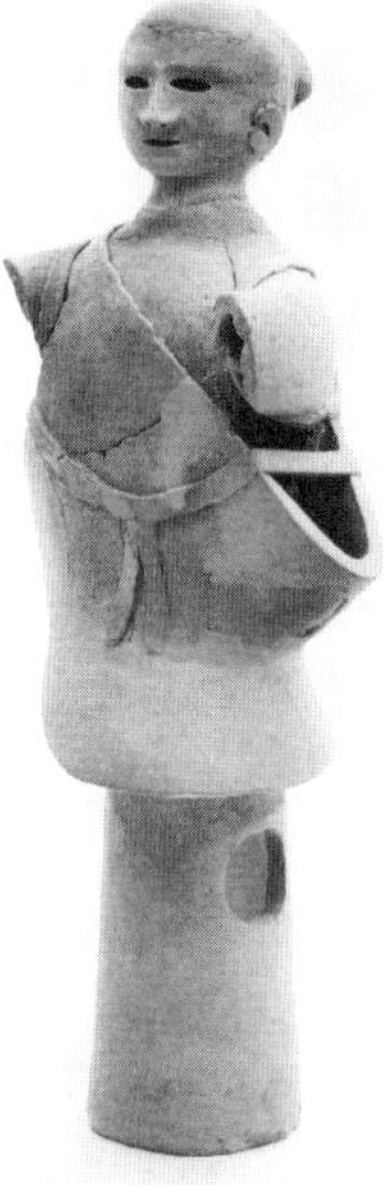

図1　巫女(図1～4　大阪府蕃上山古墳)

図2　たすきをかけた男

図3　甲冑形埴輪

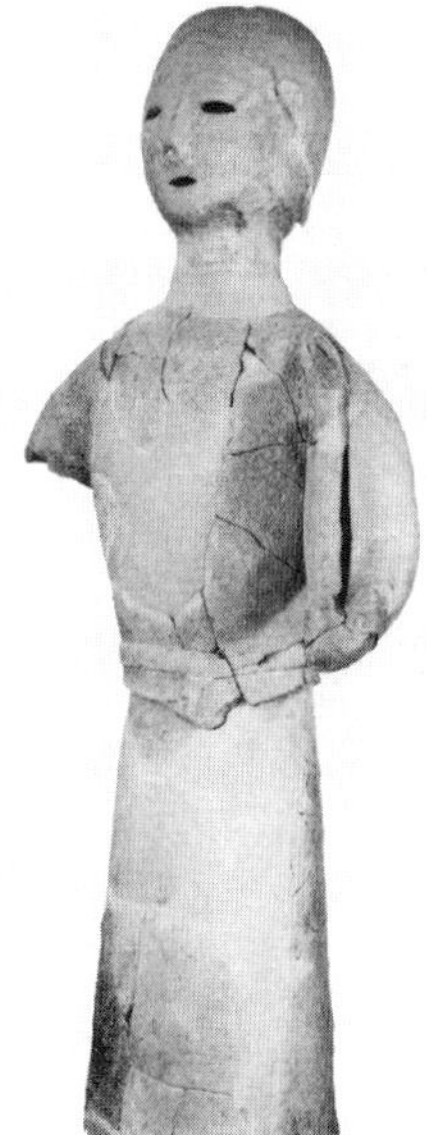

図4　弓を携える男

着ているが、それでいて、たすきをかけている。この人物は、男性のミコ＝男巫《おかんなぎ》の可能性もある。たすきをつけて奉仕をするいでたちに表現されている。また、甲《よろい》と冑《かぶと》を鎧掛けにかけたように一体でつくった甲冑《かっちゅう》形埴輪がある（図3）。財物としての埴輪である。顔のところは一つ目小僧のように穴が開いているだけであるが、辟邪《へきじゃ》の意味を含んだ器財埴輪になる。こういう甲冑形埴輪を共伴しているという意味でも、蕃上山古墳の埴輪の組合せが人物埴輪の出現期のものであるという証拠になると考えている。

兵士の埴輪について、甲冑をつける武人の埴輪はこの段階ではまだ存在していない。甲をつけない、軽装の比較的身分の低い兵士の埴輪がある（図4）。弓を左手でもち、弓の下端をつかんで肩にかけて携行する。背には矢を入れる靫《ゆき》を背負っている。これらは初期の人物埴輪組成の代表例である。

さまざまな女性像

近畿地方では人物埴輪としては末期となる、六世紀中ごろの勢野茶臼山《せやちゃうすやま》古墳（奈良県三郷町）からでた女性像も、やはり意須比《おすひ》と想定される特有の衣装をつけて、帯をだらりと結んでいる（図5）。また、両手を前方に突きだして、何かを捧げもつ形をとる。蕃上山古墳とは一〇〇年の差があるものの、定型的な型にはめられた状態で、こういう女性の埴輪が製作され続けたことは重要だと思う。近畿地方では女子像の製作手法が保守的・伝統的であった印象を受ける。

関東地方では埼玉稲荷山《さきたまいなりやま》古墳（埼玉県行田市）からでた女性の埴輪には、意須比のような衣装の表現がない（図6）。胸に粘土を貼りつけて、乳房の高まりがつくられている。これを裸体とする見方もあるが、そうではない。腰に太い帯を巻いて、そこに鏡をさげている。しかも、鈴がついた鈴鏡《れいきょう》という鏡なので、衣装は畿内と一致しないが、持ち物から考えると、やはりシャーマン的な祭祀にかかわる女性のイメージがあろうかと思う。

三千塚《さんぜんづか》古墳群（埼玉県東松山市）からでた女性の埴輪は腰かけに坐っており、意須比の表現がある（図7）。近畿のもの

図5　意須比を付けた巫女
（奈良県勢野茶臼山古墳）

図6　鈴鏡を下げた巫女
（埼玉県埼玉稲荷山古墳）

図7　意須比を付けた巫女
（埼玉県三千塚古墳群）

図8　器を持ち腰かける巫女
（群馬県塚廻り3号墳）

図9　頭に壺をのせる女
（埼玉県神川町）

図10　乳を与える女（茨城県大平古墳）

に比べると簡略化はされているが、布を肩から斜めにさげている表現がある。関東では珍しく衣装の表現が整った埴輪である。左腰に鈴鏡、右腰には鈴のつかない鏡と、二つも鏡をさげている。手の内に何かをもっているのだが、壺でなく板状のものである。私は、それを神主がもつ手板である笏《しゃく》だと考えている。律令の服制に先んじて、かなり早くから日本に笏が入ってきているのではないかと思う。

塚廻《つかまわ》り古墳群（群馬県太田市）からでた女性の埴輪は、同じモチーフで椅子に腰かけている（図8）。椅子に腰かける埴輪は少ないので、特定の身分の女性をあらわしたものである。腰に鈴のついた鏡をさげているという点でも、埼玉稲荷山古墳や三千塚古墳からでたものと共通している。畿内のものと比べると、駅伝の選手がかけるたすきのような簡略化した幅の狭い帯にはなっているが、ユニフォームとして祭祀に関係するものを肩からかけている。また、手の内に器を捧げもっていることも共通している。この埴輪は彩色がよく残っていて、帯などに赤と黒で綾杉状の模様が入るほか、顔を赤くメーキャップしている。これも埴輪の性格を考えるうえで重要な点だと思う。なぜ顔に赤いくまどりをしたのかは、あとで考える。

埼玉県神川町《かみかわ》から古く出土した女性像は、胸に粘土を貼って乳房の高まりを表現しているが、腰から下の裾が広がっているので、服を着た表現とみたほうがよい（図9）。頭の上に壺を乗せて、『古事記』にある岐佐理持《きさりもち》という、頭を傾《かし》げて壺を頭上にもって運搬する女性そのものの姿をしている。頭上運搬の習俗は今は少なくなったが、頭上に物を乗せて売り歩く京都の大原女《おはらめ》や、キムチ壺を頭上に乗せて運ぶ韓国の女性などがまだいるように、古くは盛んに行われていた習俗である。古墳壁画にも登場せず、埴輪でしか確認できない当時の習俗といえる。細部を見ると、壺の近くに流れ星のような線刻があるが、これは櫛《くし》である。この埴輪は象徴主義的に女性のシンボルとしての乳房と櫛を明示している。本来は額の中央に櫛があって壺の下に隠れてしまうのであるが、わざと壺から離して櫛を大きく描き込んだところに、櫛を表現せねばならないという作者の強い意図をうかがうことができる。

茨城県ひたちなか市の大平古墳からでた授乳する女性の埴輪は、目が蒲鉾形で顎が尖っており、地方色豊かな個性的な埴輪である（図10）。左手を乳房に添えて、小さな目と口の表現された子供（おそらく男児）に乳を与えている姿である。

人物たちの中心群像

綿貫観音山古墳《わたぬきかんのんやま》（群馬県高崎市）からでた人物埴輪は、グループで一定の祭祀行為をしたようすが把握できる（九六ページ図6）。人物埴輪のもつ意味を考えるうえで、重要な埴輪といえる。中心となる一人の男性が鍔《つば》のついた帽子をかぶり、あぐらをかいて、座布団《ざぶとん》のような円座の上に坐っている（図11）。帽子は、双脚輪状文《そうきゃくりんじょうもん》形の、後方に尾のつく蓮華《れんげ》状のもので、大陸的な要素をもっている。この他、装身具や衣装も細やかに表現されており、身分の相当高い人物であることを示している。鈴付きのベルトが腰に巻かれているが、この古墳の副葬品にこれに似た金銅製の太い帯があるので、この埴輪は被葬者そのものを造形化したものという説もあるが、私はそう考えない。両手は、合掌《がっしょう》しているのだが、私はこれを拍手《かしわで》を打つさまとみている。その理由はのちほど説明する。

　この男性と向き合う形におかれていた女性の埴輪も、四角い台の上に同じ高さでつくられていた（図12）。この女性は、高松塚《たかまつづか》古墳（奈良県明日香村）の女性像を思わせるような、縦縞のプリーツか模様の入ったスカートをはいて、正座をしている。スカートの上に段がもう一つあるのでツーピースとなる服を着て、両手で何かを捧げもつしぐさをしている。手の内の持ち物は不明であった。私は酒の杯になるだろうと推察している。その理由は、向かい合うこの男女二人のあいだに、足の表現がない半身像の形式をとった侍女が佇立《ちょりつ》していて、その手に扁平な壺をもっているからである（図13）。これは酒を入れた革袋をもっているとみてよいと思う。水でもよいのではないかと思われるだろうが、革袋の場合は酒に限定して考えてよい。おそらくはこの侍女から正座をしている婦人のもつ酒器に酒が注がれて、その酒を男性がいただいて飲む。いただく前には拍手を打って、場を清める。そういった一連の祭祀行為が想定できると思う。

　また、一つの横長の円座に三人が坐った特殊な埴輪がある（図14）。三体が一セットになった埴輪で日本には一つしかない。これに坐っているのが正座をした小柄な三人の女性である。梅沢重昭氏は、頭が大きくて体が小さい体型や寸法から、彼女たちを幼い巫女・稚児《ちご》巫女と考えている。卑弥呼《ひみこ》の場合は別であるが、巫女は一般的に汚れのない処女の、神と交信できる能力のある独身女性に限られるので、稚児のような年ごろの巫女も大いに考えられると思う。ここで注意したいのは、三人が特殊なしぐさをしていることである。両手の爪をあわせるような姿をしているのだが、細かくみると爪と爪が突きあっているのではなくて、爪は内側に向いている。どのような所作であるのか、一つの解釈が可能になった。この埴輪は右側の人物が見やすい。肘の部分に斜めに粘土の紐が貼ってあるが、これは脇の下から肘をとおって親指の内側まで延長して貼りつけられている。つまり衣服に一本の紐が縫いつけてあり、肘を張ることによって、この紐を緊張させ、指先でこれを叩いているとみられる。この人物は弦を弾く行為をしているのである。

　弦を弾くことに関しては、古代以来、鳴弦《めいげん》という宮廷行事があった。たとえば、皇太子が読書始《とくしょはじ》めをするときや、衛士《えじ》

図11　拍手を打つ男(図11～14　群馬県綿貫観音山古墳)

図12　何かを捧げもち，男と対座する女

図13　革袋を捧げもつ侍女

図14　鳴弦を行う稚児巫女

が夜の警護で魔物のでそうな時間に回らなければいけないとき、それから皇后の出産のときなどに、衛士などが弓弦《ゆづる》を弾く鳴弦という呪《まじな》いの儀式を行った。これは辟邪そのものであり、邪霊を祓《はら》うためのシャーマニックな行為である。この場に必要とされていたのは、ほのかであっても霊威のある音であったのであろう。対座する貴人である男女のあいだに陣取って弦を鳴らす行為は、神聖な儀式が行われる場を邪霊に侵されないための辟邪の行為であったと読み取ることができる。

また、この三人の巫女は背中にまるいものを三人とも下げていて、私はこれを鏡とみてよいと考えている。葛洪《かっこう》という人物が三一七年に著した『抱朴子《ほうぼくし》』という道教《どうきょう》のバイブルには、道士が山に入って魑魅魍魎《ちみもうりょう》や蛇などに襲われないためには、背中に大きな鏡をかけて登ればよいと書かれている。そういう習俗は山伏《やまぶし》などにも引き継がれているはずであるが、すでにこの巫女たちが背中に鏡をかけて、背面から邪霊に憑依されないような用心、身を守るための呪いを行っていたとは驚きである。古墳時代には道教的ないろいろな呪いが畿内から離れた群馬県にまで入り込んでいたと思う。

力士・鷹匠・歌い踊る人物たち

井辺八幡山古墳《いんべはちまんやま》（和歌山県和歌山市）からでた力士《りきし》の埴輪は秀逸な作品で、まわしをつけ前傾姿勢をとる腹が太い人物は、相手と組み合って、今にも相撲を取り始めそうである（図15）。今の力士と違う点は、あごひげをたくわえていること、はちまきをつけること、鼻の上に翼形の入れ墨があること、である。

原山《はらやま》一号墳（福島県泉崎村）からでた力士の埴輪は土俵入りのような形をしている（図16）。四股《しこ》踏みかもしれない。力士の埴輪がなぜ古墳に置かれたのかをうかがうことができる記事が『日本書紀《にほんしょき》』の「皇極紀《こうぎょくき》」にある。百済から翹岐《ぎょうき》という名の王子が日本に人質として連れて来られた。そのときに息子が頓死したが、親は死の汚れを嫌って放置していたところ、天皇は健児《こんでい》、つまり兵士を呼んで、その遺体の前で相撲をとらせたという。一読しただけでは意味がとりにくいが、そこで相撲が行われた目的は死者の鎮魂であったと解釈することができる。それは必ずしも組み手相撲でなくてもよく、

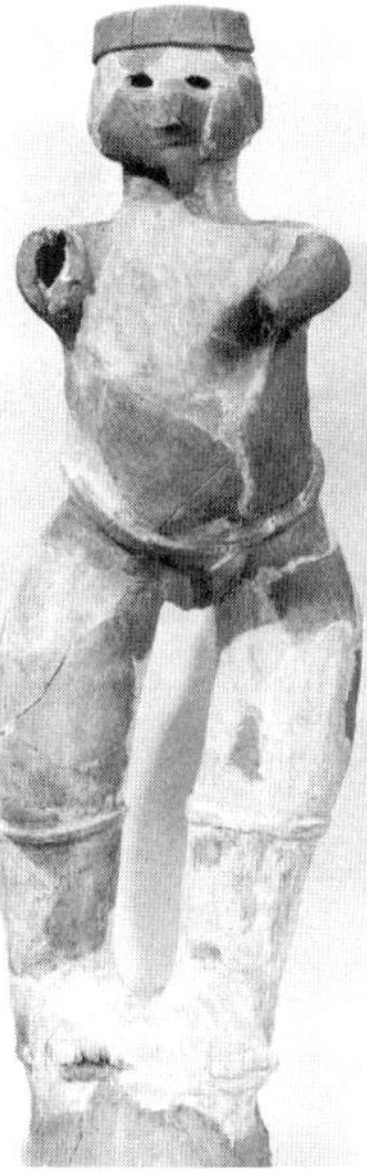

図15　組手をする力士（和歌山県井辺八幡山古墳）

図16　四股を踏む力士（福島県原山1号墳）

反閇《へんばい》という地面を特殊な足づかいで踏みならすことも、鎮魂と結びついた呪術的儀礼といえる。ちなみに、戊辰《ぼしん》戦争が終わり、戦没者を慰めるためにできた東京都九段坂上の招魂社《しょうこんしゃ》（後の靖国《やすくに》神社）でも、まず最初に相撲が奉納されている。

オクマン山古墳（群馬県太田市）からでた鷹匠《たかじょう》埴輪は左手に籠手《こて》をはめて鷹をとめている（図17）。りっぱな帽子をかぶり、大きい美豆良を結っているので、身分の高い人物と思われ、後世の鷹匠とは身分がかなり違う。『日本書紀』には仁徳《にんとく》期（五世紀前半）に鷹が百済《くだら》からわが国にもたらされたと書いてあるが、この時期には北アジアのほうから朝鮮半島を経由して、新しい狩猟の鷹狩りや隼《はやぶさ》狩りが入ってきて、まずは上層部に受け入れられ、次第に下層に広がったと思う。

瓦塚古墳（埼玉県行田市）からでた琴弾きの埴輪は、美豆良を結っているので男性である（図18）。琴弾きの埴輪には女性がいなくて、すべてが男性である。小さい琴だから大きな音はでないであろう。単なる音楽演奏のためではなくて、神おろしや占いなど、神との交信をするための道具としての琴ではないかと考える。この人物がもつ琴は四弦琴で、左手で押弦して右手のばちで弾くようすが表現されている。

楽器をもって歌うようなしぐさの男性の埴輪は、二本の竹棒のようなものを右手にもって打ちあわせている（図19）。両手にもてばコキリコという楽器になるし、片手でもてば四つ竹とか割竹というカスタネットのような道具になる。こう

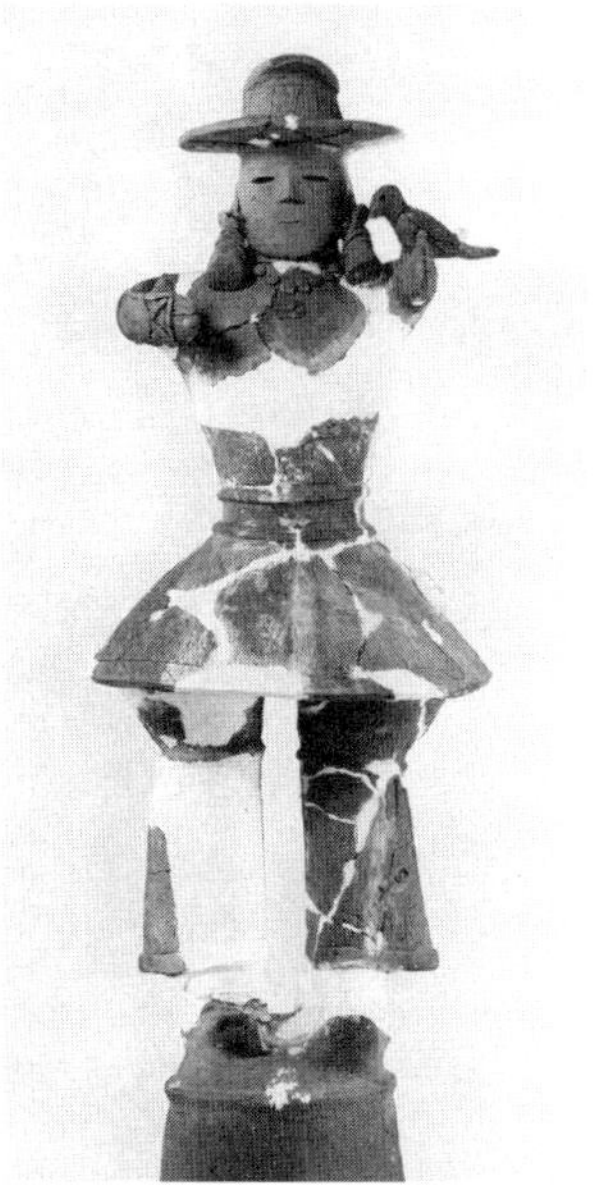
図17　鷹匠
（群馬県オクマン山古墳）

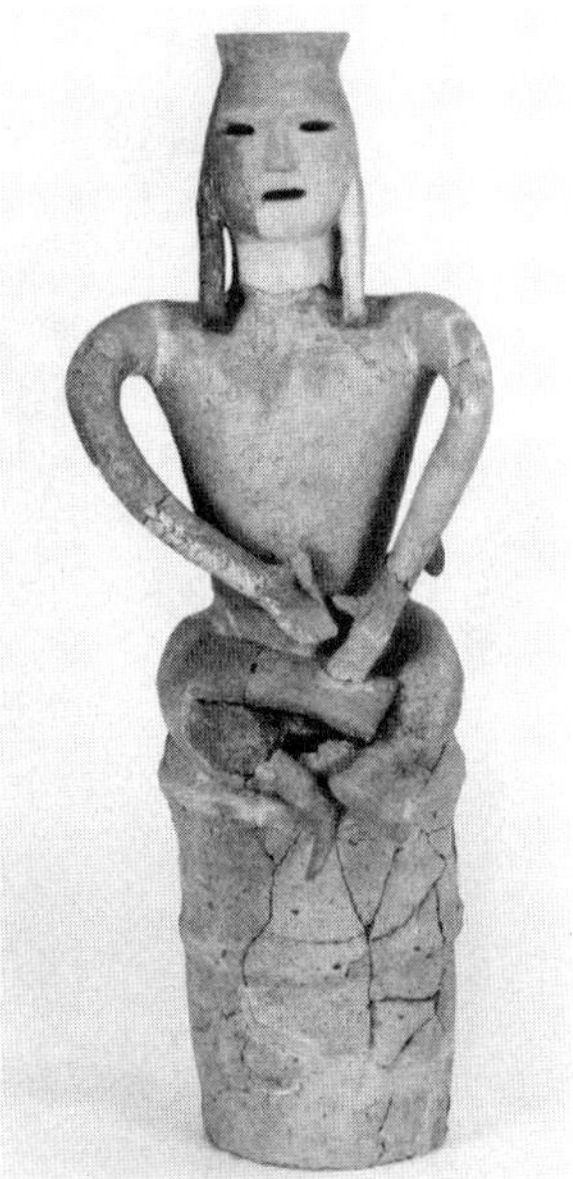
図18　琴を弾く男
（埼玉県瓦塚古墳）

図19　打楽器を鳴らす男
（埼玉県寺浦１号墳）

図20　踊る男（群馬県）

いう和楽器のルーツになるような簡単な打楽器をもって口を大きく開けているので、歌っている感じもする。それが楽しい歌なのか悲しい歌なのかも考えなければならない。

踊る人物といわれる埴輪は、目がドングリ眼《まなこ》であったり、口が兎唇《としん》につくられていたりする例もある（図20）。手を曲げ上げた感じや首を傾げた姿に、動的な、踊っているしなやかな姿を表現している。踊る埴輪は存在せず、すべてを馬引きの人物に帰しうるという意見もあるが、踊る男性や女性の埴輪は確実に存在する。

死者と偶像

日本では偶像の文化が不在の時代もある。仏像がでて以降は手をあわせて拝む偶像があるわけだが、古墳時代の前期、四世紀までは、人形《ひとがた》がほとんどつくられない時代であった。一種のタブーがあったのかもしれない。縄文時代には土偶《どぐう》をつくっていた。弥生時代にも少し土偶形の容器などはあったが、数は少なく、古墳時代に入るとほとんどなくなってしまったのである。ところが、五世紀の中ごろになって突如として人形の埴輪がでてきたものだから、そのルーツを大陸に求める説が唱えられたこともある。これは軽視できない説であって、新しい価値観が登場しないと、人の埴輪の造形というのはあらわれなかったと思う。朝鮮半島の影響も受けている可能性がある。陶質土器《とうしつどき》に小さい人形をつけるものもあるので、そういうところも埴輪をつくりだすきっかけの一つであったと思う。

さて、関東を含めた東の地域でいちばん古い人物埴輪となると、天王壇古墳《てんのうだん》（福島県本宮町）からでた巫女がある（図21）。腕の先まで表現していない特殊な埴輪であるが、この巫女の埴輪の前には樽形の𤭯という酒の容器が置かれていた。手にもっている状態を造形するのが難しかったので、別々につくって置いたようである。天王壇古墳には甲冑形埴輪をともなっている（図22）。

この時期より少し前に長原《ながはら》四五号墳（大阪府大阪市）ででた顔面のついた甲冑形埴輪があらわれる（図23）。この埴輪は

図21　巫女(左)と樽形𤭯形埴輪(右)
(福島県天王壇古墳)

図23　顔面のついた甲冑形埴輪
(大阪府長原45号墳)

図22　甲冑形埴輪(福島県天王壇古墳)

基本的には甲冑形埴輪であって、器財埴輪に顔をつける動きになったころのものである。巫女と甲冑形の供伴する初現期の人物埴輪の分布のありようから、五世紀中ごろには、短時間のうちに近畿から東北地方南部まで人物埴輪が波及したことがわかる。

ところで、埴輪はたくさんならんでいると、どこに核心があるのかわかりにくい。奈良県の勢野茶臼山古墳では、石室の入り口の外側の閉塞石といわれる封じ込めの石の上に、巫女と思われる女性像のほか、家・盾・蓋《きぬがさ》・大刀《たち》の埴輪と円筒埴輪の六点セットが置かれていた（図24）。簡素な最小限の埴輪組成である。このように人物が一体しかない場合、必須の埴輪は女子像であった点に注目してみたい。

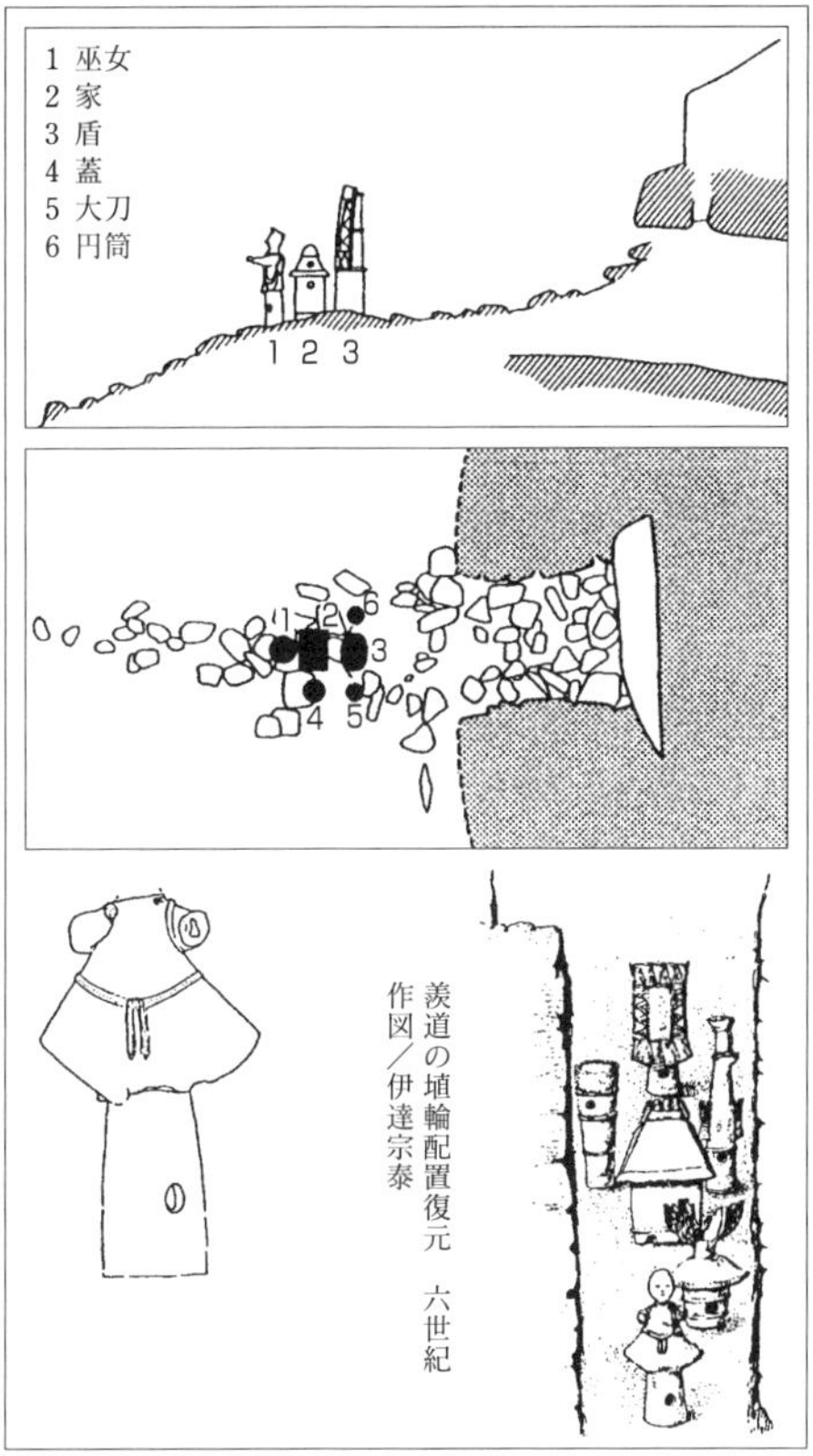

図24　勢野茶臼山古墳の形象埴輪配列（若松良一『はにわ人の世界』埼玉県立さきたま資料館，1988年，高橋克壽『古代史発掘9　埴輪の世紀』講談社，1996年）

意須比というコスチュームをつけた、シャーマニックな女性の埴輪が立てられ、その女性像のうしろに家の埴輪があって、家の前に蓋というパラソルの埴輪が置かれていた。このパラソルは、今でも高僧がでかけるときに伴の者がうしろから傘をさしかけるのと同じように、身分の高い人の顔を隠したり、直接太陽光線があたらないように配慮したものである。身分の高い人がいることを象徴的に示す道具としても重要なわけである。だから、これは建物の中に身分の高い人がいるということを示している。この建物の中には誰がいただろうか。おそらくは墓のなかに納まっている亡き主人公を暗喩的に表現したのであろう。死者そのものは造形せず、その家が死者の居場所であることを、この埴輪のセットは示しているように思うのである。

女性埴輪の本質

女性像の属性とさらに本質は衣装だけでなく動作からも探究しなければみえてこない。従来、これらの女性像を気軽に巫女とか采女《うねめ》とか呼んできたが実際はどんなことをしていたのかをみていく。

今回、便宜的にいくつかの類型に分けた（図25）。第一類型は両手で捧げものをする、何かをもっている埴輪である。数は多く、近畿地方ではこれに該当する例が圧倒的に多い。壺や𤭯のような器をもつ例、まれには私が笏ではないかと考えた特殊な祭祀用の道具をもつ例がある。このことから、酒を捧げたり、祀りをしたりという行為が想定できる。

第二類型は、矢田野《やたの》エジリ古墳（石川県小松市）出土の埴輪にみるような手をあわせている埴輪である。そのようすが合掌か拍手なのかが問題である。二体のうち一体は手が三センチほど離れていた。手の平に接着痕がなく、右手と左手は離して造形されていたのである。私は、合掌でなく拍手のようすも存在することが、証明できたと思っている。拍手を打つ行為というのは、手を開く段階と手があわさる段階、さらにその中間段階がある。それを瞬間で切り取って表現したのだから認定が難しいのだが、手をあわせる前の段階のしぐさもありうることだと思う。

第三類型は、片手で物を握る埴輪であり、呪いの道具や米飯を盛る杓文字《しゃもじ》のようなものをもつ埴輪がある。また、大刀をもつ例がまれにある。これらには、まず食の奉仕や呪術的な行為が想定され、大刀は宝物を奉献したとする考えもあるが、刃物の威力によって魔を祓うような役割を想定することもできると思う。この点、後で述べる遊部《あそびべ》の余比との関係が注目される。

第1類型
(壺をもつ埴輪，台町103号墳)

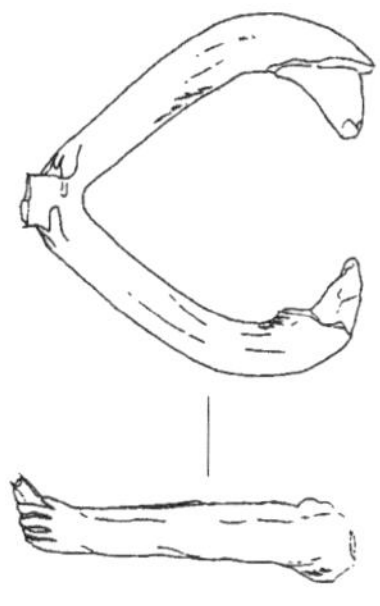

第1類型
(笏をもつ埴輪，山田宝馬127号墳)

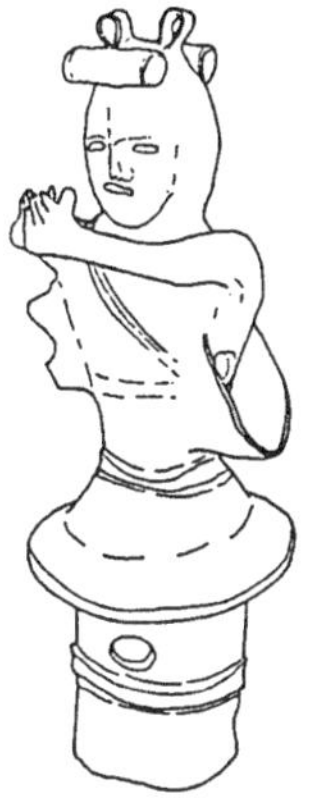

第2類型
(手をあわせる埴輪，
矢田野エジリ古墳)

第3類型
(大刀をもつ埴輪，
塚廻り4号墳)

第4類型
(踊る埴輪，殿部田古墳)

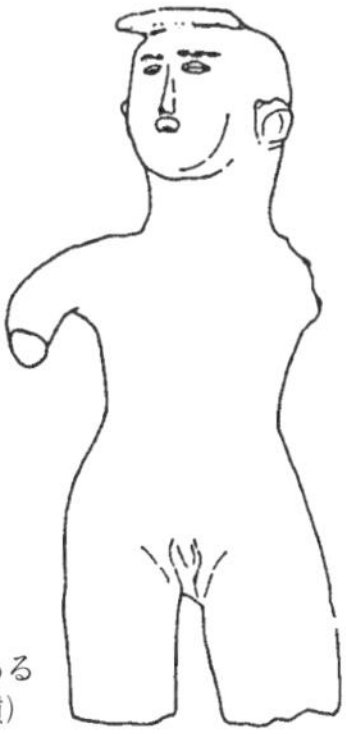

第5類型
(性器の表現がある
埴輪，鶏塚古墳)

第6類型
(鳴弦をする埴輪，
狐塚5号墳)

図25　女性埴輪の類型

第四類型は、踊る埴輪である。その踊りは祝宴なのか、それとも葬儀にともなう魂振《たまふ》りあるいは鎮魂のための踊りであったのかについては、私は後者の立場をとる。

第五類型は、数が少ないのだが、子供を背負っていたり、乳を与えていたり、性器を露出する埴輪である。性器を露出する女性像と対になる男性埴輪もでてくるから、神楽《かぐら》の起源だと考える説もある。擬似的な性交行為が特殊な儀礼、祭祀で行われた可能性も考えてみなければいけない。普通は農耕の予祝儀礼といって、作物が豊穣なることを期待して神楽で演じたりするので、農業と関係があるのだが、生命にあてはめてみても同じことがいえるかもしれない。

第六類型は、これも数少ないが、鳴弦という行為をする埴輪である。狐塚《きつねづか》五号墳（滋賀県近江町）から弓をもった女性の埴輪がでていて、これも辟邪、魔物を追いはらうための呪いである鳴弦の埴輪であると思う。

第七類型は、所作がはっきりとはわからない、手を胸にあてたりしている埴輪である。

もっと分かれるであろうが、収斂させることのほうが解釈のためには必要であるので、とりあえず七つの類型を考えた。女性の埴輪を理解するためには、このほかに着衣である意須比といわれるサリー状・袈裟状衣装の意味、それから一般には神祀りなどの持ち物としてよく使われ、古墳の副葬品にも登場する鏡を身に帯びることに注目してみる必要がある。

顔面彩色は赤くメーキャップすることが非日常をあらわしていると思う。顔に丹《に》を塗る人物埴輪は普段のようすを表現したのではない。古墳の被葬者の頭に丹をふりかける例は多く、防腐の意味に加えて、辟邪という悪いものにとりつかれないための願いを、マジカルな赤に込めた。顔を赤く塗るのは葬儀の場に臨むときの辟邪の化粧の習俗が存在したと私は考えている。

采女説・巫女説の当否

食事の奉仕をする女性像は、地方豪族の娘たちが召され、天皇の食事のお世話をした皇室直属の采女とも一脈通じるところがある。小林行雄氏ほか何人かが唱える説である。しかし、采女は基本的には天皇家の占有であって、地方豪族にも采女制度が普遍的に存在したかどうかは明らかでない。このため、采女説は大型の首長墓にあっては成立の可能性を残すものの、一〇メートル級の小円墳にあっては成立が困難である。それでは巫女かとなると、後述の遊部を除けば、巫女が専属的な職業として成立していたとはいいきれない。亡くなった天皇の后などが実際に殯宮《もがりのみや》に奉仕していたことを記す文献史料も参考にすると、食事の奉仕をする女性像は、特定の職にある女性たちではなくて、妻や娘などの親族が、特定の場なるがゆえに特徴的な衣装を着て、食事や祭祀具をもって登場している姿、つまり、葬祭に臨んでいる姿と考える。それは家刀自《いえとじ》巫女ともいいうるものであったろう。

人物埴輪の意味

家刀自巫女の性格を帯びた女性埴輪のほか、鎮魂儀礼のための力士像、誄《しのびごと》（悔やみ）を申し上げるためにひざまずく人物像、さらに歌舞音曲にかかわる人物像があった。

古代の葬制においては、人が亡くなると一定期間は喪屋《もや》に安置した。天皇家の場合には荒城宮《あらきのみや》や殯宮という遺体を安置するための特別な建物に納めて、一定期間はそこで毎日食事を奉り続けた。しかも辟邪という魔物に取りつかれないための祭祀行為も行った。長い場合には一年を超える長期間にわたる殯という行為をしたのである。

殯については文献にいくつか記録があって、『古事記《こじき》』の天若比子《あめのわかひこ》の殯の記事や、『日本書紀』の天武《てんむ》天皇の殯の記事などが参考になる。『魏書』「東夷伝」倭人条にも、日本には殯があって、喪主は肉を食べないが、そのほかの人たちは酒を飲んで一〇日あまりのあいだ歌舞飲食したとある。このことに関連するが、古墳時代には遊部という職業もあって、葬祭に奉仕する特定の技術をもった男女がいた。伊賀国の比自気和気《ひじきわけ》という人の子孫で男性をネギ、女性をヨヒというのだが、刀を背負い矛《ほこ》をもって、あるいは、食事を奉って殯宮に奉仕したとある。死者のために食事を与えたり、魔物を追いはらったりする職業にかかわる人たちがいたのである。ちなみに、群馬県観音山古墳の大帯をしめて座る男子は、死者にかわって物を食う尸《ものまさ》を表現したとみるのが正しいであろう。死者を偶像化することはタブーであったからである。

このように、殯の場面で死者のために食事の奉仕をする女性たちや鎮魂のために相撲をとる力士などの埴輪は古墳時代における葬祭の模様をあらわしている。ほかに、供犠《くぎ》といって死者のために肉や魚を供えるための狩りや漁をする埴輪もある。鷹匠といわれる埴輪や鵜飼いの埴輪は、死者のための食事を供える目的で挙行された狩りに関係する埴輪であると私は考えている。猪や鹿を捕えて供えるための狩りを再現した埴輪もあり、犬や狩人をともなっている。これらの埴輪群像には古代の葬祭の一部始終、全部の要素が統一的にそこに詰め込まれているのである。

最後に、私はかつて、埴輪は一般の共同体成員に見せるための仕掛けであると考えていたが、研究の過程で、外部から見えない裏側に埴輪が立っていたり、小さくてほとんど認識できない例も多いことを知った。このことから、埴輪は殯の場において誠心誠意の祀りをすべて完了して、死者のための最高の儀式が終わったことを墓を離れがたい死者の霊魂に見せるための、いわば引導渡しの装置であったろうと考えているところである。

第二部　討論

王墓における造形物供献の意図をさぐる

【司　会】
新谷　尚紀
杉山　晋作

【パネラー】
一瀬　和夫
林　永　珍
上野　祥史
車崎　正彦
近藤　二郎
寺崎秀一郎
若松　良一
和田　萃

【コメンテーター】
武田佐知子
辰巳　和弘
仁藤　敦史

（五十音順）

杉山　それでは討論の部に入ります。討論では、五つないし六つの項目について、皆さんのご意見をうかがっていきます。

一つ目は、国家の成立と殉葬《じゅんそう》あるいはそれを造形物で代用させるということが、時間的にみてどういう関係にあるのかをうかがいます。二つ目は、死者の行方です。とくにあの世の観念をどうとらえていたか例をあげてお話しいただきます。三つ目は、墓への奉仕と地下にいる死者そのものへの奉仕のどちらに重きを置いていたのかをうかがいます。四つ目は、埴輪《はにわ》とくに人物埴輪を中心として、それが死者のためであったのか、生者のためであったのかをうかがいたいのです。五つ目は、埴輪樹立の風習の広がりをどう考えるかお話しいただきます。六つ目は、人の形をした造形物に対する人びとの考えがどうであったのか時間があれば述べていただこうと思います。

まず、一つ目の話題である国家成立と殉葬、そして粘土や石などの造形物によるその代用との時間的な前後関係について、メソアメリカから日本列島まで各々の理解を順にお話しください。

国家成立と殉葬そしてその代用

寺崎　国家の成立と殉葬などの問題のうち、まず国家の成立について話すと、マヤ地域には、いわゆる統一国家というものが生まれませんでした。三～四世紀ごろ、卓越した個人・家系を中心とした王朝が各地で成立します。これらは一種の都市国家として併存していました。各都市の王墓のなかに王以外の人物が入っていることについて、たとえば死後の世界で王に仕えるために殺されたのかどうかということは、はっきりわかっていません。ただし、国家の成立以前、おそらく首長制段階の紀元前六〇〇年ぐらいの墓には頭骸骨だけが複数入っているものがあります。純粋な殉葬というよりも首長あるいはリーダーの権威・権力と結びついた儀礼によるものではないかと思います。国家成立のあとは、王の葬式というよりも、儀式のためのいけにえといった形で人が殺されたことはあります。少し時代が下りますが、アステカでは、多

「討論」のようす

フォーラム会場

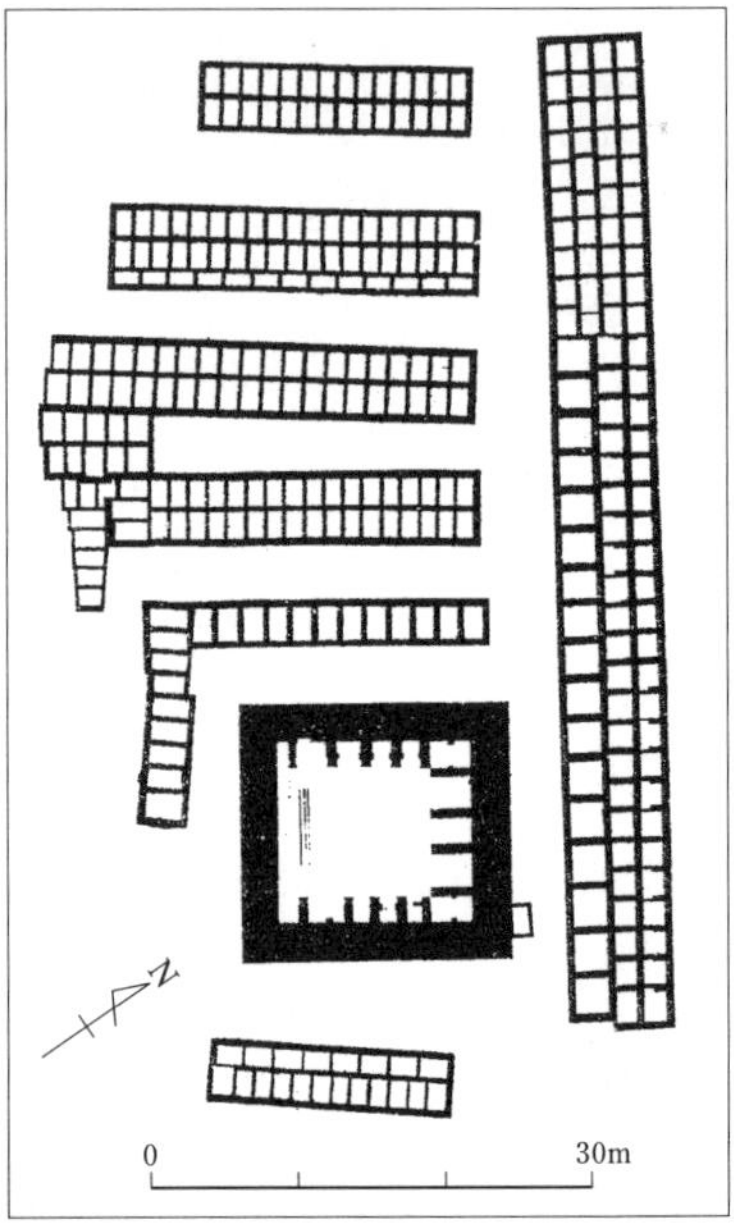

図1　ジェル王墓（Tomb 0）（Petrie, W. M. F., *The Royal Tombs of the Earliest Dynasties 1901*, Part II, London, 1901, Pl. LVIII）

いときには一日に二〇〇〇人の人間が殺されました。それは血を捧げるためです。しかし、人間の代わりに人形《ひとがた》をした粘土造形物、埴輪のようなものを使うという発想はなかったようで、本当に人を殺していました。それはなぜかというと、人間の血こそ彼らの世界を支えるために重要であったからでしょう。

近藤　エジプトのナイル川流域で一人の王のもとに統一王朝ができるのは紀元前三〇〇〇年ぐらいです。それを第一王朝と呼んでいます。最近の発掘調査によって、その第一王朝の前身である王朝と思われるものが発見されました。順番に王朝名をつけているので、今、ゼロ王朝という名前で呼んでいます。殉葬という形、付属墓としての形態がでてくるのは、第一王朝の三代目のジェル王が最初の例です。その最初の例が最大の付属墓の数をもっています。それが特徴的だと思います。ただ、付属する墓として非常に小さな墓が三三八基あるのですが、どういう人たちがどういう形で埋葬されたのかという殉葬の形態は、まだ詳しくわかっていません。

エジプトの初期国家が成立するために非常に影響力を受けた地域として、エジプトの東隣にあるメソポタミア地域が注目されています。メソポタミアは一般的に厚葬の習慣がないところですが、ウーリーが発掘したメソポタミアの初期王朝時代のウル王墓は、明らかに殉葬があって、侍女や王に仕えていたさまざまな人びとそして品物が埋葬されていました。ただ、その風習は、メソポタミア地域、シュメール地域においてその後もずっと続いていったのではなくて、初期王朝時代にきわめて珍しい形として存在しただけです。そういうことを考えると、エジプトの場合も殉葬は第一王朝の三代目にできましたが、付属墓の数が次第に減っていって、初期王朝時代のなかばぐらいになるとそういう習慣もなくなってしまった点が共通した特徴と考えています。

上野　中国では秦漢の時代になると陶製の俑《よう》をつくっていて、殉葬はありません。中国での殉葬のあり方を簡単に紹介しますと、殷《いん》代には殷墟である安陽の大型墓などで、数多くの殉葬がみられます。ところが、時代が下がって戦国時代の終わりぐらいになると、殉葬はあまりみられなくなります。ただ、漢代と同じ時期に南の広州《こうしゅう》辺りに存在した南越国《なんえつこく》という独立国の国王の墓では、発掘調査の結果、何体か殉葬が確認されるなど、若干の例外がみられます。ただ車馬坑・馬厩坑などでは、馬をそのまま用いるなど、殉葬が引き続くようです。

秦《しん》の始皇帝《しこうてい》が登場して中国を統一した時代は、古代帝国の成立期であるとともに、俑の陪葬の一つの画期ととらえてよいかもしれません。漢代においては、国家の一機関（東園《とうえん》）が陵墓内の器物や葬具を製作したことがわかっており、帝陵より出土する俑もここで製作されていたと考えられます。秦始皇帝陵から漢の諸帝陵へと引き継がれる俑の系譜のなかでは、代替物と国家のかかわりをみてとることができるでしょう。ただ、戦国時代の南方の楚《そ》の墓で木製の俑がみられることと、木製・陶製の俑が漢代の帝陵以外の墓からも出土していることも考えねばならないと思います。

杉山　韓国の例を林永珍先生にうかがいます。

林　韓国の古代国家は三国時代から始まりました。高句麗《こうくり》・新羅《しらぎ》・百済《くだら》という三国時代の国家ごとに、その特徴は少しずつ違っています。高句麗と百済は古墳内部に壁画を描く風習をもっています。その壁画の内容は、両国とも国家成立初期の生活を描写していましたが、六～七世紀以降になると、道教の影響により、死後の世界について描写をするようになりました。新羅では馬を殉葬する風習がありました。やがて馬の形をあらわしたもので殉葬にかえ、後期になると馬のかわりに馬具で表現するようになりました。伽耶《かや》では人を殉葬する風習がありました。しかし、伽耶では古墳にほかの装飾物や造形物は出現しませんでした。まだ古代国家としては認めてもらっていませんが、馬韓《ばかん》も一つの国家として考えなければなりません。その馬韓の例をみると、五世紀以後、馬韓では牛を殉葬する風習がありました。また、埴輪もつくりました。それは日本の影響だと思います。

このように韓国では、古代国家ごとに国家成立と殉葬、造形物の特徴はそれぞれ違っています。

杉山　続いて、日本列島の例をうかがいます。和田先生に古い記録ではどう考えられていたのか、お願いします。

和田　殉葬が話題になることは昼の休息時間に決まりました。手元に史料をもっていませんので、記憶するところだけで話します。

まず、日本における国家の成立をいつとみるかということが問題だろうと思います。古代史の立場からすると、『古事記《こじき》』や『日本書紀』で第十代とされている崇神《すじん》天皇（御間城入彦《みまきいりひこ》）が御肇国天皇《はつくにしらすすめらみこと》という名をもっているので、御間城入彦の段階で大和王権が成立したとみてよいと思います。『古事記』の崩年干支《ほうねんかんし》では、崇神のそれを戊寅年（三一八年）としているので、四世紀初頭前後に大和王権が成立したことは動かないでしょう。

一方、考古学の立場で、巨大前方後円墳が突如として出現するのは箸墓《はしはか》古墳からです。箸墓古墳の場合は、北側の大池の発掘調査で布留《ふる》0式の土器が出土していて、二七〇～二八〇年ごろと考えられています。ですから、両者の立場は、ともにかなり近い時期に王権の成立を想定しており、整合性はあるように思います。

殉葬のことに話を戻すと、『魏志《ぎし》』「倭人伝《わじんでん》」には、「卑弥呼以《もっ》て死す。大いに冢《つか》を作る。径《けい》百余歩、殉葬するもの奴婢《ぬひ》百余人」としています。さきほどの論からいえば、大和王権が成立する以前の段階、邪馬台国の段階ですでに殉葬は行われていたといえるかと思います。

ただし、大和王権成立以降の殉葬の記録や資料はあまりありません。一つは埴輪の起源にかかわるもので、『日本書紀』によれば、垂仁《すいにん》天皇の時代に、倭彦命《やまとひこのみこと》が亡くなったときに従者たちを生きたまま埋めたところ、あまりに悲惨な状況だったので、のちに、皇后の日葉酢媛命《ひばすひめのみこと》が亡くなった際、土師《はじ》氏の祖である野見宿禰《のみのすくね》の発案で、殉葬にかえて立物《たてもの》（人物埴輪）をつくったとみえます。これは伝承にすぎませんが、逆にいえば、そういう殉葬が習俗としてかなり一般的だったことを思わせます。人物埴輪が成立するのは五世紀中ごろなので、この埴輪の起源伝承は、埴輪がどうして起こったのかということが忘れられてから、後代になって物語として語りだされたものであり、そこにどこまで史実性を求めるかということになると問題があるかと思います。

そのほか思いだすところでは、履中《りちゅう》天皇の皇子であった市辺押磐皇子《いちのべのおしはのみこ》が雄略《ゆうりゃく》天皇によって殺されたときの伝承があります。そのくだりは『古事記』と『日本書紀』では若干違います。『日本書紀』では、市辺押磐皇子が亡くなったときに、帳内《とねり》である佐伯部売輪《さえきべのうるわ》という者が殉じて殺され、二人が一緒に葬られたとみえています。

それから、六四六（大化二）年八月の大化の薄葬令《はくそうれい》のなかで、旧俗である古い悪習を今後断ち切るようにとしたなかに、殉葬と哀悼傷身《あいとうしょうしん》、すなわち自らを傷つけて悼《いた》むことをとどめよとみえます。だから、殉葬や殉死が大和王権の段階あるいは大化前代にあったことはまず動かないと思いますが、広く行われていたかどうかについては問題が残ると思います。

そのほか、『播磨国風土記《はりまのくにふどき》』餝磨《しかま》郡胎和《いわ》里の馬墓の池条に、馬を殉葬したという記述があります。そしてまた考古学的にも、馬の骨（頭骨）の出土事例がいろいろ見つかっています。奈良県天理市の布留遺跡や大阪府の四條畷《しじょうなわて》市・大東《だいとう》市付近の遺跡などで、馬の殉葬かと思われる事例が報告されています。ただしそれは、雨乞《あまご》いに際しての殺牛殺馬の事例ともみることが可能です。また、『延喜式』に、馬の頭を切って脳髄を抜きだし、それを革なめしに使ったことがみえています。したがって、馬の殉葬と考えられているもののなかにも、雨乞いのため、あるいは馬の脳髄を抜くために馬を殺害した事例も含まれていると思われるので、断定の限りではありません。

杉山　考古学的には殉葬の事実が確認できるのか、あるいは可能性としてはどうなのかを車崎さんに聞いてみます。

車崎　難問ですね。文献では『三国志』に「卑弥呼の墓に百余人が殉葬された」という記事があります。古墳の出現が三世紀のなかばごろだとすると、まさにその記事と対応する時期に古墳は出現しています。さらにもう一つ、六四六年に大化の薄葬令という有名な禁令がでます。そのなかに、人が死んだときには、自ら殉死したり、無理やり他人を殺して殉葬するのはやめなさいという記事があります。逆にいえば、それ以前にはそうした殉葬があったと文献のほうからは考えられます。

考古学では、遺体の埋葬があることはわかりますが、それが殉葬であったのか、ある時間をおいて死んだから追葬したのかということはなかなかわかりません。ただ、可能性として考えていくと、古墳の周囲に埴輪の棺がたくさんあったり、土坑《どこう》を掘って遺体を埋めるという事例は、奈良県広陵町の新山《しんやま》古墳や京都府向日市の寺戸大塚《てらどおおつか》古墳、兵庫県神戸市の五色塚《ごしきづか》古墳や兵庫県姫路市の白水瓢塚《しらみずひさごづか》古墳など、ほかにもたくさん例があります。もしかしたら、そういう付属的な埋葬が殉死であった可能性は考えられますが、埋葬が同時なのか少し時間をおいたものなのか、まだわからないので、殉死とまでは断定できません。しかし、そういうものが可能性を残しているのではないかと考えています。

それが造形物に代わったかという点は人物埴輪の解釈に関係するので、あとでお話しします。

杉山　殉葬について皆さんに説明をいただきました。聞いてみると、殉死者の範囲が問題になるのだろうと思います。たとえば、王の周辺にいた、どのぐらいの人までが殉死しなければならなかったのでしょう。中国の例では兵馬俑《へいばよう》を何千体も埋めています。あれが全部殉死者の代用だとすると、本来の殉死は大変なことだったはずです。対象範囲の広い狭いはあるかもしれませんが、王に仕えていた上から下まですべての人間が王の死と同時に交替して、先代に仕えた者はすべて殉死しなければならなかったと考えるのは暴論だと思います。そうすると、殉死しなければならなかった人の範囲は限定されてくることになり、粘土造形物による代用は殉死の代用ではなかったかもしれないという考えもでてくるのではないかと思います。

つぎの話題は、死者の行方です。生きているときに、あの世に対してどういう考え方をしていたのか、簡単にまとめていただきます。

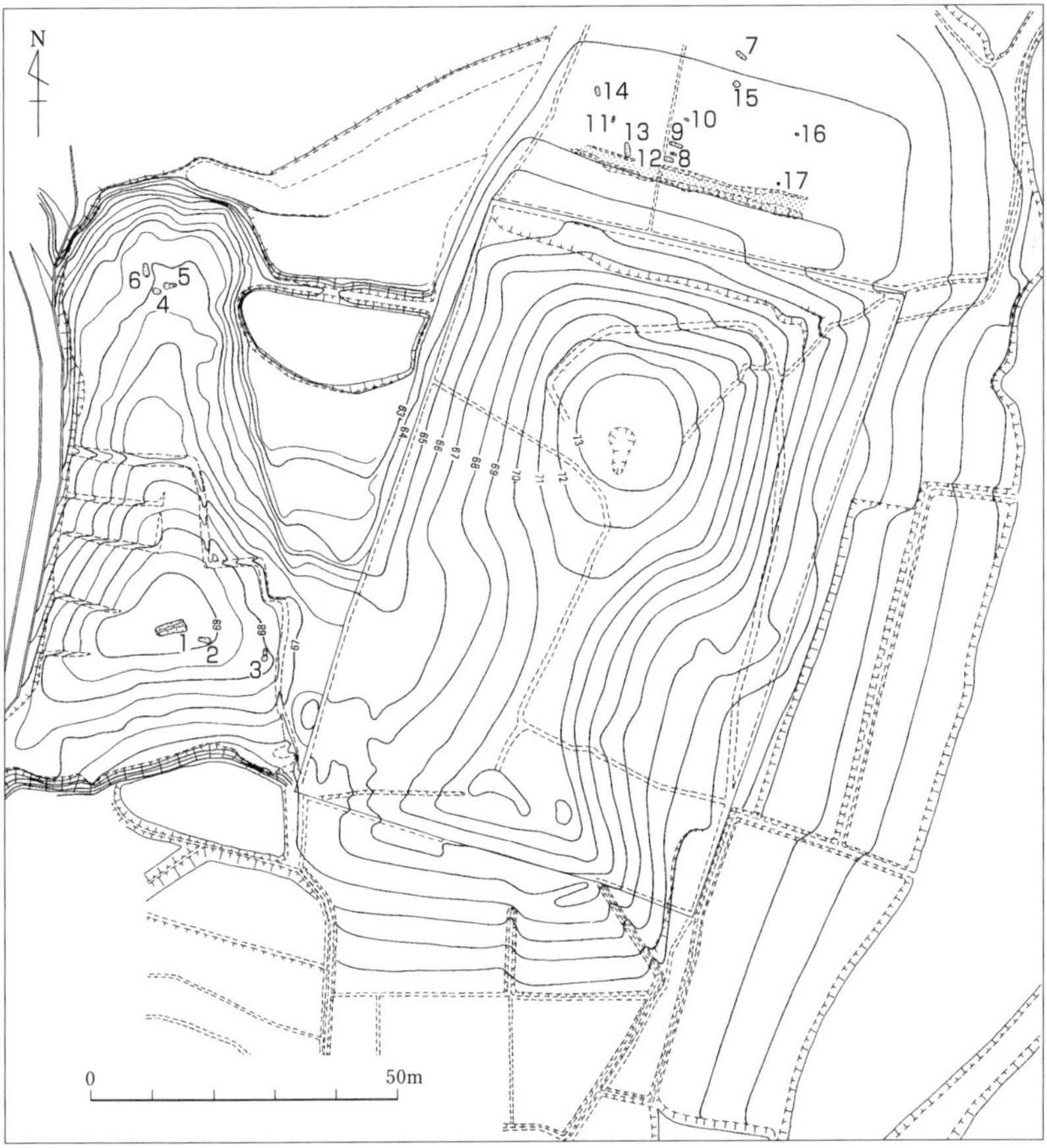

図２　新山古墳・新山西古墳外形測量図（『奈良県遺跡調査概報　1980年度』奈良県立橿原考古学研究所，1982年）

死者の行方

寺崎　まず、メソアメリカ・マヤ地域においてあの世と他界をどうみていたかということについては、中公文庫からでている『ポポル・ヴフ』という神話が参考になります。『ポポル・ヴフ』のオリジナルはおそらく十六世紀に書かれただろうといわれており、マヤ系諸言語を話すグループの一つであるキチェの人びとの神話です。この神話が書かれたのは十六世紀ですが、紀元前から同じような神話が連綿と続いてきたことは図像学や遺物の面からわかってきています。それによると、死後の世界、および死者の世界はシバルバー（冥界）と呼ばれ、地下にあると考えられてきました。マヤの人びとにとって、世界は彼ら自身が暮らす現世のほかに神々の世界である天上界、それから、死者の世界であるシバルバーからなる多層的な世界でした。なかでも冥界は九層からなると考えられていたわけですが、メキシコのパレンケ遺跡の「碑銘の神殿」、チチェン・イツァ遺跡の「ククルカンのピラミッド」、グアテマラのティカル遺跡の「神殿Ⅰ」などは、基壇が九段です。これらは、マヤの人びとが考えていた冥界そのものをあらわしています。

地下世界は洞窟と密接な関係があります。マヤ地域は石灰岩質なので、洞窟が非常に発達しています。その洞窟こそがまさに地下世界、冥界《めいかい》への入り口だと考えられていたようです。彼らにとって、死者の世界（冥界）は非常に暗くて冷たいところだということです。もちろん、洞窟を下りていくと、場合によっては地下を流れる川があったりします。事実、グアテマラのティカル遺跡からでた王の墓には、骨に線刻した副葬品があるのですが、カヌーが描かれています。死んだ王がカヌーの中央に乗っていて、その前後にはオウム・クモザル・イグアナといった動物が擬人化されて、一緒に乗っています。さらにその前後には、パドラーと呼ばれるカヌーをこぐ神が彫られています（図3上）。王はこのカヌーに乗ってシバルバーへ赴くと考えられていたのでしょう。

また同時に、死後の世界であるはずの洞窟は、しばしば世界が始まる場所だとも考えられています。有名なところでは、

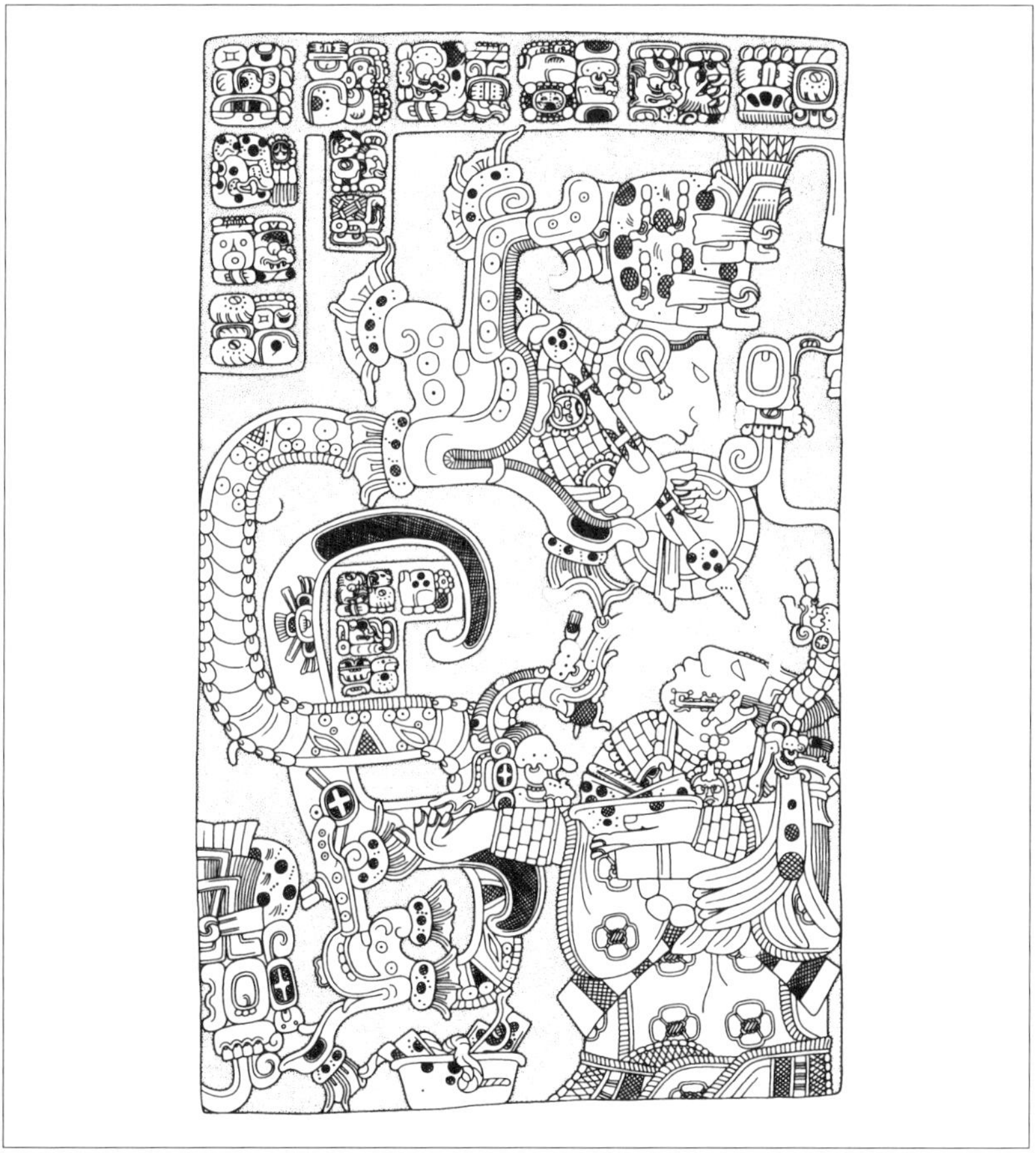

図 3 上：ティカル遺跡出土の骨に描かれた図像
　下：ヤシュチラン遺跡のリンテルに描かれた図像(上下とも，Schele, L. and M. Miller, *The Blood of Kings*, 1986)

グアテマラのドス・ピラス遺跡やメキシコのテオティワカン遺跡において、大きなピラミッドの下に洞窟があることがわかっています。神聖な場所ということであり、そこに神殿をつくったのです。また、そういう神聖な場所だという観念は洞窟信仰にもつながっています。たとえばユカタン半島のロルトゥン洞窟やバランカンチェ洞窟、あるいはグアテマラのナフトニッチ洞窟は、信仰の対象として利用されてきました。

あの世にいってしまった祖先が、しばしば王やその妃たちが執り行う儀式の際にあらわれたことも、リンテル（まぐさ石）などに描かれた図像から知ることができます。有名なのはメキシコのヤシチュラン遺跡のリンテルの図像です（図3下）。女王が自らの舌にロープを通して流した血を紙（樹皮紙）にしみ込ませます。それを香とともに焼くとその煙のなかから、ビジョン・サーペント（幻視のヘビ）があらわれて、その口から彼女たちの祖先であるヤット・バラムというヤシチュラン王朝の創始者が姿をあらわします。死後の世界にいってしまった王の祖先たちは、子孫とそういう形でコンタクトをとることができたのです。また、そういう能力があるからこそ、王は王でありえたと考えてよいでしょう。

杉山　死者をあの世に運ぶものは船だけだったのでしょうか。

寺崎　具体的に、遺物や図像としてあらわされるのはカヌーだけです。

杉山　エジプトの例について、近藤さんにお願いします。

近藤　エジプトのなかでも時代とともに来世観は変化していったのですが、代表的なものとしてはやはり太陽信仰があると思います。われわれは生まれて物心がついてから今まで死んだことがないので、生きている世界しか知らないわけですが、古代エジプト人にとっても死は未知なるものであって、恐怖のものでありました。再生復活という言葉だけでは信じられないので、死をどう乗り越えていくかについて、再生を確実にする定義、再生の保証のようなものを彼らはすごく欲していたのだと思います。太陽が西のかなたに沈んでもつぎの日になると必ず東からのぼってくるという非常に不思議な現象を再生するものとして、曇りや雨の日が少ないエジプトの人びとは毎日砂漠のなかで確実に見てきたのです。その

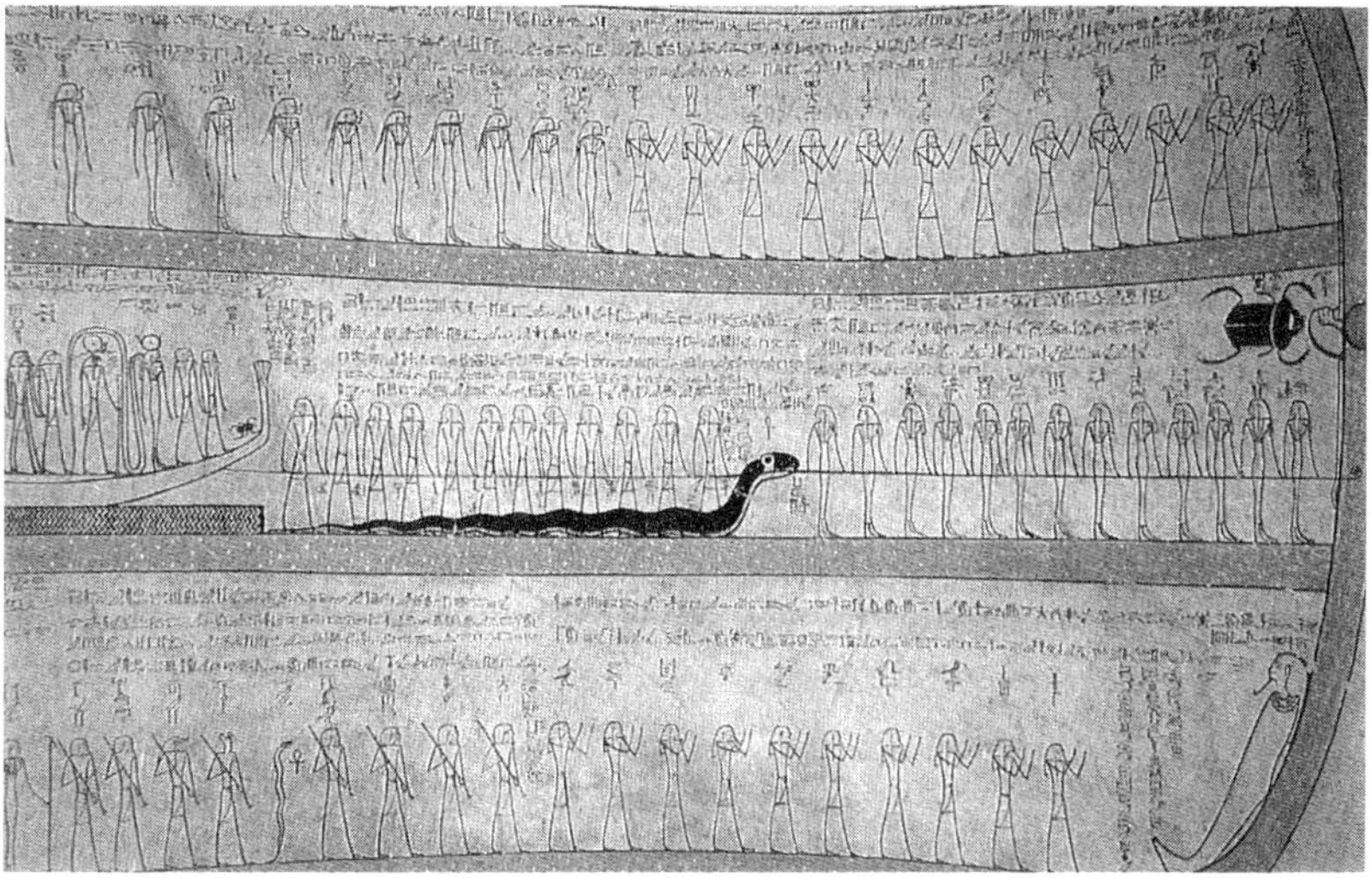

図4　トトメス三世墓のアム・ドゥアト書(ニコラス・リーヴス，リチャード・H・ウィルキンソン著，近藤二郎訳『図説　王家の谷百科』原書房，1998年)

太陽の日の出と日の入りのなかに来世観を投影していたのだと思います。

そして、私たちが今生きているのと同じような現世は、仮の世界と考えました。われわれはせいぜい一〇〇年ぐらいしか生きませんが、エジプト人はそれで終わりになるのではなくて、永遠の生命の再生復活する来世が始まるための準備期間が現世であると考えました。死を迎える準備をいま生きているうちにしておこう、そしてその後一回死ぬと、そのつぎには永遠の生命をもって来世で復活すると信じていました。それで広大な墓をつくり、莫大な労力を費やして葬祭などをしたのだと思います。

二つだけ紹介します。一つは、太陽神の信仰からきている来世観です。王家の谷の王墓の壁面には、宗教テキストの一つである「アム・ドゥアト書」(図4)が挿絵入りで描かれていま す。この「アム・ドゥアト書」は、冥界を表している書物です。そこではつぎのことが書かれています。太陽が西のかなたに沈んでから夜が始まります。夜を一二時間に分け、翌朝の日の出までの一二時間を壁面に描いています。地面の下には下天《げてん》という対称的な天があって、太陽が西のかなたに沈んだ時が一時で、一二時の日の出までのあいだ、太陽神はたくさんの神々に守られています。「アム・ドゥアト書」には、船に乗っている太陽神の航行を七百数十体の神が助けるという挿絵とテキストが描かれています。それを邪魔するものが黒い大蛇で、古代エジプト語ではアアペプ、ギリシア語ではアポピスと呼ばれる大蛇が太陽神の航行を邪魔します。しかし、七百数十体の神々が太陽神を守りながら、必ず大蛇に打ち克《か》って夜明けを迎えるという命題があります。それが一つの来世観です。

もう一つは、エジプトの新王国時代であるアマルナ時代以降に顕著になった来世観です。冥界・来世を「イアルの野」と書いています。そこが彼らにとっては、ある意味での天国・極楽です。驚くべきことに、この「イアルの野」は彼らが生きているナイル川流域の光景とまったく同じものです。彼らは死んでも自分が生きていたところに戻っていきます。だから、彼らの世界観は、ナイル川流域の豊かな自然環境が永遠に続いていくということを願っていて、ナイル川流域から離れたところに埋葬することにはかなり抵抗がありました。

あの世にいくときに運ぶものですが、エジプトでは新王国時代まで馬や車輪の存在は知られていませんでした。それまではそりで石を運びました。棺もそりで運びました。また、旅をすることは船で運ぶということでもあったので、船とそりが非常に重要な役割をしていました。だから、棺の下にそりの形をもつとか、船に乗せて太陽神の航行を表現するということが行われたのです。

もう一つ重要な点は扉の存在です。現世と来世を結ぶところに扉をつくって、死者がそこから出入りすると考えました。たとえば古王国時代以降は、墓には偽扉《ぎひ》がつくられていました。死者のミイラにある魂がその扉から外へでていって、夜になるとまた死者の体のなかに戻ってくると考え、死者の魂がとおれる扉の存在を非常に重要視していました。

新谷　確かめさせていただきます。マヤのメソアメリカの場合、地下世界がイメージされているということですね。その地下世界には川が流れていて、カヌーが運んでくれる。そして、来世に赴いた死者たち、先祖たちと現世の子孫たち、私たちとの交流は、ある祭祀儀礼が行われて、たとえば焼くと煙のなかからヘビがでて、メッセージがくるということですね。

エジプトの場合、やはり死の世界は暗い世界で、夜である。マヤでも地下なので暗いのは同じです。基本的には夜の時間は死の時間、昼の時間は太陽の生の時間ということですね。現世と来世の交流は、儀礼についてはまだうかがっていませんが、墓に扉があって、墓に保存されたミイラの霊魂はあの世へいってまた再生復活して、こちらと交流しあうというイメージだとうかがいました。そして、いったりきたりするのは、それは船であるということですね。

それでは、つぎに中国の事例をお願いします。

上野　中国の事例については、漢代を中心に説明します。

死体と霊魂は、漢代にはそれぞれが認識されていました。亡くなると霊魂は肉体をでて、現実の世界とは違う霊魂の世界にいくと考えられていました。そこは、昇仙図《しょうせんず》などに描かれている有名なさまざまな神々がいる世界でした。

この漢代前後を境にして、祖霊観念、霊魂に対する考え方が変わってきたのではないかと思われます。そのあらわれとして、どこで祀りをするか、ということに関して変化がでてきたといわれています。前漢前後ぐらいにまとめられた『礼記《らいき》』あるいは『儀礼』という書物にも、そういうことをうかがえるふしがあります。

車崎　補足しますと、中国の場合は、魂《こん》と魄《はく》、精神的な魂と肉体的な魄があります。『礼記』に明記されているように、魂は天に、魄は地に帰ります。だから、肉体的な魄は地下世界である墓の中にあって、精神的な魂は天にいきます。図像としては、天門という門があって、天門は必ず少しだけ開けて表現されて、そこで女の人が待っていたりします。そういう画像が漢代の画像石に表現されています。

上野　確かに漢代ごろには霊魂が二元論的にとらえられていたようです。時代がくだるにしたがってしだいに墓が豪壮になっていったのは、二つに分かれた霊魂のうち地中にとどまる魄に対してなぐさめをするためであったという考え方もあります。しかし、霊魂がかえる（いる）べき世界とこの世界の存在と、魂と魄という二元的な霊魂の存在を、どう結び

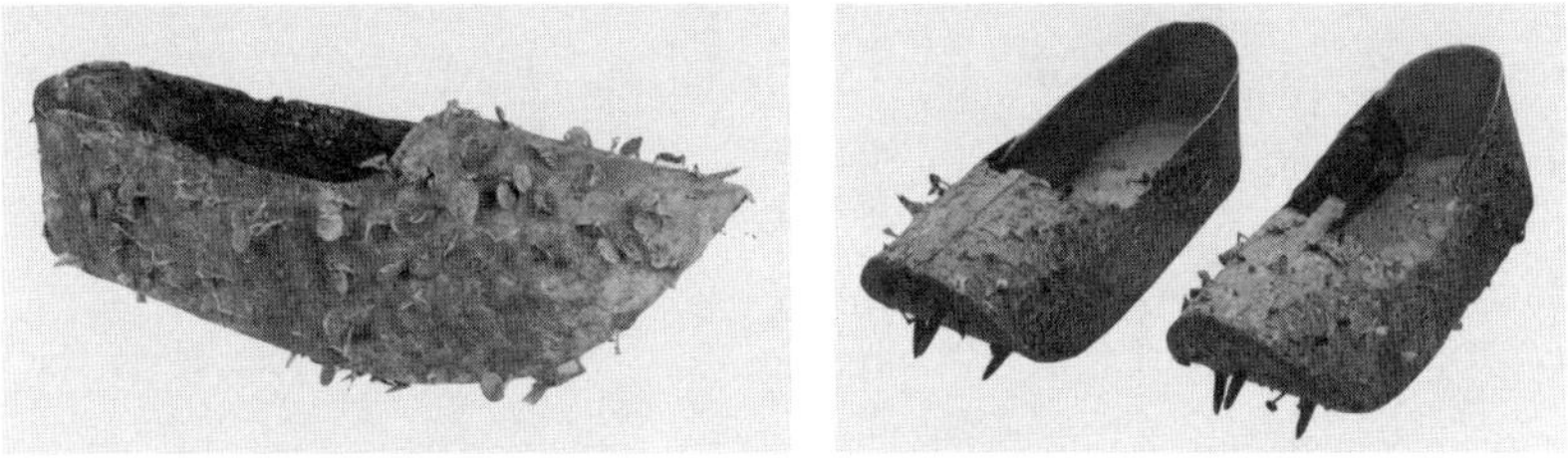

図5　金銅製の履物（左：奈良県藤ノ木古墳，右：韓国武寧王陵）

つけて説明したらよいのでしょうか。この世界、魂のいるべき天上の世界、魄のいるべき地下の世界と、三つの世界が存在していたと単純に考えてよいのでしょうか。これは、なかなか難しいのではないかと思います。

杉山　神が住む山にのぼる霊を運ぶ乗り物はないのですか。

上野　画像石のなかに、死者が天上の神のところへいく状況を描いたものと考えられる画像があります。馬車でたどり着ける所まできた被葬者が、迎えがこないもので落胆した表情をしていると、うしろには雲車《うんしゃ》と呼ばれる龍が引く車が止まっているという光景を表現したと考えられる画像です。ただし、すべてがそういう形であったとは限りません。

杉山　つぎに、韓国の例を林永珍先生にお願いします。

林　死後の世界を考古学資料だけで語るのは大変難しいことです。韓国では霊性に関しては、伝統的にシャーマニズムの性格があります。韓国の代表的な神話にもシャーマニズム的な内容が含まれています。天から降りてきた主人公の檀君《タングン》が、韓国の祖先であったという話です。その神話のなかでは、死者は亡くならずに、魂がこの世に残っていて、その魂が残された遺族と意思を交わすことが可能であったとされています。考古学資料はありません。文献資料では、断片的な記録ですが、鳥の羽を死者の棺の中に入れてあるということが、シャーマニズム的な性格を説明できる資料だと思います。

中国だけでなく韓国でも、精神と肉体の魂を別々にみています。肉体は腐ってなくなりますが、魂は黄色い川（黄川《こうせん》）を渡ってあの世にいくという考え方をもっています。日本の藤《ふじ》ノ木《き》古墳（奈良県斑鳩町）と韓国の古墳で発掘されたスパイクがついている金銅製の履物《はきもの》

図6　高廻り2号墳出土の船形埴輪

（沓《くつ》）は、黄川を渡るとき邪魔する神を制圧するために履かせたものだと思います。そのために火葬せずに埋葬をし、死者に対して、その死後もずっと続けて祭祀を行いました。

高句麗の広開《こうかい》土《ど》大王《だいおう》の史跡には一七七五字でこういった内容が書かれています。その内容は大きく三つに分けることができます。一つは高句麗の建国にかかわる内容です。二つ目は広開土大王の業績に関する内容です。最後の一つは広開土大王の墓の管理についての内容です。その内容をみると、三〇〇家一五〇〇名によって広開土大王の墓を守るようにと書かれています。この高句麗のような例は百済でもみられました。

杉山　韓国の話をうかがったので、つぎは日本列島の話に移りたいのですが、その前に考古学的な側面からみた死者の行方の話を辰巳和弘先生にお願いします。

辰巳　後日「他界はいずこ」というテーマで話をする予定ですので（一九八〜二二三ページ参照）、今は結論だけ話します。

高廻《たかまわ》り二号墳（大阪府大阪市）からでた船形埴輪《ふながたはにわ》があります。あの船形埴輪は古墳の濠《ほり》の真んなかに置いてありました。形象埴輪は原則的には古墳の上に置くものです。古墳の周りは、円筒埴輪で結界し、その外側に濠を巡らせます。その外側の濠のなかに船の埴輪を置くということは、いわゆる濠が三途《さんず》の川で、この世とあの世を結界するものだということになります。そこに置かれた船は、死者がその生存中に船を操ってどうこうしたとか、また水軍を率いてどうこうしたことを示すものではなくて、来世に渡っていくための乗り物であります。つまり、古墳は来世そのものなのです。この世につくられた来世空間が古墳であると私は考えています。

日本では古墳の上に埴輪を置く一方、石室や古墳のなかには埴輪を入れません。古墳というものは来世なので、そのなかに壁画を描こうと、墳丘上に埴輪を置こうと、それらは同じことをあらわしていると私は考えます。だから、装飾古墳《そうしょくこ ふん》に描かれた船の絵や狩りの場面と、埴輪で表現された船や狩りの場面が同じであることも理解できます。力士《ちからびと》は、絵画にもあれば埴輪でもあります。まったく同じ世界が石室のなかにも描かれたし、古墳の上にも立体で置かれたのです。表現の手法こそ違いますが、同じ世界がそこに表出されているのです。

真っ暗闇の世界である古墳のなかになぜ壁画を描いたのかというと、それは死者に見えればいいからでした。死者はこの世の中にもう一度戻ってくるのではなくて、あの世・来世に再生すると理解されました。死ぬことはみんなわかっています。再びこの世に復活してくるのではなくて、あの世へ新しく転生する、新たな生をえると古代人は考えていたと思います。だから、のちに馬が入ってくると、馬が来世への乗り物と考えられる場合もありました。馬具《ばぐ》を副葬したのもそういう理由からです。それを立派にすればするほど、来世でより確実に立派な地位をえて、転生することができるという観念があったのではないでしょうか。船だけではなくて馬もそうだということになってくると、来世は別に海の彼方だけではなく、馬でもいけるところ、要するに「はるか彼方」という、そのありかについては漠然としたイメージしかなかったのではないかと考えています。

杉山　和田先生は、日本列島においては、あの世にもたくさん種類があるとおっしゃっていました。

和田　埋葬されている場所とは違うところに、来世や他界、あるいは魂の行き着くところがあるという考えは、世界各地にいろいろあるわけですが、共通する要素もかなりあるようにうかがいました。日本の場合、六世紀以降に限りますが、平野部や盆地部ではその周辺の丘陵等に墓域を設けたので、山の中へいけば死者に会えるという山中《さんちゅう》他界《たかい》の考えがありました。あるいは、地下に他界があるという考えもありました。それはたぶんに中国の黄泉思想の影響もあったと思います。あるいは、海岸部や海に近い平野部などでは、砂浜に遺骸を埋葬したり、沖合いの島に埋葬したりしていたようです。それで海のかなた、あるいは海底に他界があるという考えがありました。それは現在でも、奄美《あまみ》や沖縄で「ニライ・カナイ」という信仰として残っています。日本の古代にもそれに類した「常世《とこよ》」という観念があったのです。

それから、非常に珍しい事例として、天空を他界とする観念があります。草壁皇子《くさかべのみこ》が亡くなった際の殯宮《もがりのみや》で柿本朝臣《かきのもとあそん》人麻呂《ひとまろ》の歌った挽歌に、天武《てんむ》天皇の魂が天空へのぼったという表現のあることを報告しました。そのときいい足りなかったことですが、『万葉集』には火葬の事例、火葬に付された采女《うねめ》を悼んだ歌があり、いずれも火葬の煙を歌っています。それははかないことのたとえだと思いますが、天空他界の観念は、煙が大空へ昇っていくということとも少し関連があるのかもしれません。

また、「天寿国繡帳《てんじゅこくしゅうちょう》」にみえる天寿国をどう理解するかということについてはいろいろ議論のあるところですが、天寿国も天空に観念されていた可能性があります。聖徳太子《しょうとくたいし》にかかわる伝記のなかには、上宮王家《じょうぐうおうけ》の滅亡に際して、王家の人びとが大空を飛んでいくような表現もあるので、そういう事例に含めうるのではないかと思います。

山中他界や地下を他界とする観念は、平安以降、霊山信仰《れいざんしんこう》、つまり高野山《こうやさん》や伊勢の朝熊山《あさまやま》に魂が集まるという信仰に結びついていき、全国各地で現在にいたるまで存続しています。

私の住んでいるところは、浄土真宗《じょうどしんしゅう》が多い地域です。信仰している方々は、死ねば「お浄土」へいく、百万億土のかなたの浄土へいくのだと信仰していますが、現実には他界、すなわち死者の世界と現世はかなり近いという意識をもっているように思います。それは、村のすぐ近くに墓があり、日常的に墓参りをしていることとかかわりがあるのかもしれません。現代人はいろいろな他界観をもっていますが、死後の世界・来世は、案外、現世と近いという感覚があるように思います。次元が違うだけだという観念です。

文学作品でも、シナリオライターの山田太一《たいち》さんが書いた『異人たちの夏』という作品にでてくるのは、明らかにそういう世界です。それから、阿佐田哲也のペンネームでマージャン小説を書いていた色川武大《いろかわたけひろ》さんは、文芸作品では本名で『狂人日記』などの作品を書いています。病気のせいもあったのですが、非常に幻想的な、現世と他界が入り混じったような世界を書いています。それなども共通するところがあります。だから、現代人がもっている他界観も、案外古い時代からのものを引きずっているのではないかと思います。

新谷　今、二つのテーマについて説明いただきました。一つは古代国家の成立と殉死、王が死ぬと大量の人が殺されたという問題についてです。もう一つは死後の世界観、死んだらどこへいくというイメージだったのかについてです。

そこで、全部をまとめるわけにはいきませんが、私なりに思ったことを申し上げてみます。

一つ目のほうは、古代国家というか制度的な国家ができると、殉死といった野蛮な風習はやめていく。その前の段階、たとえば卑弥呼の段階を経て大和王権ができるとそういうことはしなくなる。けれども、ある種の通過儀礼のように、卑弥呼の段階とか混沌たる社会からつぎの強大な武力をもった権力者が出現するとき、国家ができていくある段階で、王は大量の殺人をするという仕組みがあったと、私は民俗学的な立場から考えました。

もう一つの死後の世界観ですが、西暦二〇〇三年の現代まで、地球規模でもっとも強力な宗教は、仏教・キリスト教・イスラム教です。これは輪廻転生《りんねてんしょう》と終末観、天国と地獄あるいは六道輪廻《ろくどうりんね》という、ものすごく立派な最先端のコンピュータのような他界観だと思います。そういう整備された死に対する思想や世界観ができていく前の段階は、メソアメリカにはこういう死の考え方があったし、エジプトにはこういうものがあったというほか、エジプトでは文字が書かれているのに、日本ではまだ縄文時代の無文字段階であったなどと、地域差がありました。そういうなかで、仏教・キリスト教・イスラム教という強力な宗教が世界を席巻してしまったのです。強力な三つの宗教がでてくる以前の古代社会は、いろいろな世界観・他界観をもっていたということですね。私たちの遠い先祖はいろいろな地域で、船とか、鳥とか、蛇とか、暗い地下とか、夜とか、そういうものをもって、他界をイメージしてきました。現代人は三つの強力な宗教で教えられているけれど、少し思索を深めていくと、まだまだ古いものの謎が解けていくのではないかと思いました。

墓への奉仕と死者への奉仕

杉山　「奉仕」という言葉に、死者への奉仕と墓への奉仕の両方の意味をもたせましたが、林永珍先生が死者への祭祀は埋葬したあとも続いたと指摘されたように、墓がつくられたあとに生きている人たちがその墓に対して奉仕をすることもあったので、混乱させてしまったところがあります。そこで、奉仕に関する事例を紹介いただきます。

上野　墓と墓がつくられたあと周りにいる実在の人物、それから俑に代表される代替の人物、これら三者のかかわりについて、皇帝陵や大型の墓を中心に整理してみます。

方形の墳丘をもった墓があって、それに付随させるように俑などを入れた陪葬坑《ばいそうこう》があります。こういう諸々のものを取りまとめて、陵園《りょうえん》が形成されます。その陵園の周辺には、皇帝であれば臣下もしくはそれに近かった者の陪葬墓がありました。

漢の時代に特徴的なことは、こういう墓の周りに都市をつくることです。これを陵県《りょうけん》と呼んでいます。漢の長安城《ちょうあんじょう》が渭《い》水《すい》という川の南側にあって、その川を挟んで北側にならぶように皇帝陵が築かれたのですが、皇帝陵それぞれに陵県という新興都市ができたのです（四五ページ図４参照）。陵の造営と並行して建設されたその都市に住む人間は、国家・政府の政策によって強制的に移住させられた天下の富豪や高級官僚でした。奉仕という形ではないのですが、墓と実在の人物、そして代替の人物の関係が整理できます。

死者への奉仕について少し話します。秦の始皇帝陵では、陵園内外に兵馬俑などいろいろな陪葬坑が存在していましたが、兵馬俑坑は始皇帝が擁していた軍隊をかたどったものとか、文官陶俑や木車が出土したＫ０００６陪葬坑は、中央官署の一つ司法を司る廷尉《ていい》をかたどったものであると推測されています。生前の世界をそのまま墓の中にもち込んでいたといえます。

このようなものが生じてきた背景を、さきほどの補足を含めて、死者の行方・死生観、いわゆる死体と霊魂との関係でみてみたいと思います。かつては墓はそれほど重要ではありませんでした。死ぬと霊魂は祖霊の集まりであるあの世にいくとされていました。ところが、生前に権力をもっていたり、特殊な能力をもっていたり、非常に強い個性をもっていたりすると、この世からあの世へすぐにはいってくれないのでした。そういう連中が悪い祟《たた》りをなすので、それに対する祀りをしました。漢代以前は、死者の霊が宿るとされた廟《びょう》で先祖祭祀が行われていました。廟とは、墓と異なる施設です。

宗廟では、位牌《いはい》を置く廟と、死者が生前に着ていた衣服や着けていたものを置く寝《しん》が前後に配されています。そこで霊を祀る形をとりました。ところが、始皇帝のころから前漢時代にかけて、寝だけが切り離されて墓地に建てられるようになり、墓でも祭礼（祖先祭祀）が行われるようになりました。それは死体から霊魂を切り離しにくくなってきたから起こったことではないかと考えられています。だから、墓での祀りが重要になってきたというのです。

杉山　日本の前方後円墳の埋葬施設の上に家形埴輪があるというのは、中国・漢代の皇帝陵の上に建てられた建物の模倣であるという考えはできないのでしょうか。

上野　見たままで判断すると、直接結びつけることは難しいのではないかと私は思います。

杉山　中国では、一時期、墳丘の上に本物の建物を建てて、食べ物を運んでいたのです。そのときの建物を見ていたりして、日本では小さく埴輪の家にしたと考えるのはどうでしょう。

車崎　中国では、寝という建物を墳丘の上につくりました。毎日そこへ参ったのです。経済的な理由から寝の制度は廃《すた》れていきますが、本来は四代をすぎるまではそれぞれの陵で祭祀をするのが建前でした。その寝と埴輪の家が同じようなものかどうか。中国では毎日きちんとそこで祀りました。そこには形代《かたしろ》として衣服が置いてあって、そこに参ったわけです。しかし、埴輪にはそういう細部の表現がないし、日本の古墳では埋葬後に入ることはなかったと思うので、他人の空似だと思います。

杉山　日本でも墓を守る人たちがいたという記録があります。その人たちは何をしていたのか、仁藤さんに紹介いただきます。

仁藤　奈良時代には陵戸《りょうこ》という存在がありました。これは五色《ごしき》の賤《せん》と呼ばれる賤民視された人びとの一つです。ただ、これが本来的に賤視されたかどうかという点は議論があります。古墳時代の前方後円墳は規模によって権力的な差異を大々的に示すのが一般的ですが、それに対して律令制下の墓は、薄葬令を基準に陵《みささぎ》と墓とその他に区分していました。天皇の墓は陵、それに準ずる奥さんや有力な臣下のものは墓と称し、三段階ぐらいに分けて質的な差を可視的に示そうとしていました。それぞれには陵戸がありました。その規定は、平安時代にできた『延《えん》喜《ぎ》式《しき》』の諸陵《しょりょう》司《し》式《しき》にでています。宇多《うだ》天皇ぐらいまで、七十数条の陵墓の記載があって、それぞれに何戸と記されました。

その書き方にはグループがあって、三つぐらいに分けられるといわれています。最初のグループは、持統《じとう》天皇ぐらいまでが一つのくくりだろうといわれています。『日本書紀』には持統天皇五（六九一）年十月条に、先皇の陵に陵戸を置きなさいということがでています。おそらくそれ以降は、機械的に設置されたものと思います。陵戸がしていたことはよくわからないのですが、木の伐採や放牧などを禁止するという規制がでてくるので、むやみに内部に入って用益をしないとか、内部の清浄性を保つといった仕事だったのではないかと思います。

それから、奉仕ということに関しては、幣帛《へいはく》つまり供《そな》え物《もの》を定期的に陵墓にだすことが行われていました。定期的にだすものを常幣《じょうへい》、何か臨時の目的でだすものを別貢幣《べっこうへい》といいました。この二種類のうち、早くに別貢幣のほうが主になりました。したがって、定期的に先祖の墓に何か働きかけて祭祀をするということは、律令制下でもそれほど根づきませんでした。むしろ、近い血筋の人に一〇陵とか七陵とか数を限定した形で供え物をすることが継続して行われていたようです。

『日本書紀』などでも、「推古紀《すいこき》」には欽明陵《きんめいりょう》に対して葺石《ふきいし》をするとか、山をつくり柱を立てて祭祀をするということがでてきます。それは推古朝の段階になって、欽明天皇を自分の近い血筋すなわち先祖として意識するようになったから行われたと考えられます。古い時代、たとえば継体《けいたい》朝以前などで、自分の先祖筋の祭祀をどれだけ継続的にしていたかは、必ずしも明瞭ではないと思います。

杉山　先祖に接する方法は、墓を通じてだけではないのかもしれません。

諸外国では、墓のなかに造形物が入れられるということが多かったのですが、墓の外に造形物を立てたという例はあるのでしょうか。

近藤　エジプトの場合、先王朝時代という王朝ができる前の時期に、墳丘の上から象牙《ぞうげ》あるいはカバの牙でつくった人物像が出土しています。それらの足の部分が尖っているので、おそらくそれを墳丘に刺していたのではないかという興味深い説が近年でてきています。そこに刺したもので墳丘に埋まっている人物などを見るということがあったのかもしれません。

それから、完全な王朝時代には別の造形物があらわれました。王家の谷というのは墓でして、墓と、葬祭の施設である葬祭殿と呼ばれている神殿とは、別のところにつくられていて、王の葬祭に関しては神殿で葬祭神官が毎日のように儀礼を行っていました。そこには王の彫像がならんでいて、そういうものに対して葬祭などの儀礼が執り行われていたわけです。墓の中に召使の像や王自体をあらわしていると思われる要素もあるシャブティなども入れる一方、墓の外側にあたる葬祭のための神殿には、王像、王の家族の像や図像、レリーフなどを描いていました。

そういう葬祭殿は今まで葬祭だけのためであるといわれていたのですが、近年は葬祭殿と呼ばないほうがいいだろうということになりました。記念神殿、英語ではメモリアル・テンプルと呼びます。王が生きていたときから、いわゆる葬祭殿で自分の、王の儀式を行っていました。王がどのような業績をあげたと示すこととか、王が祀りを主宰することを生きているうちからその神殿で行っていて、そこに宮殿が付属しているようなものでした。そのため、死んだあとは主に王の葬祭をするのですが、神殿の付属の荘園のようなものがあって、そこの農作物や収穫物によって、王の死後もその神殿で葬祭を続けていくという場であったのです。

杉山　マヤではどうでしょうか。

寺崎　墓の中に入れないもの、外にでているものとなれば、祭壇Qの像（八ページ参照）になってしまいます。原則的には、外に見えるものは、王の業績を記した石碑という形をとります。外にあるものは王の業績をたたえるものといえますが、建てるときには王は大抵まだ生きています。むしろ外に見えるものというのは、パレンケの事例でいうと、王の墓を完成させた人物、原則的には息子になりますが、その人物が自分は正しい血筋なのだということを表明するためにそういう形であらわしたと思います。

杉山　墓の中にあるものと外にあるものとの違いが、理解できてきました。中国では俑は地下にあるのが原則でした。新しい時代になりますが、乾陵の前に石造物がならんでいて、それは諸外国からきた人たちの像であるということでした。

上野　唐のころに墓の参道、地上の見えるところに、文官や武官の石像が立てられるようになりました。そのころの皇太子や公主といった皇族の墓などを見ると、中に俑や壁画があったりするので、それらの石像群は墓の中にあったものが外にでてきたということではないと思います。石像が表側の見えるところにあるとはいえ、内側に納められたこともあるので、多様な状態のなかであらわれたと思います。

杉山　私の人物埴輪に関する考えは若松さんの説と違うので、自分の考えに近づくよう外堀を埋めてきました（笑）。日本列島の埴輪に話を移したいのですが、その前に、エジプトの造形物は召使の用をなすのだけれども、人形の服装は実際の王と同じ姿をしていると紹介がありました。もう一度説明していただきます。

近藤　シャブティと呼ばれる像は、数から考えて、一日一人ずつ主人に奉仕するものです。書かれている文章を読み解くと、シャブティは農作業とか主人の召使としてのもろもろの作業をすると書いてあります。そういう作業をするための人形なのですが、実はそこに王の姿、王しかしないネメスという頭巾《ずきん》をかぶったり、王権の象徴である王笏《おうしゃく》をもっていたりする姿が描かれていて、そういう意味では非常に矛盾しています。おそらく、その彫像のなかには、死者そのものをあらわす要素と死者に奉仕する召使としての要素という、相反する二つの性格があったのだと思います。そのために王のシャブティ像には王の姿で描かれる場合もありますし、貴族の監督官の像などは貴族の姿をしているので、むちをもっている監督官の姿をした死者の姿である場合もありました。言葉で説明するのは非常に難しいのですが、二つの意味をもっていたと考えられます。

杉山　古代の服装の研究をされている武田佐知子先生に、日本でそういうことが考えられる例はあるのか、うかがいます。

武田　被葬者の表現があるかどうかは、埴輪全体がどういう儀式空間の表現であるかということとあわせて考えなければならないので、難しい問題です。

そこで、埴輪の衣服の話をしたいと思います。秦漢時代の陪葬坑の兵馬俑や侍従俑《じじゅうよう》は非常に写実的な表現だと思います。とくに足の表現がきわめて繊細に、細かく表現されていました。ひるがえって、埴輪の男子全身像は、素晴らしく太い袴《はかま》の表現で多くが一貫されていると改めて思いました。これについての今までの解釈は、袴の誇張表現であって、埴輪造形者たちが埴輪の安定性を図るため、あるいは強度を確かなものにするためであったといわれてきました。私は技術的な強度の問題だけではなくて、現実に太いズボンがあって、被葬者たちの権威の象徴となったという考えをもっています。一般の共同体成員たちが貫頭衣《かんとうい》状の衣服を着ていたのに対して、首長層あるいはその周辺の階層だけが目のつんだ丈夫な布の機織技術や裁縫技術を先進的に手に入れたことにより、大量の布の使用が可能になったからだと思います。漢織《あやとり》や呉《くれ》織《はとり》等々の伝承もありますから、これらは大陸から入れられたものと思います。そうした技術を独占することによって、首長層とその周辺の階層は非常に太いズボンをはけるようになったと、私は昔から考えていました。

さらに、この権威の象徴としてのズボンの位置づけに、埼玉稲荷山古墳《さきたまいなりやま》（埼玉県行田市）の被葬者である乎獲居臣《をわけのおみ》が一枚かんでいると考えています。四七一年のものとされている埼玉稲荷山古墳の鉄剣銘文によると、獲加多支鹵《わかたける》大王の側近として乎獲居臣は天下を左治した、助け治めたと誇らかに語っています。埼玉の田舎者が雄略天皇をそれほど支援できたわけがないという方もいますが、私はこれを字義どおり解釈しました。一方、『宋書《そうじょ》』「倭国伝」に有名な倭王武《ぶ》の上表文があります。倭王武すなわち獲加多支鹵が安東大将軍《あんとうだいしょうぐん》倭国王の称号を受けます。倭王武の上表文を細かく読むと、その側近の者たちにも、もう少し規模の小さい将軍号を中国側に申請しています。『宋書』「倭国伝」には彼の臣下たちにも将軍号を与えたという記述はありませんが、それ以前の倭王のころは、自分の僚属や臣下たちに対しての将軍号も許可されているので、獲加多支鹵の場合も許可されただろうと考えられます。そうすると、ちょうどその当時、獲加多支鹵大王の朝廷にいて杖刀人《じょうとうじん》の首《おびと》として仕えた乎獲居臣もその一人であった可能性が考えられます。乎獲居臣は杖刀人の主なので、軍事的側面で仕えた人だったと考えられます。倭の五王が中国の官職をえたときに印綬《いんじゅ》をもらったのは一般的に認められているのですが、その官職相当の中国の衣服も賜与《しよ》されたと私は考えています。卑弥呼が親魏倭王《しんぎわおう》に相当する衣服をえたのと同じように、乎獲居臣も卒《そつ》善中郎将《ぜんちゅうろうじょう》か将軍号の軍事的な中国の官職をえて、

図7　男子全身像の埴輪（伝群馬県出土）

それに相当する中国の衣服をえた可能性があると思います。

乎獲居臣は中央での任務を終えて、おそらく故郷埼玉に帰って生命を終えたであろうと私は考えます。埼玉に帰ってきたとき、中国からもらった衣服を周囲の者たちに得意になって着て見せたのではないかと思います。一般共同体成員との格差をつくるために衣服というのは非常に有効な手段です。『魏志』の「韓伝」にでてくる話ですが、三世紀に朝鮮半島の一九〇〇人の首長たちが競って帯方郡へいって中国の衣服を欲しがった。衣服をえられなかった人びとは自分でその衣服をつくったという記述があります。この時代の乎獲居臣の周辺を考えてみると、おそらく埼玉で乎獲居臣だけが中国服を着ていたわけです。中国の出先機関は日本列島にはないし、海を渡るというわけにもなかなかいかないので、共同体の首長たちは、韓の共同体の首長たちがしたように、似たような衣服をつくりあげて乎獲居臣に対抗したのではないかと思います。

私は、それが関東の人物埴輪像に表現されたのであり、似て非なる衣服だと思います。人物埴輪の衣服を見ていて思うのは、相互にきちんとした階層性がなかなか認められないということです。さらに、袴であって袴でないとか、袖のようであって袖でないような衣服表現がみられるのですが、それらは埴輪造形者の未熟さによるものではなくて、衣服自体が袖らしいものをつけたり、袴らしいものを巻きつけたりしたからではないかと思います。そうした事情が関東にあって、遠くは中国に淵源する、いわゆる単衣《ひとえ》大袴《おおばかま》といわれるような衣服に似た形の衣服が、この関東に流行したのではないかと思います。しかも、それは自己の権力結集をはかろうとする共同体首長とその周辺の者たちに限られていたのだと思います。人物半身像はおそらく旧態依然とした貫頭衣の表現であったと思います。こうしたことが、男子埴輪の衣服に大まかな二区分がみられる原因になったのではないかと考えています。

人物埴輪

杉山　それでは人物埴輪の話に移ります。若松さんは、葬祭の儀を埴輪に表現したと考えていますが、たとえば、子供を抱く埴輪をどう位置づけるのかなど、説明してください。

若松　子供が表現された埴輪は、近畿地方にはほとんど例がありません。東国でもごく一部の栃木や茨城に、授乳したり子を背負う埴輪が分布する傾向をみます（図8）。年代も六世紀まで下がります。近畿に登場した女性の埴輪にあとで追加された地方的な題材であろうと思います。水野正好先生はこれらを埴輪芸能論とつなげて考えていて、神楽《かぐら》や芸能の誕生とかかわりがある裸体の男女の性的な所作や踊りと同じくこれを重視したのでしょう。私のよって立つ殯《もがり》説が機能するためには、それは死から生への復活の儀礼であるべきかなと思っています。

杉山　埴輪は死者に対するものであったのか、それとも、生き残っている者に対して重きを置いてつくられたものであったのかということが根底に横たわっています。車崎さんは以前に贄《にえ》説というものをだされましたが、いま誤解を招いている点もありますので、説明してください。

車崎　「はにわ人は語る」のフォーラム（一九九七年）のときに、人物埴輪は祀りをする人たちで、動物埴輪の多くは捧げられた贄であろうと話しました。もちろん、それ以外のものがあることは承知したうえで話したのですが、人物埴輪も生《い》け贄《にえ》と考えているような誤解を受けてしまいました。

埴輪の意味は置かれた場所によって決まるのであって、一つ一つの埴輪をみていても決められないというのが私の考え方です。だから、同じ造形の埴輪でも置かれた場所によって意味が違ってかまいません。たとえばニワトリは墳頂部にもあるし、造り出しにもあります。それが同じ意味をもっているかどうかわかりません。家もそうです。さまざまな埴輪は置かれた場所によって意味をもってくると考えています。

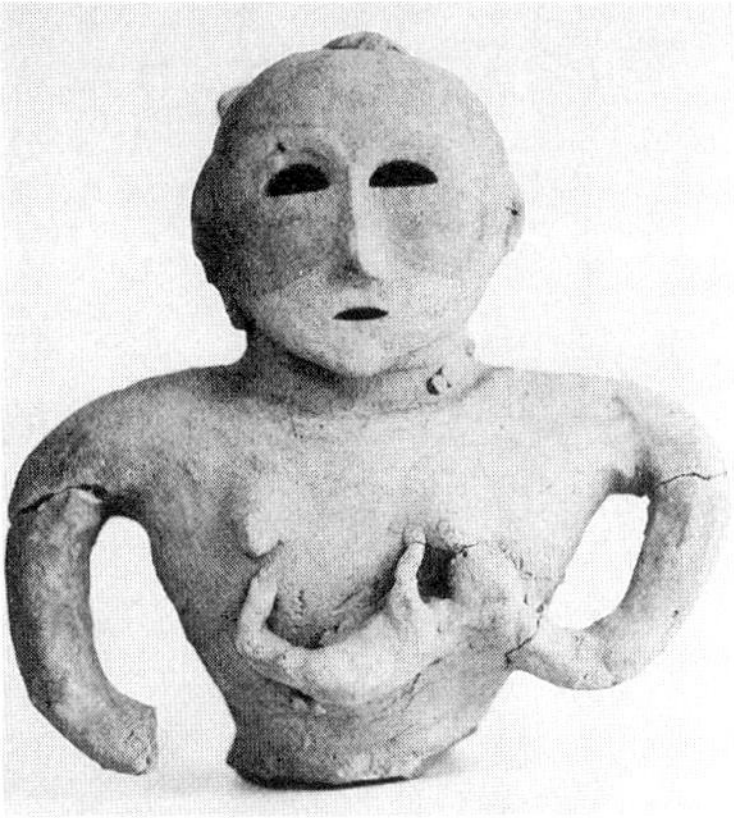

図8　さまざまな所作の女性埴輪
左：子に乳を与える女性（茨城県大平《おおだいら》古墳）
右：子を背負う女性（栃木県鶏塚古墳）

祀りの本質は、食べ物や飲み物などの供物をたくさん捧げることだと考えています。そういう脈絡のなかで埴輪を考えたとき、人物埴輪の種類のなかで、どの古墳にも置かれるのは巫女の埴輪です。それが人物埴輪の本質であって、それ以外はさまざまな意味をもって加えられたものです。ほかのいろいろな埴輪も、動物の埴輪でも水鳥の埴輪でも何でもよいのですが、それぞれに違う意味があるはずですが、共通する意味としては捧げられた供物の表現とみるのがよいのかなというのが私の考えです。

杉山　一瀬さんは、人物埴輪がおそらく最初に登場してきた大型前方後円墳の存在する大阪府の状況に詳しいので、考えを聞かせてください。

一瀬　周りの従者のような人間と館のようなものを埴輪で墳丘の周囲に再現したとすれば、付属施設がつくられる時期ぐらいから人物は登場してよいと思っています。大きな前方後円墳の周りに小さな方墳や帆立貝式古墳《ほたてがいしき》や円墳が付属してつくられ、陪塚《ばいちょう》と呼ばれるのですが、それが五世紀になったころからみえ始めます。造り出しも同じような時期に付けだされたので、そういう施設とともに人物埴輪がそういった設備的なセットとしてでてくる要素は充分あったと思います。ただ、登場人物として、最初は仁徳陵《にんとくりょう》古墳（大阪府堺市）にあるような巫女ないし墓山古墳（大阪府藤井寺・羽曳野市）にみられるような盾持ち人と武人などに限られていたと思っています。それらがみえ始める具体的な古墳としては古市古墳群の大王墓級の古墳ではもっとも古い仲津媛陵《なかつひめりょう》古墳（大阪府藤井寺市）あたりではないかと思っています。

杉山　同じ時期に水を用いた祀りとか水辺の祀りが行われていたことを示す埴輪がでてきます。こういう儀式について和田先生の考えを聞かせてください。

和田　私は文献から古代史を研究しているのですが、一度、埴輪群像が何を表現しているかを考えたことがあるので、その延長で少し話します。

車崎さんの、同じ埴輪でも置かれた場所によって意味あいが違うという発言は、私はなるほどと思いました。今、関心をもっているのは、造り出し部にならべられた埴輪がどういう意味をもっているかということです。墳丘上のものと造り出し部のものはやはり性格がかなり違います。さきほどは、死と復活という世界をあらわしているのではないかという話でした。

造り出し部の埴輪でいちばん古いものは、三重県松阪市の宝塚一号墳の段階だろうと思います。船の埴輪と囲形《かこいがた》埴輪が出土しました。あの囲形埴輪を考えてみると、造り出し部の埴輪はやはり被葬者の生前の支配の様子や儀式をあらわしたのではないかと思います。辰巳先生のご意見とは違うところで、また批判をいただけたらよいのですが、私はそういう考えをもっています。

だから、船形埴輪についても喪船《もぶね》とみるのか、被葬者が生前、伊勢湾を横断するときに使っていた船とみるのか、考え方が分かれるわけです。しかし、囲形埴輪は、被葬者が生前行っていた水の祭祀にかかわるものではないかと思います。死後の世界では、そうした水の祭祀をすることは考えにくいと思うからです。それから、こうした造り出し部では、五世紀前半段階から、また今城塚古墳（大阪府高槻市）は六世紀前半ですが、内堤に大量の非常に注目すべき埴輪がありました。柵形埴輪で区切られた聖なる空間の中で、いろいろなことが表現されているのです。それもやはり生前の被葬者の統治、祭祀の形態を表現しているのではないかと思います。

同じ時期になりますが、注目されるのは筑紫国造《つくしのくにのみやつこ》磐井《いわい》の墓と考えられる岩戸山《いわとやま》古墳（福岡県八女市）の別区の問題です。岩戸山古墳は『筑後国風土記』逸文によれば、生前からつくっておいた寿墓《じゅぼ》です。そして、別区は明らかに磐井の国造としての統治を示す遺物、たとえば倉庫群や盗人、盗まれたものなどをならべています。だから、造り出しの性格は別区にまで系譜を引いていくのではないかと考えています。

囲形埴輪は近年、いくつか見つかってきています。行者塚《ぎょうじゃづか》古墳（兵庫県加古川市）・狼塚古墳（大阪府藤井寺市）・宝塚一号墳（三重県松坂市）・心合寺山《しおんじやま》古墳（大阪府八尾市）などでは、ちょうど四世紀後半の城之越遺跡（三重県上野市）から始まる水辺の祭祀、とくに五世紀中ごろの南郷大東遺跡（奈良県御所市）の遺構と非常によく似たものを埴輪で表現しています。それから、柵形埴輪と呼ばれるものは神社の瑞垣と同様に、聖なる空間を示すシンボルマークです。だから、南郷大東遺跡の遺構も、トイレ遺構とは考えられません。やはり聖なる水の祭祀を行ったものと考えています。囲形埴輪はそれを忠実に表現しています。宝塚一号墳ではそれが三つあって、それぞれ形態が違うのです。囲形埴輪を見れば、やはり造り出し部は被葬者の生前の世界をほうふつさせるものではないかと考えています。

杉山　私も和田先生と同じ考えをもっています。被葬者の生前の場景を埴輪にあらわしているのだというものです。他説に対して細かい点で反論をだしますと、たとえば若松さんの殯説については、人物埴輪が死者に見せるためのものであれば、地上に立てないで地下に入れればよいと思います。巫女だけ残っている勢野茶臼山《せやちゃうすやま》古墳（奈良県三郷町）の石室の前にならんでいる巫女が霊の宿る家のほうに背を向けて立っているのはなぜでしょうか。辰巳先生は霊を運ぶ船・馬とおっしゃいますが、一つの石室のなかに両方を描いているのはどう解釈するのでしょうか。私にはいろいろ質問があります。そういう細かい点は別にして、埴輪が死者に対するものであったのか、生者に対するものであったのかということについては、埴輪がいつ発注されたのか、発注されたほうはいつつくったのか、埋葬の儀式のどの段階で古墳に埴輪をならべたのか、どういう状態にならべてあったのか、個々の埴輪にはモデルがいたのか、いなかったのか、というような課題をきちんと検証しなければ、この議論は深まっていかないだろうと思います。

つぎの話題に移ります。日本の埴輪に似たものが韓国でも出土しました。人物埴輪や動物埴輪はありません。かわりにというわけではないのですが、木製の樹物はあります。一瀬さんはこれをどう考えますか。

一瀬　前方後円墳と埴輪形土製品がセットになってでてきている韓国の資料は興味深いものです。以前の、墳丘だけが似ているという話のころは、それほど類似性はないと思われていましたが、埴輪に似たものがでてくると、がぜん関係があるということになりました。

どういうふうに似ているかですが、日本の前方後円墳は、方形周溝墓があって、その溝に陸橋ができて、その陸橋の外側をさらに溝で遮断して鍵穴形になった、という成立過程は現象としてはわかっています。ただ、その鍵穴形・前方後円形がどういう本質的な意味をもっていたのかということについて、車崎さんは壺と考えていますが、私はアイディアをもっていません。ともかく、起源は日本列島内においても追っていけるということです。その後、前方後円形そのものに付随して造り出しや堤などが付きましたが、本質は鍵穴形であったと思います。

その前方部で最終的に何をしたのかと会場から質問がありました。説明せずに王統譜《おうとうふ》の継承はしないといってしまったので質問がきたのです。数年前の台風のとき、箸墓古墳《はしはか》（奈良県桜井市）の前方部でも木が倒れて、そのときの調査で墳頂のようすが以前にもましてわかってきました。それは前方部では穴を開けた壺を集中してならべているということです。

前方部のいちばんよい場所に壺がならんでいるので、そこで王統譜の継承を行えるようなスペースはなかったと考えています。それでは新しい時期ではどうであったのかということになります。大阪府羽曳野《はびきの》市にある軽里《かるさと》四号墳では、前方部に家形埴輪を置き、その周囲に実物の須恵器《すえき》を置いているので、前方後円墳の前方部には一貫して食物を供献する場所があったということになります。つまり、墳丘のエッセンスは鍵穴形という形ですが、現在、韓国の例には付属施設は全然つかず、もし日本から伝わったとすれば鍵穴形だけが韓国へいったことになります。

かたや、埴輪も、こうした事情からすれば、質的には朝顔形埴輪に加えて円筒埴輪があればいいということになります。韓国ではこの両者があり、今のところ人物などの他の類は備わっていません。あとは土でつくる必要性があったのか、なかったのかということでしょう。木製品も韓国で出土していますが、日本では奈良県桜井市の小立《こだち》古墳で木製品がでていて、器財の類をあらわしたものであったことがわかります。それは質的に円筒埴輪と朝顔形埴輪が土製化し、他の品物は残りにくい木で補われたという形になります。韓国・光州市の月桂洞《ウォルゲドン》一号墳も同じような構成をしているので、質的に削ぎ落として残った本質の部分で埴輪形土製品があり、前方後円墳もエッセンスで似ていることになります。ちなみに、墳丘の形は私がニサンザイ主導類型と呼んでいる古墳時代後半に主流を占めるものに似ています。

もう一つ、韓国の埴輪形土製品で問題になってくるのは壺です。壺に穴を開けたものは日本でも前方後円墳出現以前の墳丘をもつ方形周溝墓から本質的に備わっていて、質的には日本でも備わっていた品物です。単純に見えるものばかりですが、質的にはそれぞれが一致しているということになります。

杉山　林永珍先生が、埼玉県行田市の中の山古墳にならべられた底に穴が開いている特殊な壺がつくられたのは、韓国から日本へ人たちがきたことにつながるといわれました。この調査を担当された若松さんに、説明をお願いします。

若松　一五年ぐらい前に、埼玉《さきたま》古墳群の中の山古墳を発掘調査しました。主軸長が七九メートルの前方後円墳です。墳丘から堀のなかへ倒れこんだ状態で、問題の底に穴が開いている特殊な壺が見つかりました（図9）。二種類あって、一つは赤い焼きの、カキメ（ろくろ目）という回転させたときに筋目をつける調整がないタイプで、もう一つは青灰色の須恵器と同じ硬い焼きのもので、カキメがあるタイプです。ボーリングのピンのような胴の長い不思議な壺がたくさんでたのです。埴輪のように底抜けではなくて、平たい底を付けたあとに丸く刳《く》り貫《ぬ》いています。まさに底部穿孔《ていぶせんこう》の壺形の供献《きょうけん》土器になるのですが、こういう土器の大半は古墳時代の前半にはなくなっています。しかし、この前方後円墳の年代は埼玉古墳群の古墳としてはもっとも新しい六〇〇年前後のものなので、年代のギャップを理解するのに苦労しました。しかも、この古墳では普通の埴輪をもたず、こういう壺を焼いたのは須恵器の窯《かま》だったということも前代未聞だったのです。一〇〇個体近くでたので、まちがいなく埴輪として古墳に立てならべたものといえます。

そのころに、類例はまったくありませんでした。東日本で流行していた埴輪は、六〇〇年前後に一挙に廃止されて、七世紀に入ると立てられなくなりました。かなり強制的な力が働いて埴輪が一挙に廃止されていくという事情があったので、埴輪にこだわった被葬者がどうしても埴輪の代用品を欲しくて、須恵器の工人《こうじん》に埴輪をつくらせたのだろうと思います。これは、日本列島最後の埴輪だと思います。

ただ、こういう平底《ひらぞこ》の器形は、日本の土師器《はじき》とはつながらないので、朝鮮半島の平底の陶質土器とつながっているのではないかと思いました。もう一つは、出雲《いずも》地方にある子持ち壺も同じような性格をもつのではないかと推測しました。最近までに調査された韓国の前方後円墳から子持ち壺タイプのものもでるようになってきました。埼玉古墳群だけではなくて出雲地方にもあるこういうタイプの特殊な埴輪は、朝鮮半島からの逆輸入で再び登場したのだろうと思います。

埴輪の発祥地は日本ですが、五世紀のある段階に朝鮮半島の馬韓《ばかん》の地域で受け入れられて方墳や前方後円墳に採用されましたが、それは日本の埴輪をそっくり模倣したものではありません。現地の工人がつくるし、地方色も加わって、彼らの好みの埴輪としてつくられたのであろうと思っています。それが巡り巡って、時間差もあってかなり新しい時期ですが、埼玉古墳群の最後の前方後円墳に立てられたのです。どういうことかというと、このころは、朝鮮半島の三国がせめぎあ

中の山古墳（左はカキメがある壺）　天満２号墳　伏岩里２号墳

図９　埴輪・壺の諸例

っていて、百済勢力が馬韓地域を侵す、あるいは伽耶や新羅との関係も乱れるという大変な時期だったのです。そのときの亡命工人がこの須恵質埴輪壺をつくったのではないかと私は理解しています。これを焼いた所は直線距離で五〇キロほどの埼玉県寄居《よりい》町の末野《すえの》須恵器窯跡群《すえきようせきぐん》という遺跡です。六世紀の後半に生産が開始された窯《かま》で、埼玉古墳群の首長たちが所管する大規模な須恵器生産遺跡だと考えています。荒川《あらかわ》の流路を使って重量物を運搬することを配慮した位置にこの窯は築かれていて、奈良、平安時代以降も存続していく武蔵三大窯跡の一つです。その窯のルーツに、朝鮮半島は馬韓地域・榮山江《ヨンサンガン》流域の工人たちの関与があったものと解釈します。

なお、福岡県北九州市の次郎太郎古墳や大分県日田市の天満一号墳からも、この種の壺形の埴輪が出ています。時期が下がるとはいえ、いちばん規格がそろっているのは埼玉県の中の山古墳出土例のようです。林先生が調査された伏岩里《ポウアンリ》二号墳からでたもの（図９）は、中の山古墳のものとは時間の差が相当あるということでした。しかし、林先生の編年表にもあるように、壺形の埴輪は半島でも六世紀の中ごろまでは残る可能性があるようなので、一世代か二世代後の日本で、工人の渡来によってこの埴輪が再現されたと解釈することも決して無理ではないと考えます。

杉山　韓国での事例について、林永珍先生にもう一度うかがいます。韓国では前方後円墳よりもさきに方墳がつくられていて、方墳に葬られた人たちはその馬韓の地にずっと住んでいた人たちでした。その方墳に壺や埴輪に似たものがならんでいたわけです。そういう事実は前方後円墳と埴輪がセットで入ったのではなくて、埴輪を立てるという風習がさきに入っていたと考えてよいでしょうか。

林　五七ページ図2は韓国で出土した埴輪をまとめたものです。そのなかの筒B形として分類しているのは前方後円墳で発掘されたもので、筒A形と壺形は土着の権力者の墓からでたものです。

韓国の馬韓地域で調査された埴輪には起源が二つあると思われます。馬韓の甕棺墓《かめかんぼ》からでてきた筒A形と壺形は、日本との交流の過程で埴輪が入ってきて、そこからアイディアをえて半独自的につくったものだと思われます。日本で埴輪を見て、そのまま馬韓で埴輪をつくりましたが、それにはもちろん馬韓の現地の文化や現地人の技術の影響があったと思われます。しかし、前方後円墳からでてきた筒B形は少し違うと思います。この筒B形は日本からの亡命勢力によってつくられました。そのなかには埴輪をつくる技術をもった人もいたと思います。

古代の日韓では多くの交流が行われていました。しかし、今までは、韓国から日本にいろいろな文化が伝わったという、一方的な交流であったという説が多くありました。新石器時代から今まで、海を挟んだ交流は日韓のあいだで盛んに行われたと思います。とくに韓国の南部地域や北部九州そして韓国の東海地方などでは、海を挟んだ交流が非常に盛んでした。そのうち、韓国南西部の馬韓地域は、日本の北部九州地方だけではなく、中国の江南地域とも頻繁に交流をもっていました。そのなかでは、馬韓から日本に入ってきてまた馬韓に戻ったり、日本から馬韓に入ってきてまた日本に戻ったりという人的交流も盛んだったと思います。そういう過程のなかで、馬韓から日本にきて、日本でつくられている埴輪を見て、馬韓に戻ってつくった埴輪が一つあります。もう一つは、日本のその技術をもった人が馬韓に入ってきて、その人が直接つくった埴輪です。中の山古墳の埴輪は、韓国で成立した埴輪が、また逆輸入されて日本に影響を与えたと思います。

今までは百済と日本との交流関係はその比重が非常に大きかったといわれてきましたが、それには馬韓と日本との交流も含まれているのではないかと思っています。こういった新しい観点からみる研究をこれから始めようと思います。皆さん、関心をもって見守ってください。

杉山　この辺でまとめをして、終わりにさせていただきます。人の形をしたものへの人びとの心の変化について、民俗学の新谷さんに最後の取りまとめをお願いします。

新谷　マヤ文明やエジプトや中国では、石に彫った人物像やシャブティそして俑というものがならびます。埴輪の基本的なものは円筒埴輪で結界の道具ということですが、九八％がそうであっても〇・何％かが人物埴輪であるということから、『古事記』や『日本書紀』の人たちも埴輪といえば人物埴輪のことを思って、それは殉死・殉葬にかわったものだと考えていました。古代の人たちも埴輪とは何かというと人間だと考えていたのです。この古代の説がA説だとすると、現代には先の各氏のご報告のような円筒埴輪が基本だという現代人のB説もあるわけです。

　今後、考古学・歴史学・民俗学・関連諸科学で一緒に研究しようとするとき、私たちはなぜ人間の形をつくりたがるのか、人間の形をつくるということには基本的にどういう衝動があるのかということを、学際的に考えていったらいいと思います。同じ考古学でも、土偶と人物埴輪はどういう関係にあるのかという課題があります。それから、『源氏物語』には、須磨《すま》の海岸で光源氏《ひかるげんじ》が三月三日上巳《じょうし》の節句《せっく》で穢《けが》れを祓い清めるために、形代《かたしろ》・人形《ひとがた》を体にこすりつけて、陰陽師《おんみょうじ》がお祓いのために人形を流したという記事があります。現在の人形《にんぎょう》まで、人形が人間の生活のなかでどういう役割を果たしたかというと、第一は、お祓いのための道具で、もう一つは人形遊びでした。清少納言《せいしょうなごん》は「子供のころの思い出は雛遊《ひなあそ》びがいちばんだわ」と書いています。同じ人形でも愛玩物としての人形と、形代つまり穢《けが》れを祓《はら》うあるいは厄《やく》を祓うための人形があると思います。そして、もう一つはイコンつまり聖なる像です。仏像も神像もキリスト教の聖像もそうです。祓いの道具であったり、愛玩の人形であったり、聖なる像であったりするさまざまな人形が、私たちの文化には古代から現代まで連綿と息づいています。いつかまた埴輪論を展開させるときには、いろいろな分野の人が集まって改めて人形論をやっていただくと面白いと思いました。本日は、たくさんの興味深いお話をありがとうございました。

第三部　講演

埴輪のつくり・すがた・いのり

講演1　埴輪が語ること

杉山晋作

埴輪と古墳

『日本書紀』という古代の記録に、埴輪《はにわ》の起源に関する説話が記されている。垂仁《すいにん》天皇のころに、殉死する人たちが非常にかわいそうなので、かわりに何か考えられないか、と天皇がいわれた。野見宿禰《のみのすくね》が人のかわりに土で形をつくってそれを埋めたらどうかという提案をして、埴輪ができたと説明されている。

それから、埴輪を抜いてきたという説話もある。雄略《ゆうりゃく》天皇のころ、田辺史伯孫《たなべのふひとはくそん》という人が、娘が嫁入りして子供が生まれたので、お祝いにいった帰り道、大阪の誉田陵《こんだりょう》、今の応神《おうじん》陵古墳（大阪府羽曳野市）の脇を通ったとき、立派な赤毛の馬に乗った人物がいて、その人に馬を交換してもらえないかと頼んだら、快く交換してくれた。自分の馬は栗毛、つまり茶色で、赤毛の良い馬をもらったと、喜び勇んで帰った。翌日、馬小屋へいってみると、馬小屋には埴輪の馬が立っていた。あわててそれを交換してもらった誉田陵へいったら、堤にならんでいる埴輪の馬に混じって自分の馬が一頭繋がれていたという説話である。しかし、田辺史伯孫が埴輪を抜いたために、何か悪いことが起こったという説話にはなっていない。古代人にとって埴輪とは何だったのであろうか。

埴輪の本物と偽物

「はにわ展」ではいくつも偽物をならべるが、そもそも本物と偽物の区別は簡単である。本物は、古墳に立てるために土でつくられた造形物であり、製作の年代は、古墳時代、今から一四〇〇～一七〇〇年前である。偽物というのは、それ以外の時代につくられたものである。形は似ていても、古い時代に古墳に立てならべられたものではないという点で偽物である。

しかし、本物と偽物の中間にどちらにとらえてもよい埴輪がある。各地の博物館には、かなりの部分を石膏《せっこう》で復元した馬形埴輪がならんでいることがある。本物の部分は頭とか鼻の先しかないが、全身像に復元されていて、非常に立派な馬形埴輪となっている。これは、決して偽物として扱われてはいない。ところが、東京の青山あたりの古美術商にある馬形埴輪は本物とするのをためらうときがある。本物の埴輪破片ではあるが、馬形埴輪の破片でなく円筒《えんとう》埴輪の破片をよせ集めて馬の形につくり上げているもの、あるいは、一部分は馬形埴輪の破片であるが、その他の部分は円筒埴輪の細いものを足の部分に使ったりしているものである。使っている破片は本物であるが、復元した全体像は本物とはいい切れない。

これよりもう少し程度の悪い偽物がある。現代につくった偽物を土のなかに埋めておいたり、わざと割ってそれを接着剤でつけたもの、さらにそのなかから破片をいくつか抜いて、欠けた部分を石膏で埋めたものであり、すべて偽物である。

本物と偽物のあいだにはいくつかのランクの資料がある。レプリカと称する複製品は本物から型をとって、形やつくり方の痕跡を本物そっくりに表現している。つくった時代は現代であり、素材は合成樹脂であるから、これは明白な偽物である。しかし、偽物といえども本物と同等の学術的な意味をそのなかに秘めている。

埴輪は立体的だが内部は空洞になっており、内部を見ると、粘土の紐《ひも》を積み上げたり、板をあわせたりした埴輪のつくり方がわかる。偽物埴輪は本物埴輪のつくり方によらないので、内側を見れば簡単に偽物とわかる場合がある。

また、埴輪は、赤褐色・赤色・黄色の素焼《すや》きの焼物と思われているが、地方ではねずみ色をしたものがある。しかし、それは本物である。また、古美術商の店先にならんでいたりすると、偽物だと思うような顔つきをした埴輪もある。これも本物である。

人物埴輪を復元するとき、顔・腕・胴・足の半分の破片を用いて一体をつくり、残っている部分の破片でもう一体をつくると、似た埴輪が二体でき上がることになる。そうすることで、一体分の埴輪片で二体の埴輪が復元できたらしいものもある。

一方で、古墳時代の埴輪のつくり手は、頭のなかにある形などを、つくり手の腕つまり技術でもって同じような埴輪をつくり上げた。それを具体的に証明するのが、埴輪に残った指紋である。

埴輪と指紋

埴輪には指の痕《あと》だけでなく、指紋《しもん》の残っていることがある（図1）。指紋によって同じ人間がつくった埴輪を証明できるのである。指紋には二つの特徴がある。生まれてから死ぬまで紋様は一生変わらないことと、一本の指の指紋は、その人のほかの指にも同じものがないうえ、地球上に存在する人間のなかにも同じものがないことである。この特徴は、今までは犯罪捜査で犯人を特定するために使われてきた。普通は、そういう捜査上の技術は外へ洩らさないのが原則であったけれども、協力がえられて警察の鑑識《かんしき》の方々と一緒に調べることができた。二つの埴輪片に残っていた指紋がまったく同じであることを確認し、しかも、一本の指の指紋で同一人物のものであることがわかった。筒形の円筒埴輪の側面に丸い孔《あな》があいており、指先が下を向く方向に指紋がついていた。埴輪の断面を見、内側を見て、粘土がどの方向に積みあげられたのかを観察して、円筒埴輪の上下を判断すると、指先が下を向いていたことになった。下を向けた指がここに置かれたのは、もちろん、粘土が乾く前であり、孔に指を入れて、孔に入りきらない指を外側に添えたときに指紋がついたと考えられる。実際に埴輪を前にして、どういうふうに指が使われたのかを検討すると、この指先が右手の人差し指のものであると判断できた。警察のなかでも鑑識は科学者の集まりで、考古学という学問と詰めの方法は同じであった。乾く前にもちあげたことを示すように、この孔の上の部分には、節紋《せつもん》という指の関節部分の縞模様が残っていた。将来的にはこれを見れば、指紋がない場合でも、個人の特定ができるということになるという。

やはり、現物を見ながら判断していくことが一番大事である。今の進んだ世の中では印刷物あるいはコンピューター画像を操作して新しい説を出せるが、私はあえて原点に戻ること、遺跡なら古墳を、遺物ならば埴輪を直接自分の眼で見ることから、新しい視点による研究を始められると考えている。

多くの人物埴輪のつくり方は、胴を筒形につくりあげ、腕をつける肩の部分に二つの孔を、頭をつける頸《くび》の部分にも一つの孔を開けておく。そして、つくっておいた中空の腕を肩に取りつけるのだが、腕を肩の孔にあてておいて、頸の孔から手を差し込んで、内側から肩と腕を押さえてつける方法が一般的である。そうすると、腕の部分についている指先は、埴輪の腕の先端を向いているはずである。ところが、埴輪の腕の内側に残る指紋は指先が胴内部の方向を向いていると、鑑識の人たちは指摘した。これは、われわれが常識的に考えたつけ方とは違う方法が行われたことを示している。まだできあがっていない筒状の腕を肩の孔にもってきて、先端側から作者が手を入れて肩に取りつけ、別につくっておいた埴輪の手の部分だけをあとで差し込んだ。そういう方法ならば可能であった。特異なつくり方があったことを、指紋が指摘した事例である。

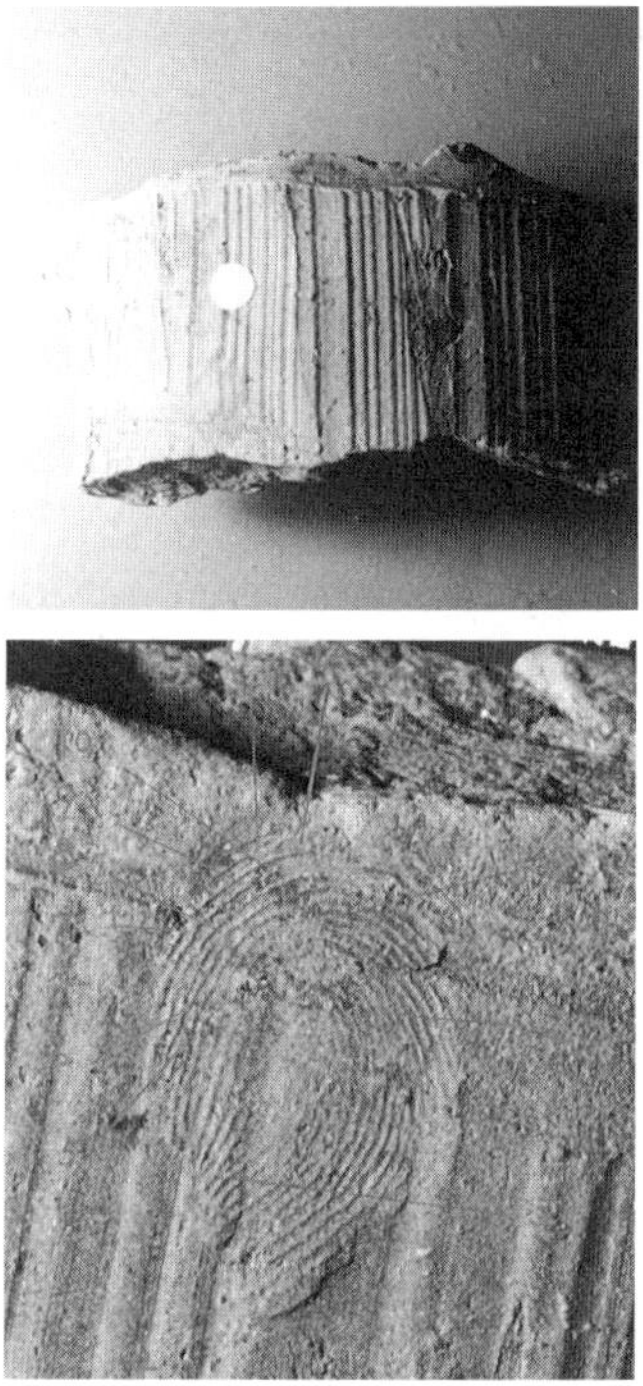
図1　埴輪についた指紋（茨城県鉾の宮1号墳）

ところで、埴輪は細かい粒子の純粋な粘土だけではなく、わざと砂を混ぜているので、表面はザラザラしている。そういう砂が混じる粘土をこね回していると、指紋を形成する隆線《りゅうせん》という皮膚の凹凸がすり減ってしまう。だから、見た目には指の紋様は見えるが、粘土にそれを押しても凹凸の線が残らないのが通常である。要するに、埴輪に指紋は残りがたいのである。にもかかわらず、明瞭な指紋を残す埴輪が存在する。

それに関する事情を二つ考えることができる。一つは、埴輪を一年中続けてつくっていなかったとする考えである。一度すり減った指紋は、三カ月から半年くらいでもとに戻って凹凸がでるらしいから、指紋の凹凸がはっきりしている指で埴輪をつくったということは、その前に粘土を扱っていなかったということでもある。つまり、季節的作業、たとえば、秋までは米づくりをしていて、その後、暇になったら埴輪をつくり始めたことによるのかもしれない。指紋がついている埴輪はその最初のころのものかもしれないのである。埴輪づくりが専業的にその人たちの生活の糧として行われていたのか、それとも、米づくりと埴輪づくりを兼業でしていたのかという問題にかかわってくる。

もう一つは、親方と弟子がいるという組織内の分業によるとする考えである。たとえば、弟子は、粘土で形づくる作業を主にしているが、人物埴輪の腕をつけたり頭を乗せたりという最終的な仕上げ作業だけは親方がする場合、親方はそれまで粘土を扱っていないから、指紋がつくのかもしれない。それは、兼業か専業かという問題ではなく、埴輪づくり集団内の作業がどう分担されていたかという問題であろう。

群馬県や埼玉県北部では大きな埴輪製作遺跡があり、窯《かま》が二〇以上もあって、そこでつくられた埴輪が周辺に供給されている。埴輪の生産活動が一カ所で集中して行われ活発であった地域の埴輪から、良好な指紋を多く見つけることはない。ところが、千葉県の埴輪からはけっこう多くの指紋をみいだす。だから、埴輪づくりに関しても全国一律に専業と兼業を想定できない。指紋を比べれば、かなり遠距離まで人が動いていたといえることもある。人が動いたと想定しないと、近畿地方と同じ形をした埴輪が関東地方でもつくられて古墳にならべられた説明ができない。しかし、技術の伝播の事情はまだ証明されていない。指紋は、見つけようという目で見ないと見えない。誰かが新しい発見をして、それと同じものがここにもあるというように増えていく事情と似ている。指紋を利用すると、少しは別の見方ができるのではないかと思う。

埴輪の孔・穴

円筒埴輪の横にあく孔が一直線に通るように埴輪をならべておき、その孔に棒を通して固定し古墳の土が崩れないようにしたという埴輪土留め説にとって、孔は重要な論点であった。しかし、最近の発掘調査では、円筒埴輪がぎっしりならんでいても、その孔の方向はバラバラであって、棒を通す孔ではなかったことがわかる。

孔の起源は、円筒埴輪の起源へとさかのぼる。巴形《ともえがた》に始まる孔の形が、三角形や四角形や半円形に変化して、時代が新しくなると円形に統一されてしまった。孔は、埴輪をもちあげるために開けられたのではないけれども、もちあげるときにも使われた。

埴輪をつくるときにも孔が大事な役割を果たす。埴輪には、径五ミリくらいの孔が人物や馬の埴輪の脇腹に開いていたりする。焼物は粘土で形をつくり、それをうまく乾燥させて、それから窯に入れて焼くという難しい技術工程がある。焼く前に二段階をへなければいけないが、乾燥段階で粘土中に水分が残ったまま窯に入れて焼くと破裂するという。ところが、乾燥は一気に乾燥させるのではなくて徐々に乾燥させることが大事であり、現代でも大きな甕《かめ》は中に裸電球を一個入れておいて一カ月間置くとされる。だから、小さな孔でも乾燥には充分な効果がある。「たかが孔、されど孔」である。

姫塚古墳（千葉県横芝町）の男性埴輪は、お下げ髪のような「美豆良《みずら》」という髪形をしていて、その美豆良の中位に貫通しない穴が上方向に開いている（図2）。この穴が逆に下向きに開いている場合は、美豆良の粘土がたれてこないように、棒を差し込んで支えにしたときのものと推定できる。しかし、この穴は貫通せず、串のようなものが立つことになる。一つだけならいたずらで刺した穴といえるが、反対側の美豆良の同じ位置にも開いている。埴輪が焼きあがってから、土

図2　小さな穴のあるお下げ髪
（千葉県姫塚古墳）

図3　小さな孔のある屋根（奈良県石見遺跡出土の複製品）

ではない有機質のものを差し込むための穴であった可能性があり、意味がある穴といえよう。

石見遺跡（奈良県三宅町）からでた家形《いえがた》埴輪の屋根には多くの孔が開いている（図3）。屋根の下端の庇《ひさし》部分には、各辺に孔が二個ずつ開いている。下から覗いて見ると、この孔は下向きに開いていて、屋根を貫いて細い棒を壁に突き刺した状況を示している。この家形埴輪を上から見ると四角い壁と屋根とがずれてきている。乾く前に屋根を乗せて乾かそうとしたため、ずれてしまった。そこで、その歪みの進みを止めるために棒を突き差した跡だとわかる。上の孔はこれとは方向が違うので、関係なく、屋根の藁《わら》や萱《かや》を固定していた竹など有機質のものを留める穴であったかもしれない。

土でできあがったのが埴輪であるが、完成後に有機質の装飾が付け加えられた可能性もある。人物と家以外の盾《たて》や靫《ゆき》にも、有機質の小道具が取り付けられたこともあるようだ。

埴輪の失敗作品

円筒埴輪を窯で焼きすぎてしまい、筒の上端が底まで曲がり焼けひずんだ埴輪がある。粘土も燃えてしまったのか軽石のようになかにスができているが硬い。これは埴輪の失敗作で、こういう破片が群馬県の埴輪生産を集中的に行っていた場所でたくさん出た。専門の技術者がいながら失敗した原因の一つは、たとえば近畿地方で埴輪をつくっていた人が群馬県へやってきてつくり始めたのだとして、近畿地方で使っていた土と群馬県で取れた土は粘土の質が違ったから、同じように焼いても失敗してしまったことを考えなければならない。もう一つは、窯で燃やすとき、風向きによって非常に高温になることを最初は知らなくて失敗してしまった場合で、埴輪は八〇〇度くらいで焼くがこれは一〇〇〇度を超えた結果であろう。

これほどひどくはないが、上部が少し傾いてしまった円筒埴輪は現実に群馬県の古墳にならべられていた。埴輪製作を受注してつくり始めて納めるまでに充分な時間があれば、失敗作品を捨ててもう一度焼き直せばよいのだが、それをしないで焼け損じた埴輪も納めているのは、古墳に納めるまでの時間がなかったことを示している。人が死ぬ前に墓をつくり埴輪をならべておいたのか、それとも、人が死んでから墓をつくり始めたり、埴輪の発注がなされて埴輪を製作し始めたのか、まだ明らかでないが、このような失敗埴輪が古墳にあると、注文を受けてから納品するまでのあいだに時間がない、つまり、被葬者の生存中から埴輪をつくっていたのではなさそうだと考えられる。そしてつぎには、被葬者を埋めて葬式が終わってから埴輪を立てたのか、終了前に立っていたのか、が課題となる。

埴輪の修理

埴輪は焼くときだけでなく、粘土で形作ったものを乾燥させるときにも失敗することがあった。しかし、埴輪にひびが入ってきたときにそれを止める方法があって、ひび割れがそれ以上進まないように処置している（図4）。ひびが入った割れの先端部にヘラを突き刺して孔をあけるだけでひびは進まなかった埴輪がたくさんある。大きな円筒埴輪では、ひびが入ってくることが予想できれば、ひびが進行してくる先の適当な位置で横方向に切り込みを入れてT字形の溝をつくっておくと、それ以上は進まない。これは、経験からえた技術であろう。

埴輪をよく見ると、たかが円筒だけれども、何をしたのかを知ることができる場合もある。円筒埴輪の中位置で横方向に縄目が残っていたので、生乾きの埴輪を背負うときに縄を巻いた痕《あと》かと思えたが、よく観察すると、四カ所だけその縄目が切れていた。背負うと半周くらい縄目がつくけれども、全周で四カ所だけ切れていて、その部分には縦方向に細竹が添えられていたような痕がある。つまり、乾燥させるあいだに埴輪が曲ってしまわないように竹を四本立てて荒縄で縛っておく手法もあった。埴輪のなかには粘土の質によって乾くまでに歪むものもあり、その防止に砂を入れたのだが、まだ砂の量が少なかったのかもしれない。

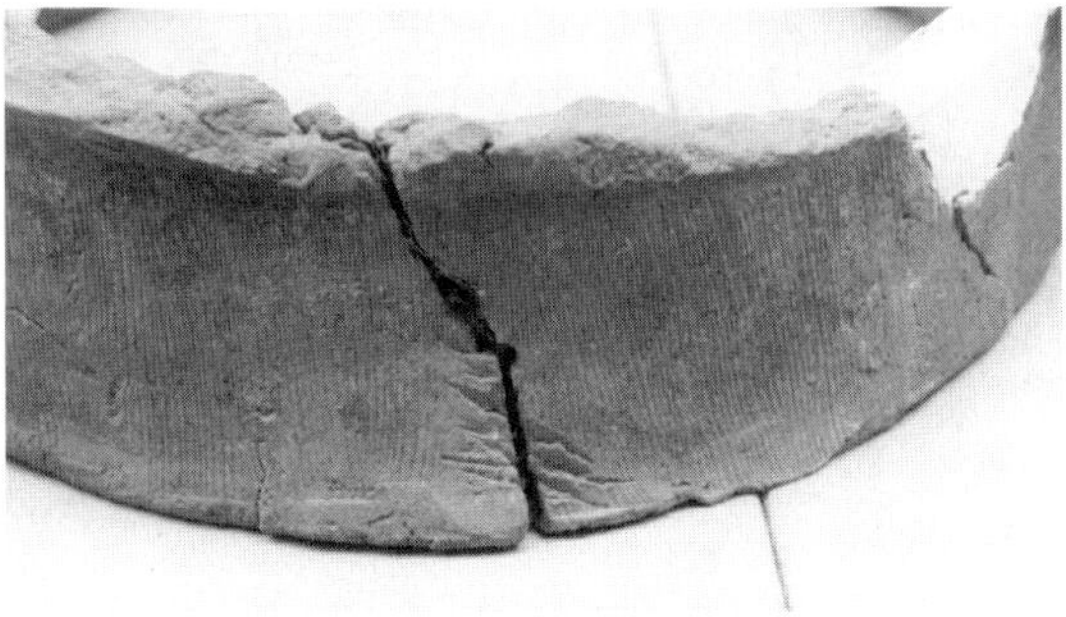

図４　ひび割れを直した円筒埴輪の基部（群馬県七輿山古墳）

埴輪の運搬

埼玉県鴻巣市にある生出塚《おいねづか》埴輪製作遺跡でつくられた埴輪が、荒川を下り東京湾にでて、千葉県市原市にある山倉一号墳に運ばれたといわれる事例については、形やつくり方や粘土の質が同じであっても、運ばれたとはまだ確定できない。粘土を持って、人が埼玉から千葉へ移動してつくったと考えれば、形もつくり方も粘土の質も同じになるからである。この場合は、粘土の質が鴻巣のものと同じであるだけでなくて、同じような埴輪を焼いた窯が鴻巣で見つかったので、鴻巣から運んだと考えてよいかと思われる。一つの古墳からでた埴輪がどこでつくられたものかを論じるためには、厳密に検討した証拠をいくつか用意しなければならないのが現在の学問水準である。昔のように、たぶんこの辺から運んできたのだろうというだけでは、今は通用しない。

埴輪男女の区別

人物埴輪で乳房まで表現しているのは、生物学的な肉体上の特徴を示しているから一般的には女性であると考える。しかし、現実には太った力士もたっぷりした乳房があるから、乳房の表現だけでは、女性であるとは断言できない。もう一つの肉体的特徴である男性器と女性器があるかないかをあわせて判断するのが確実である。

めずらしく両足が表現されていて、女性器を表現している裸の女性埴輪がある。これを見ると、女性は頭に髷《まげ》を結っていることがわかる（一一九ページ参照）。男性の場合の髪形は、耳脇に髪を束ねる美豆良である。美豆良には長いものも短いものもある。こういう髪形をもって、男性と女性の区別が推定できそうである（図5・6）。宮崎県新富町の百足塚《むかでづか》古墳から出土した女性埴輪は、上着裾を片手でもちあげていて、その内側には女性器が表現されている。この女性は、頭に髷を結って胸にふくらみをもたせた典型的な女性である。一方、男性埴輪の特徴として男性器があるのはきわめてめずらしいから、普通はお下げ髪のような美豆良を結っていることといえる。その男性埴輪は刀をもつ場合が非常に多い。しかし、刀をもっているから男性であるとはいえない。群馬県太田市の塚廻り四号墳から出土した女性埴輪は、大刀をもっているからである。普通は大刀をもつ手首だけがでたら、男性のものだと考えがちだけれど、そうでない場合もある。

千葉県市原市の山倉一号墳からでた人物埴輪のなかには、男女の特徴を示す表現のないものがある。首飾りは男女ともしており、頭巾《ずきん》をかぶっているから髪形はわからない。だから、この埴輪だけでは男女の別は判断できない。ただ、この古墳にならべられていた、これと同じ大きさの埴輪のなかに髷を結って両手を前にだすものがあって、それを女性であると考えると、頭巾をかぶる人物は、女性埴輪に対比させて男性埴輪である可能性がでてくる。女性埴輪の胸にふくらみがない例は、裸であるにもかかわらず胸にふくらみのない女性埴輪もあるので、女性でないともいえない。

古代中国には土や石や木でつくった「俑《よう》」といわれる人形のなかに、男性の性器や女性の性器を表現したものがあり、

図５　頭巾をかぶり乳房の表現がない人物埴輪(埼玉県生出塚埴輪製作遺跡)

図６　髷はあるが乳房のない女性埴輪(千葉県城山１号墳)

図７　お下げ髪をして胸に二重円のある人物埴輪(千葉県城山１号墳)

掘りだした当時は、布が俑に巻きついていた。埴輪にも衣類つきの埴輪があったのかもしれない。栃木県真岡市の鶏塚《にわとりづか》古墳からでた裸の女性埴輪は、同じ古墳に立っていた人物埴輪のなかでも小さく特殊であるので、あるいは、着物を着ていたかもしれない。着物を着せていたのだとすると、それに胸のふくらみを表現する必要はない。ところが、千葉県小見川町の城山《じょうやま》一号墳から、胸に二重円を二つ描いた人物埴輪がでている（図7）。それを乳房と見るか、鎧《よろい》の表に描かれている紋様と見るかで、男性か女性か、解釈が変わる。これを、ふくらみを表現しない乳房の表現法だとみると、この人物は女性だということになる。基本的には、着ている物からでなく、まず、肉体的な特徴があるかないかで判断しなければならない。

栃木県宇都宮市の西原一号墳は、円形の古墳で周りに溝がめぐっていて、その溝から埴輪が見つかった（図8）。ここからは、円筒埴輪のほかに、人物一体、馬一頭しかでなかった。人物は片手をあげているので、馬の手綱《たづな》を引く、馬を曳く人物ということになる。普通は、馬を曳く人物は、男性が多いといわれているが、この人物埴輪には胸に二つふくらみがある。頭には帽子をかぶっていて、髷か美豆良か判断できないので、男女の別を判断できるのは、胸だけである。それを第一の根拠として判断すると、この人物は女性ということになる。女性が馬を曳いていたのである。粘土成形のときに間違って乳房をつけてしまったのならヘラで削ればよいのであるが、あえて削らないで乳房を残しているのは、つくり手が女性をつくろうと意識していたからであろう。男性の仕事を女性がしていたからこういう人物埴輪がつくられたのかもしれない。これを、男性の姿をした女性、あるいは男装の女性と言い換えることも可能である。

永泰公主李仙蕙墓《えいたいこうしゅりせんけいぼ》にある宮廷の女性を描いた壁画は、高松塚《たかまつづか》古墳（奈良県明日香村）の壁画と比較される有名な唐代の古墳壁画である（図9）。この壁画に描かれた七人の女性のうち二人の女性は、頭に帽子のようなものをかぶりズボンをはいていて、男性の服装である。男装をした女性が宮廷の中で働いていたのである。古墳時代にも男装をした女性がいたのかもしれない。

盾持人《たてもちびと》の顔には、口に白い石を埋め込んでならべ、歯を表現したものがある。埴輪は土だけでなく、腐らない石や、腐る有機質の着物や草木や花で飾っていたかもしれない。

千葉県横芝町の殿塚古墳からでた顔だけの盾持人は、大きな耳たぶがあって、そこに開いている孔のうち上の孔は耳孔を表現しているが、下の孔はたぶん耳環《みみわ》を通す孔であろう（図10）。古墳時代の耳環は、円棒を直径三センチ程度のリング状にしたものであったが、耳たぶに挟んだのか、孔を開けて通したのか明らかでなかった。この埴輪の耳からは、耳飾りを耳たぶの孔に通して、下に垂らしていたと推測できる。

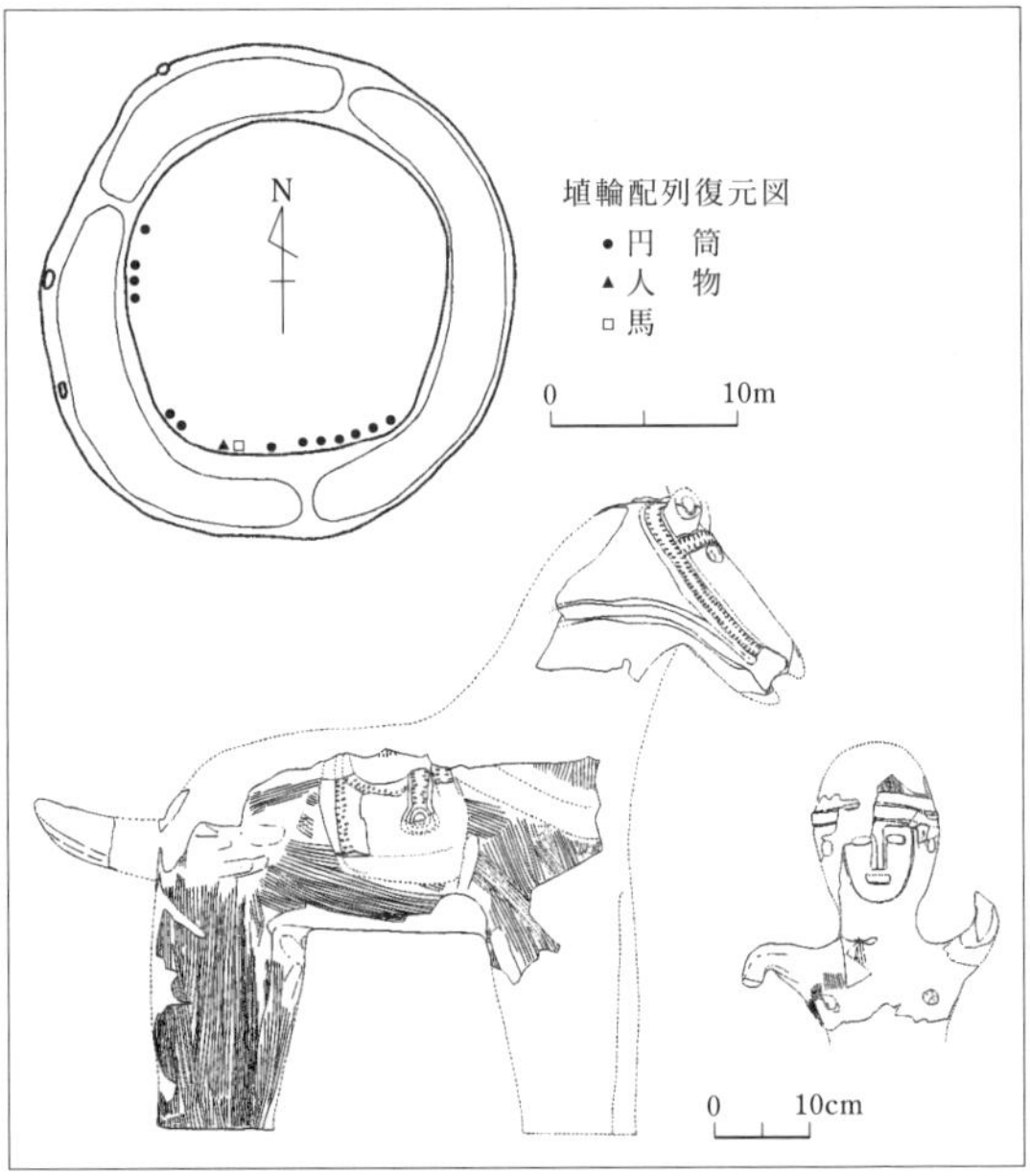

図８　女性埴輪と馬形埴輪があった古墳図（栃木県西原２号墳，梁木誠・今平利幸『下桑島西原古墳群』宇都宮市教育委員会，1992年）

図９　古代中国・唐代の男装女性図（中国・永泰公主李仙蕙墓壁画模写）

千葉県横芝町の姫塚古墳からでた男性埴輪に、胸から上の部分しか復元されていなくて、襷《たすき》がけの男性といわれたものがあった（図11）。これを復元すると、刀をもっているが、鞘尻《さやじり》が腰にあって、握る部分は背側に回ってしまうこととなった。さらに、襷といわれた帯が刀についたので、襷は刀を吊《つ》り下げる帯であると判明した。この帯は背中を回って、肩につながるので、刀を肩から吊り下げるというもち方を表現したことがはっきりした。今まで、金属装の刀についている金具を参考にして、刀を腰から水平近くに吊り下げるか、垂直に吊り下げるか、二つの方法があったと理解していた。この埴輪は、三つ目の方法があったことを示した。これは、中国にも例がある。

古墳時代の大刀《たち》形埴輪には、鞘の部分まで垂れ下げる長い帯が表現されている。在来の伝統的な大刀は、長い帯をつけていて、肩から吊り下げてもよいし、腰に巻きつけてもよいようになっていたらしい。

奈良県斑鳩町の藤ノ木古墳の石棺内に大刀がたくさん入っていた。その刀に付随して布もあったが用途不明であった。

図10　耳たぶにも穴のある人物埴輪頭部（千葉県殿塚古墳）

図11　脇に大刀を吊り下げる男性埴輪（千葉県姫塚古墳）

この男性埴輪を参考にして、藤ノ木古墳の布は大刀を吊り下げるための帯と考えてもよいのかもしれない、と白石太一郎氏はいった。また、町田章氏は、その帯は特別な意味をもつ帯である綬《じゅ》ではないか、と指摘した。

横坐り乗馬

馬の埴輪があって、鞍《くら》の下にある障泥《あおり》という布か革でできた板状の泥よけとのあいだ（鞍と障泥のあいだ）に短冊《たんざく》形の板が腹から水平に横にとびだしていて、馬に乗るときに足をかけるステップであると報道された。馬に乗るときは、どこかに足をかけてあがらないといけないが、その足かけということである。ところが、復元した馬の腹からでている板の位置は、鞍のすぐ下で泥よけとのあいだであった。同じ位置から、一本紐が下がっていてそこに輪がついているのは鐙《あぶみ》と呼ばれる足かけの道具である。板が馬に乗るためのものだとすると、鐙よりも上にある板に足を乗せて馬の背中にあがることになるので、現実的でない。ましてや、馬に乗って鐙に足をかけて走ると、飛びでた板が膝の内側にあたることになる。だから、その板は馬に乗るための足かけの道具ではなく、別の用途を考えたほうがよい。板は、馬の片側、右側だけにしかついていないので、馬に乗って横向きになったときに、両足をおくための板である。その板は四隅に孔があけてあって、その孔につながる四本の紐で板が水平になるように調整している。板が不要なときには、紐を引き上げるか外せばよい。そういう横坐り乗馬の道具が、埴輪の馬に表現されていた。

『日本書紀』のなかに、七世紀後半の天武朝になってからの記事がある。六八二（天武十一）年、日本は中国の唐の制度を取り入れて大々的な改革を行っていくが、髪の結い方や服の着方まで唐にならって規制された。そのときの詔勅《しょうちょく》に馬の乗り方についても指示があって、とくに女性は馬に乗る姿を男と同じくせよ、と書いてある。唐の男性の乗馬法は、壁画にも焼物にもあるように、競馬と同じく前向きになって両足を広げてまたがって乗る方法であった。だから、女性も男性と同じように前向きに乗った。さらに、『日本書紀』には、女性が男性と同じように馬に乗る姿はこの日から始まった、と補足が書いてあった。ということは、それより前は、そういう姿ではなかったことになるが、それがどういう乗り方だったのかは書いていない。それから、二年後の六八四年に、唐にならった制度をゆるめた。馬の乗り方もゆるめられ、四〇歳以上の女性に限っては、馬の乗り方を縦横自由にしてよろしいとした。縦乗りがまたがって乗る方法だとすると、横乗りは横坐りとなる。横坐りは、新しく加わった乗り方でなく、六八二年より前の乗り方だと考えたほうがよい。古い時代の女性の乗馬法は横坐りだったのである。古墳時代に女性が馬に乗っていたことは、欽明《きんめい》朝の記事で推測できるが、乗る姿まではわからなかった。この埴輪からはそれが推測できるようになった。

五世紀後半、日本列島で乗馬の風習が広まったころから、男女で馬の乗り方に違いがあったと指摘できるようになった。古代中国でも横坐り乗馬があったと最近わかってきたので、日本列島に馬の文化が導入されたときから、そういう風習も同時に入ってきたのであろう。

姫塚古墳では七頭の馬形埴輪があったが、こういう横坐り用の道具がついているのは一頭だけで、残りの六頭は、馬具が少しずつ違った。埴輪はつくり手の頭の中に思い描いた馬をつくったのではなくて、モデルがいたと考えたほうがよい。人物埴輪もモデルがいたと考えられることは、人物埴輪樹立の意図を考察するうえでの参考となる。

人物埴輪の樹立意図

人物や動物の埴輪は、モデルがあってそれを模してつくったと思えるものがある。古墳に葬られた人の生前生活の一部で、どれか残しておきたいものを埴輪にして古墳に立てたのではないかと私は考えている。今でも、死んだ人のために生前どういう活動をしたのか墓に残しているものがある。古墳時代には、立体的なものを墓に残したのだと考えればよいのではないかと思う。

千葉県成田市の南羽《みなみは》鳥正福寺《とりしょうふくじ》一号墳は、二重の堀をもった直径二〇メートルほどの小さな円墳である。円筒埴輪のほか、人物や鶏や魚に加えて、めずらしいムササビの埴輪が見つかった（図12）。これらは、墳丘に一番近い堀の一画にあった。ほかの区域には、こういう動物・人物の埴輪はなかった。この古墳の外側から墓参りする際は、二重の堀の掘り残し部分を外側から内側まで一直線になるようにすれば、もっとも短距離で墳丘のなかに入れる。しかし、堀の掘り残し部分は外側と内側で位置がずれていて、遠回りしないと墳丘に入ることができないようになっている。その堤を歩く途中の墳丘裾に人物二体と動物の埴輪が立っていた。おそらく見せるために埴輪を立てたのであろう。墓参りをする人が見ると、昔の情景を思い起こしたと思われる。

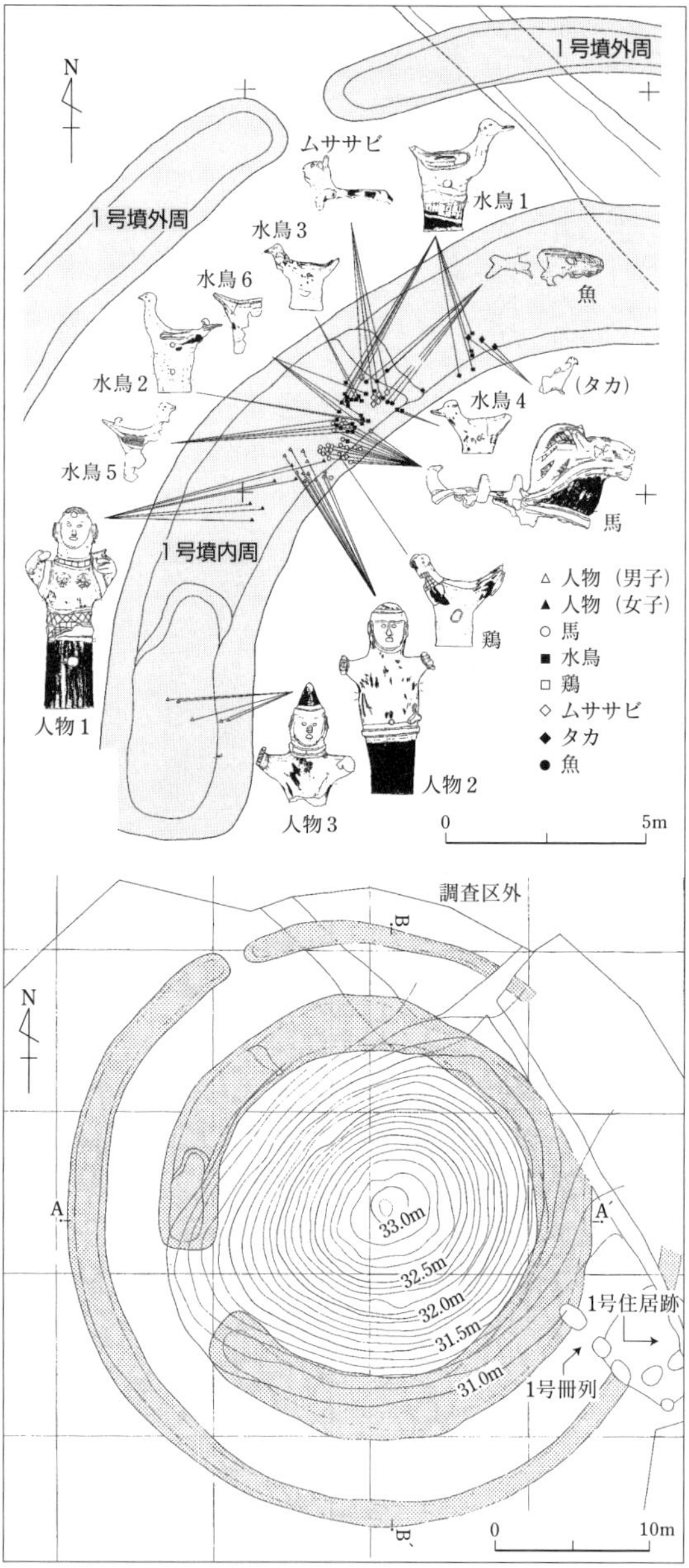

図12　墳丘の一画に人物・動物埴輪をならべた古墳図（千葉県正福寺1号墳，宇田敦司『南羽鳥遺跡群Ⅰ』印旛郡市文化財センター，1996年）

しかし、古墳に埴輪がならんでいるといっても、見えない時期もあったようだ。それは、古墳の草刈りをしていても、夏草が伸びて見えなくなるからである。生前の業績を偲ぶことができるのも、限られた時期のようである。

大阪府高槻市の今城塚《いましろづか》古墳は継体《けいたい》天皇の墓ともいわれる。二〇〇メートル近い墳丘の外側に二重の堀があって、そのあいだは中堤となっている。その中堤の一画に人物埴輪などがならんでいた（八〇ページ参照）。堀が幅広いから、外側から埴輪を見ようにも詳細まではわからない。草があるから見えないのではなくて、遠くて見えないのである。しかし、近づけば見える。中堤は幅が二〇メートルと広く両端に円筒埴輪が列をなしている。その二列の円筒埴輪列のあいだはおそらく一五メートル程度ある。その堤の外側の一画に人物や家や動物などの形象埴輪群が六〇メートルにわたってならんでいた。つまり、人びとが堤上に立ったときに振りむけば、大王の生前活動を示すような場面がいくつか表現されていたのである。

私の考えでは、小さな古墳でもその被葬者のために埴輪をつくって立ててあげたことになる。たとえば馬曳きの女性埴輪は、父の替わりに働いた母の姿を残してやろうと子供が考えたから存在したと考えればよい。ところが、中規模クラスの古墳の埴輪は、大王や首長の墓で表現されたいくつかの場面を簡略化した埴輪だと考えていくと、極小の円墳の埴輪は何の意味ももたなくなってしまう。素直に、生前の生活を偲ぶために埴輪が立てならべられたとするのが人の心に自然であろうと、私は思う。

遠くへ埴輪が運ばれたとか、遠くへでかけて埴輪をつくったというのは、血のつながりや婚姻関係があったからと考えてよいのではなかろうか。埴輪の技術の伝播などまだ明らかでないことが多く、これからも個々の埴輪からわかることを積みあげていく作業を続けねばならない。

講演2　古代女帝の衣装

武田　佐知子

「古代女帝の衣装」と題して話をする。卑弥呼《ひみこ》からはじまって日本の女帝がどういう衣服を着ていたのか、それが今の日本の皇位継承法に女帝が出現しなくなったのと関連していることを話す。

貫頭衣

私は、日本古来の衣服とは一体どういう形のものなのかについて、特異な説を唱えている。日本の文化を規定しているのは、この固有の衣服であるという説ももっている。和服が日本の基層にある衣服の形であろうと思っている。和服の原形は古くさかのぼれば三世紀までさかのぼりうると考えている。

『魏志《ぎし》』「倭人伝《わじんでん》」には有名な貫頭衣《かんとうい》がでてくる。日本列島の人びとがどのような衣服を着ていたのかを、中国人が記述して女性は貫頭衣であるとした。貫頭衣という固有名詞があるわけではない。「頭を貫《つらぬ》きて着る」という記述を便宜上、「貫頭衣」と言い習わしている。一方、男性は横幅に着るというので、私たちは「横幅衣《おうふくい》」と呼んでいる。男性は横幅の衣、女性は貫頭衣を着ていると『魏志』「倭人伝」には書かれているのである。ところが、この貫頭衣と横幅衣という衣服は実は同じ衣服を、着方からいうと貫頭衣、つくり方や縫い方からいうと横幅衣としているだけだと思う。

三世紀の弥生時代の織機《おりき》はいわゆる原始機《げんしばた》とか地機《じばた》とかいわれる非常にプリミティブな織機であり、縦糸を立木《たちき》に結びつけて、その一方の端を自分の腰に結びつけるものである。そうすると、この時代に織《お》れる布というのは、腰に横棒を結びつけて固定するから、布幅は腰幅に規定されざるをえず、幅が三〇センチ前後の布しか織れない。いわゆる貫頭衣は、今までポンチョのような衣服であると考えられていた。メキシコのインディオたちが着ているポンチョは、シーツのような大きな布の真ん中に穴をあけて、そこに頭を通してかぶる。日本で出土する三世紀の織機と思しき遺物から考えるとポンチョ型の衣服はつくれないのだ。では、どのように衣服をつくったのかというと、三〇センチ幅の布を二幅、横にならべて、つまり横幅《よこはば》＝横幅《おうふく》にならべて、後身頃《うしろみごろ》の部分を肩までかがる。つぎに肩から二つ折りにして、脇の部分を裾《すそ》までかがる。前はおそらく和服と同じように着る時にうちあわせたのであろうと思っている。そして紐か帯で結びとめた。その姿は、衣服をまとった形があたかも頭が衣服を貫いて出ている、つまり着装法からはあたかも貫頭衣状に見える（図1）。そうした着装法上と縫製上からいう区別で、横幅衣と貫頭衣は実は同じ形の衣服であっただろうというのが私の持論である。貫頭衣や横幅衣は、中国の人びとが倭人の衣服について形容した表現であるので、中国の歴史書のなかで、貫頭衣や横幅衣がどういう形をしていたのかを丹念に探ってみる必要があるのだ。

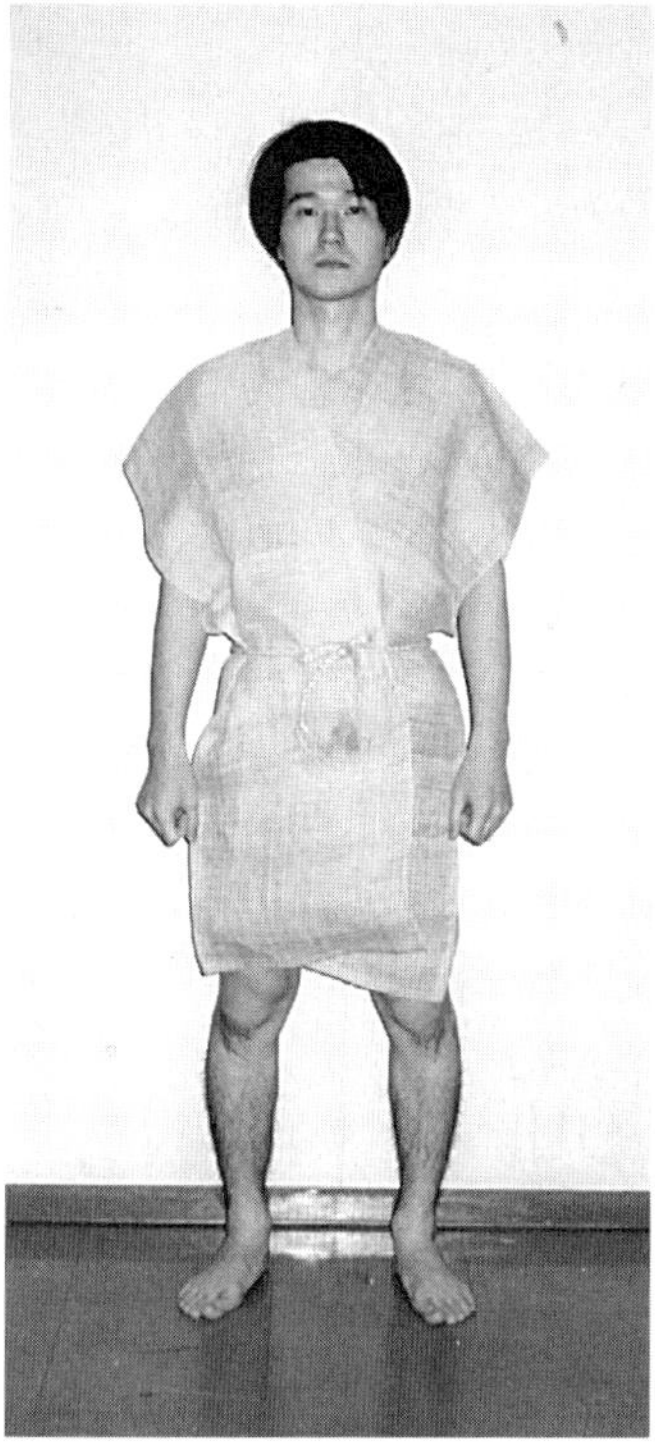
図1　貫頭衣（復元）

中国の歴史書にみる衣服

中国では周辺諸民族の衣服について詳しい記述をおこたらない。中国の考え方では、皇帝は徳が高いゆえに皇帝になれる。徳の高い皇帝が即位すると、周辺の民族たちはその皇帝の徳を慕い、貢物をもって中国へ朝貢にやってくる。皇帝は、周辺諸民族に徳をおよぼして周辺諸民族を文明の次元に引きあげてやることができる。未開の民族がどのように文明の次元に上昇してきたかが、目に見える形にあらわれるという考え方があった。周辺諸民族が野蛮な衣服を着ていたのに、中国的な衣服を着るようになる、ということである。だから、中国の王朝はその正史に、まず周辺諸民族がどのような衣服を着ているかをきわめて詳細に記述した。そこで、中国の正史にある周辺諸民族の衣服についての記述をみてみよう。

日本の貫頭衣の意味や性格を考えるうえで興味深いのは「貫頭左衽《さじん》」である。貫頭衣がシーツに丸い穴をあけて被《かぶ》るものであるとすると、貫頭衣にして左衽である衣服というのは、Tシャツに前あわせがあるようなもので、矛盾するものである。左衽は女性の洋服と同じ前合わせ方式で、右衽というのは男性の洋服の前あわせ方式である。日本では和服はすべて右衽であるけれども、中国の正史には、貫頭左衽の衣服を着ているとされる民族がある。これは、左前に合わせた衣服が、貫頭衣を着装しているように見えるという、私がいった日本の貫頭衣をあらわしている言葉であると思われる。しかも幅に縫いあわせた形が井桁《いげた》のようであったという形容がある。日本の横幅衣については、「倭人伝」のなかに「その衣、横幅。ただ、結束してあい連ね、ほぼ縫う事なし」とあって、ほとんど縫製を行わない衣服であるという記述があるけれども、これとまったく相反して、合縫して横幅に縫い合わせるという記述がでてくる。おそらく、周辺諸民族の貫頭衣や横幅衣について、中国の人びとはさまざまな形式のものがあると認識していたのであろう。

『新唐書《しんとうじょ》』に、日本の貫頭衣はこの形式だろうと考えられる記述がある。「その横布二幅、その中を穿《うが》ち、その首を貫く、別に通裙《つうくん》と言う」もので、横幅に二幅、布をならべて、その衣服を頭が貫いた形で着る、つまり貫頭衣の姿である。「通裙」の裙《くん》はスカート、裳《も》であるから、スカートまで通ずる衣服、つまり、ワンピースということである。このように横幅の衣であって、貫頭衣であって、それがワンピースである衣服が『新唐書』に記されている。私は、倭人の貫頭衣はこのイメージに近いものであろうと思っている。

弥生時代の衣服

三世紀の日本列島の人びとはなぜ、貫頭衣であって横幅衣でもある衣服を着ていたのであろうか。私は、水田稲作とともに、織機の技術＝織布の技術が日本に伝わったと考えており、これらの衣服は水田稲作の労働着として普遍的に着用されたのではないかと思っている。水田稲作は、ほとんどの労働が夏の暑い時期に限られ、しかも、田に水を張るため、足を田に入れて作業しなければならない。もしこのときに、人物埴輪が着ているような太いズボンをはいていると、毛細管現象で水が上がってきて、濡れてしまう。だから私がイメージする貫頭衣は、膝から下の足が出る形の衣服であり、弥生人たちはこれを水田稲作の労働着としたに違いない。それからもう一つ、衣服の脇が開いているのは、この衣服の目的が背中を保護することにあったからであると思っている。

なぜならば、水田稲作はほとんどの作業が夏の暑い時期に限られ、しかも、田植えあるいは雑草取りなどは、田で背中をかがめるから、背中を熱い太陽にさらし続けなければならない。だから、太陽光線から背中を保護することが重要であったのではないか。だからこそ、水田稲作と一緒に織機が伝わったのだろう。織機は、布をつくるスピードを飛躍的に早めた。私は、織機を弥生時代の産業革命にも匹敵する技術だったと思っている。織機以前の布は、編み布である。地面に、上が二股になった木を二本立て、そこにいくつか刻みを入れた板を渡す。その上に糸を一本おき、重りをつけた糸を双方から刻みの上で交差させていく。刻みの数だけこうした作業を繰り返して、糸を交互に交差させていく。それが終わるともう一本また糸をおく。そしてまた一本ずつ交差させていくのである。一方の織機は、綜絖《そうこう》という器具の発明によって、いっせいに縦糸を上下させ、上下させた縦糸のあいだに横糸を一本通して、また、いっせいに上下させて織っていく。縦糸の数が一センチあたりに二〇本の糸があるとすると、布幅が三〇センチだから六〇〇分の一のスピードアップがはかれるわけである。編みから織りへとかわって、六〇〇倍スピードアップしたのだ。布が貴重だった時代には大量の布をまとうことはできない。それまでは人びとは腰布を巻いていたかもしれないが、六〇〇倍のスピードアップによって、非常に大量の布が織れるようになった。そのことによって、背中を保護する衣服を比較的たやすくつくれるようになったのではないか。こうした形で水田稲作の労働着としてつくられたのが、「倭人伝」にいう貫頭衣であったのであろう。私は、この貫頭衣という衣服を、日本列島の人びとは連綿と着用し続けていて、これが和服の原型になったと考えている。和服は、貫頭衣の一バージョンでこれに袖がついて、丈が長くなったものと考えている。つまり、日本列島では、男性も女性も貫頭衣のように、同じ形の衣服を着用する文化があったと思っている。

古墳時代以降の衣服

古墳時代の人物埴輪にはダブダブズボンをはいているものが多いから、三世紀は貫頭衣を着ていたけれども、五、六世紀になったら、袴《はかま》をはくようになったのではないかと思われる方もいるかもしれない。しかし、庶民の埴輪と思われるものは、多くが半身像につくられていて、下半身にズボンの表現がないものがたくさんある。私は、半身像につくられた庶民像の埴輪は実は貫頭衣を表現したものであったのではないかと思っている。

古墳時代だけではなく、八世紀の庶民も貫頭衣を着ていた。八世紀の庶民が一体どういう衣服を着ていたのかはわかりにくい。たとえば、『万葉集』の巻二十の防人歌に、「から衣　裾にとりつき　泣く子らを　置きてぞ来ぬや　おもなしにして」という歌があって、裾に取りついたから、昔の衣服には裾があったという服装史家もいるが、衣服には必ず裾があるので、衣服関係の袖や裾や襟《えり》という言葉をいくら重ねても具体的な衣服の形は浮かび上がってこない。

また、正倉院《しょうそういん》には莫大な量の、伝世した古代八世紀の衣服が残っている（図2）。貧しい生活を強いられた東大寺写《しゃ》経所《きょうじょ》の写経生たちが必死になって残業しながら経を書き写したときの衣服も残っている。ところが正倉院に残っている衣服や写経生の衣服を見ても、庶民が日常どういう衣服を着ていたかということは復元できない。なぜなら写経生が提出した休暇届が正倉院に残っている。その休暇届のなかに、衣服が汚れたので洗濯休暇を欲しいという願いが何通もあるが、この洗濯休暇に四〜五日程度を要請している。彼らが着ていた浄衣《じょうえ》という麻の衣服は、何の変哲もない袍《ほう》と袴の組み合わせであるが、この衣服を写経所の中でなかなか洗ってくれないので臭くて仕方がなかった。そこで、休暇をとって自分で洗わなければならなかったらしい。写経生たちの給与は出来高払いであり、一日写経しなければ給料が激減した。着替えの衣服をもっていれば、着替えて、それで勤務にのぞんだのであろうが、彼らは替えの服をもっていなかったのである。

計帳から推測する奈良時代の衣服

古代家族、しかも庶民の家族が、どういう家族形態であったのかを教えてくれるのは、正倉院に残る戸籍《こせき》や計帳《けいちょう》などの書類である。戸籍には、戸主《こしゅ》や戸主の妻それから戸主の弟など家族を構成する名前が書き連ねてある。計帳が戸籍と違うのは、個々の人物が顔や体にどういう特徴をもっているかを書いていることである。つまり、人相書きのようなものが書いてある。頬にほくろがある、あるいは傷がある、それから瘤《こぶ》がある、あざがあるなどの記述である。古代の農民たちは口分田《くぶんでん》を国家から受けたが、班田収授法《はんでんしゅうじゅほう》によって税金を納めなければならなかった。農民はその土地を離れてはいけないが、国家の収奪に耐えかねて農民たちが逃げだしたと

図2　東大寺写経生の衣装(正倉院宝物)

きに、国家は計帳に書かれてあるその人相書きを頼りに、その人びとを日本列島津々浦々まで追い求めて引き戻さなければならなかった。そのため国家は、個々の農民の身体特徴を注記した計帳を作成したのである。

古代の一般庶民である八世紀の農民が何を着ていたのかとあれこれと考えはじめたときに、計帳の身体特徴注記に思いいたった。計帳にあげられた二〇〇〇人くらいのすべての人物が身体特徴注記を書かれている。その身体特徴注記が書かれている身体の部分についてみてみると、胸や腹や背中や尻、つまり通常は衣服に覆われている部分の記載がない。この身体特徴注記は里長《りちょう》がしたとか戸主がしたとかいわれているが、少なくとも、着衣の人物の着物をはがして身体の細部にまで検査をしたのではないということがわかる。着衣のままで確認できる身体特徴注記を書きあげたとすれば、記載のない部分が衣服に覆われていたといえる。身体特徴注記は、首からうえと、肩から先と、膝から下の部分にしかなかった。計帳記載の人びとが着用していたのは、この部分以外が服に覆われていた形の衣服であった。

これは男性についても女性についても共通であったので、おそらく八世紀の庶民たちも、三世紀の『魏志』「倭人伝」に記述されている人びとの衣服と同じ形の貫頭衣を着ていたのだろうと思いいたった。これが、連綿として和服につながっていると考える。しかし、それに対する批判は、夏の暑い時期ならともかく、冬の寒い時期に毛脛《けずね》をだしていたり、袖なしであるのは考えられないというものであった。歴史を考える時に現代人はいつも現代の通念に引きずられて過去を考えるが、私はそれが歴史家の能力の限界をあらわしていると思う。古代のことを考えるときは古代人の心をもって考えねばならない。冬は長袖を着て長ズボンをはかなければいけないという観念は、洋服を着ている現代人が考える観念であり、和服は、冬であろうが夏であろうが長袖あるいは袖なしにならない。暑さ寒さをどう調節するかというと、夏は一重で、寒くなったら袷《あわせ》にして、もっと寒くなったら綿入れにする、つまり重ね着で寒暑を調節した。八世紀の庶民たちは、そのように衣服を着ていたと想定している。そして、これに袖がついたり、丈が長くなったのが和服であろうと考えている。日本は一貫して衣服に性差のない社会であったのだ。

女性首長と中国の衣服

三世紀の倭の社会には有名な卑弥呼という女性首長が出た。私はこの卑弥呼が実は男装していたという特異な説もいだいているが、ここでは女装した卑弥呼像を示す。参考にしたのは四世紀に描かれたといわれる「女史箴図《じょししんず》」(図3)という中国の絵画で、十世紀に模写されたものである。三世紀の倭は中国大陸あるいは朝鮮半島と密接な関係をもっていて、当時の人たちは国際感覚をもっていたし、国際的な情報をえていたと考え、卑弥呼が中国風の服を着ていたという想定で復元した。おそらく日常の卑弥呼は袖つき貫頭衣の少し長いものに紅い裳をつけた姿であったと考えた(図4)。

三世紀段階の朝鮮半島のさまざまな民族の動きを見ると、『魏志』の「韓伝」という朝鮮半島南部の社会を描いたもののなかに、中国が朝鮮半島に直轄地をおき中国人の役人を駐留させた帯方《たいほう》郡へ、朝鮮半島の小国の王や首長というか、中小村落の首長たちが訪れ、中国の衣服を欲しがったという記事がある。これが中国にとって奇妙なことに映ったらしく、韓の人びとは中国服が好きらしいという記述がある。何故に中国服が中小村落の首長たちに好まれたのかというと、彼らは中国服を着ることによって、自分の背後に中国皇帝の権力があることを、村落の人びとに示そうとしたと考えられる。中国の帯方郡からもらう中国服は中国の官職についていることをあらわすのであり、

図3 「女史箴図」

そうした中国服を着ることは、中国の皇帝からある一定の役職に任じられたことになる。韓の世界では一般の人びとは貫頭衣だったのかどうかは不明であるにせよ、固有の民族衣装を着ていた。そういう人たちに対して、自分だけが中国服を着ていることが権威づけになったと考える。

中国から与えられた中国服が日本でも珍重されたことがある。時代が下るけれども、足利義満《あしかがよしみつ》は明の皇帝から日本国王に任ぜられ、冊封《さくほう》を受けた。そのときに、中国服をもらっている。義満は、これを得意満面に着て醍醐《だいご》寺の紅葉見物にでかけたという記録が残っている。また、一五九五（文禄四）年には豊臣秀吉が同じく明から日本国王に任ぜられた。そのときの冊封文といわれる任命書と、中国からもらった衣服が京都の妙法院《みょうほういん》に伝世している。つまり、国王に任ぜられるときは必ず国王の印、金印と一緒に中国の衣服が贈られた。中国では、古くから同じことが行われていたのだ。

異例の女王

卑弥呼は魏の皇帝から親魏倭王《しんぎわおう》に任ぜられ、「金印紫綬《しじゅ》」つまり紫色の紐のついた金印をもらった。それ以前にも、九州の奴国王《なこくおう》、つまり博多あたりにあった倭の奴国の国王が、中国の後漢《ごかん》の光武帝《こうぶてい》から金印をもらっている。その金印は志《し》賀島《かのしま》から発見されている。日本の国王の一人である倭の奴国王、あるいは親魏倭王に任ぜられたときには、金印だけでなく、倭王の身分をあらわす衣服が一緒に贈られた。少し時代が下るが、周辺諸民族の王が三二〇年に親晋王《しんしんおう》に任ぜられたという記事があり、皇帝から王に任ぜられたことをあらわす朝服をえたとも書かれている。卑弥呼がもらった親魏倭王という位は親晋王と同じ格の身分であるから、卑弥呼にも朝服、つまり中国服が与えられたと思われる（図5）。

ところで卑弥呼は女性であるから、女性の卑弥呼が親魏倭王に任ぜられるということが、中国人の価値観からしてありえたのだろうか、という問題がある。中国の儒教は、男尊女卑の考え方、女が上に立つことを潔《いさぎよ》しとしない思想であった。中国で唯一の女帝に則天武后《そくてんぶこう》がいる。則天武后は、中国・盛唐の文化を築いた名君だったと思われるが、中国の人びとは

図４　卑弥呼の日常の姿(復元)

図５　卑弥呼の朝服姿(復元)

女が男の上に立ったことをきらい、則天武后が皇帝位に就いたことを歴史から抹殺しようとしてきた。則天武后は皇帝になったから、則天皇帝と呼ばれてしかるべきであるのに、武后という皇后の名称のまま呼び続けている。中国で支配階級全体をさす言葉に士大夫《したいふ》という言葉があるが、士も大夫も男をあらわす言葉であり、支配階級のなかに女性は入っていないのが中国の考え方であった。そうした中国が、周辺諸民族の王に女性がなるということを認めただろうか、というのが私の疑問である。

　にもかかわらず、二三九（景初三）年、卑弥呼は中国に対して使いを送った。難升米《なんしょうまい》という使いが卑弥呼の手紙をもって、まず帯方郡にいたり、それから帯方太守がつけてくれた案内人につれられて、魏の都の洛陽《らくよう》にいたったのだ。そこで、魏の皇帝に会った難升米は、卑弥呼が女性であることをそのときいったのであろうかと私は考える。もし、卑弥呼が女だということを中国皇帝に最初にいっていたら、おそらく魏の皇帝は卑弥呼を親魏倭王には任命しなかったと思われるからだ。私たちは卑弥呼を「女王」と呼んでいるが、中国にはそもそも「女王」という言葉はない。中国では王というのは男性だけであった。中国史上最初に「女王」と文献にでてくるのは、ほかならぬ卑弥呼その人である。紀元前後、ベトナム地方に交趾国《こうしこく》があって、徴側《ちょうそく》・徴弐《ちょうじ》という二人の女性首長が反乱を起こしたという記事がある。女だてらに自ら王と称したが、後漢の武帝がたちまちにして滅ぼしてしまった。中国の価値観からすると、女性のボスは存在しなかったから、中国は彼女を王と認めなかったのである。ところが、卑弥呼は女王と認められた。

その後、六三二年に朝鮮半島の新羅《しらぎ》で善徳《ぜんとく》女王が即位した。善徳女王と真徳女王の二人の女王が朝鮮半島にでたのは、新羅の身分制度は厳しいものであり、王のでられる身分は限定されていたからである。このなかからしか絶対に王は出現しえないという厳しい新羅の骨品《こっぴん》制という身分制のなかで、彼女しか王になれる者がいなかった。王統を継ぐべき男子がいなかったので、やむをえざる措置として善徳女王がでたのである。そして、女性の王を立てたく、新羅王として認めて欲しいという要請を中国にだした。しかし、中国側は、これをすんなり認めたわけではなかった。六四三年に新羅が高句麗《こうくり》と百済《くだら》連合軍から攻められるという事態が起こり、新羅は唐に援軍を頼んだ。しかし、唐の太宗《たいそう》は、彼女からの援軍要請に対して、女性の王が立ったから隣国から侮《あなど》られてこういう結果になったといって、暗に退位をほのめかしている。「女王」という言葉を、今の私たちは国の君主・元首として自然に受け止めているが、そうした中国の価値観からすると中国に女性の君主をさす「女王」の言葉がないのは当然であった。

中国の律令用語にも「女王」の言葉はない。日本では額田王《ぬかたのおおきみ》の姉の鏡女王《カガミノヒメミコ》のように何人かの女王がいるが、中国にはいないのだ。天皇の五代までの女子の子孫をさして女王というが、中国では皇帝の娘は公主《こうしゅ》という。

卑弥呼の衣服

ともあれ、そういう中国事情のなかで、卑弥呼は王の座に就いた。『魏志』「倭人伝」には、はじめは男性が王となっていたが、誰も服する者がなくて七〇～八〇年間にわたって戦乱が続き、女性をもって王としたところ諸国が治まった、という記述がある。卑弥呼の即位は戦乱を収束する苦肉の策であって、卑弥呼以外の王は考えられなかった。しかも卑弥呼は自分は邪馬台国《やまたいこく》連合の王としていたけれども、たしか九州地方にヒミコクと表現される男性の王がおり、それと敵対関係にあったと書かれている。卑弥呼が中国へ二三九年に使いを送ったのは、中国に倭国の王、親魏倭王として認められるためで、自らが中国の権威を背景にして支配権を確立しなければならなかったからである。そうしなければ、日本列島の戦乱状態がまた引き起こされるおそれがあった。このときに中国から倭王として認められなければ、卑弥呼の地位そのものが危うくなるので、卑弥呼は絶対に倭王の冊書を受け取らなければならなかったのである。

だがこのとき、卑弥呼自身が女性であることを明らかにしていれば、中国の価値観に照らして、女性の王を認めなかったとも考えられる。難升米は魏の都洛陽に行ったとき、長い戦乱の時代を終えて卑弥呼という人が王に立ったことを報告したのであろうが、卑弥呼という名前が女性名であることは、中国側にはわからなかったから、卑弥呼が女性であることをおそらく報告しなかったに違いない。その結果、中国皇帝は卑弥呼に対する長い冊書を贈った。同時に卑弥呼に対して、銅鏡一〇〇枚と五尺の帯刀二振を贈り、「これらを汝の国中の人に示して、魏の皇帝が卑弥呼を慈《いつく》しんでいることを知らしめなさい」といった。つまり、魏の皇帝の権威が卑弥呼の後ろにあることを皆に知らせるよう述べたのである。卑弥呼は自分が王として中国皇帝に守られていることによって、支配を確固たるものにできた。そのときに親魏倭王の身分のしるしとして金印紫綬を受けたが、同時に王の身分をあらわす衣服もえたに違いないと思う。ところが、中国皇帝には卑弥呼が女であることを隠しているから、皇帝が卑弥呼にくれた衣服は男性の王としての衣服ということになる。このとき、中国は使節の難升米にも銀印青綬《ぎんいんせいじゅ》をさずけ、日本へ返した。その後、魏の皇帝の命を受けて、使節が衣服と親魏倭王の金印をもって日本にやってきた。邪馬台国の女王国にやってきて、卑弥呼に会いたいと使節が迫ったに違いないと私は思っている。金印は、倭王にした当人に渡さなかったら大変なことになる。金印は親魏倭王である卑弥呼と魏の皇帝が親書を交わすときに必要なものである。木簡《もっかん》に手紙を書いて紐で結わえ、誰も開封していない証拠に粘土を貼って、その上に親魏倭王の金印を圧しつける。そのまま、三千里の旅をして、中国の魏の都にいたる。もし、この金印紫綬が他人の手に渡ったら、卑弥呼の名前を騙ったニセの手紙がやりとりされることになるのだ。だから印鑑は大切なもので、当人に直接渡さなければならず、当人は肌身離さず身につけた。金印紫綬の紫の紐は二メートル以上あり、腰に結んで三センチ四方くらいの金印を懐にしまう。卑弥呼がもらった倭王としての身分をあらわす衣服と金印紫綬はセットになって邪馬台国にもたらされたと考える。

使節に会いたいといわれて困ったのは邪馬台国の人びとである。卑弥呼が女であることが判明したら大変であるからであった。邪馬台国側は拒否して会わせなかったと『魏志』「倭人伝」に書いてある。「王となりしより以来、見るもの少なく」とあって、卑弥呼が王になってから誰も会った人はいないと書いてあるからだ。必ず卑弥呼に渡すからとして、おそらく金印とその衣服は卑弥呼のもとに引き取られたのであろう。そしてきらびやかな衣服を見た卑弥呼は、嬉しそうにそれを着てみたに違いない。そのとき日本へやってきた中国の使節の衣服とも似たデザインの衣服を、男物だから着ないと卑弥呼はいわなかったであろう。卑弥呼の頭の中には、衣服の女性用男性用という観念がなかったに違いない。邪馬台国の衣服は男性も女性も同じ形の貫頭衣をきていたので、男性用女性用という意識そのものがなかったからだ。そして男性用の衣服を着、金印紫綬を懐に忍ばせることで、自分自身の背後に中国皇帝がいることを邪馬台国の人びとに重々しく見せたに違いない、と私は思っている。

しかし、『魏志』「倭人伝」には女王と書いてあるという反論もある。『魏志』「倭人伝」は三〇年後ぐらいに書かれたのであろうことが確認されている。二三九年に倭の使いが行って中国側が親魏倭王に任じたときや、あるいは魏から答礼使が来たときに判明していなければよかったことで、のちに判明しても支障とならなかった。いったん授けた親魏倭王の称号には、変更はなかったものと考えられるからである。

推古天皇の衣服

その後の日本で、女帝が立ったのは推古《すいこ》天皇の時代で、隋《ずい》の国に使節が送られ、国書も送られた。そのときに、答礼使の裴世清《はいせいせい》が日本にやってきたが、日本側は女性の天皇が立っていることをはばかってか、裴世清は推古天皇には会っていないらしいことがわかる。

『隋書』「倭国伝」には、七世紀初頭の日本の事情が書いてある。このなかには、冠位十二階と思しき日本の冠位や日本の中央と地方の制度、稲置《いなぎ》や国造《くにのみやつこ》らしきものがおかれたなどの記述がある。そして『隋書』「倭国伝」のなかに、日本の天皇の姓は阿毎、字は多利思比孤＝アメタラシヒコといい、王の妻をキミというように、王が男性であるとみなしての記述がある。さらに後宮に六〇〇～七〇〇人の女性がいるとある。後宮に多数の女性がいることは王を男性と中国側が確信していることを示している。『隋書』のなかに倭国の天皇の性が誤って認識されているのは、裴世清が推古天皇は女性であることをあえて中国側に報告しなかったからであろう。倭に遣わされた使いに対しても、君主の性別を隠蔽して、男性が王のふりをして会った可能性がある。

孝謙天皇の衣服

さて、今度は八世紀の半ば、七五二（天平勝宝四）年に東大寺の大仏開眼供養《かいげんくよう》が営まれたとき、大仏殿の前に天皇で古代最後の女帝である孝謙《こうけん》女帝が聖武《しょうむ》太上天皇と光明《こうみょう》皇太后と三人で行幸《ぎょうこう》した。仏教が日本に伝わって以来、このような盛んな法要はなかったと『続日本紀《しょくにほんぎ》』に記載されている。この大仏開眼のときに孝謙天皇と聖武太上天皇と光明皇太后が着用した冠と衣服が、そのまま正倉院に寄贈された。このときの冠は残念ながらすべて壊されている。この冠は、冕冠《べんかん》という中国皇帝がかぶる冠である（図6）。図7は隋の文帝のものだが、それにならって、日本でこういう形の冠をはじめてかぶったのは聖武天皇のとき、つまり、孝謙天皇の父のときで、以来、即位礼と元日の儀式のときには天皇と皇太子が冕冠をかぶるという制度になっていた。大仏開眼の儀式というのは非常に盛大なもので、「その儀、ひとえに元日に同じ」という記述があって、正月と同じ形で儀式が行われたことがわかる。このときに冕冠をかぶったのが聖武太上天皇だったのか孝謙天皇だったのかについては、中世には混乱してわからなくなってしまっていた。聖武天皇以前にこの冠はなかったし、天皇は孝謙であったので、諸史料をつきあわせて考察を行った結果、冕冠をかぶったのは孝謙天皇であると私は考えた。日本では女性の天皇が、何のためらいもなく、中国の皇帝の衣装であった冠をかぶることができたのである。

一二四一（仁治二）年、後嵯峨《ごさが》天皇即位に際して、一週間位前に礼服《らいふく》と冠を宮中の蔵から取りだしてチェックする礼服御覧《ぎょらん》という儀式が行われた。ところが、宮中から箱を取り寄せてみたところ、箱のなかの冠にちりばめられてあるはずの宝石は、盗賊が入ったのか全部むしりとられ、見るも無残な姿となっていて、大騒ぎになった。そこに、ある貴族が正倉院に似たようなのがある、と告げた。後嵯峨天皇は大喜びし、ただちに東大寺に勅使を送り、全部もって来させた。それらの冠を利用して、ただちに新しい冠がしつらえられ、即位礼がとどこおりなく挙行されたという記録が残っている。そして、即位礼が終わって、東大寺にまた勅使がやってきて、冠の入っていた箱を東大寺に返した。東大寺が箱のなかを改めたところ、見るも無残にすべての冠が壊れていたのを発見した。これはどういうことかと尋ねたら、勅使は途中で馬から落としたといった。東大寺は、「不便、不便」と書いてそれだけで終わっている。正倉院に残っていたこれらの冠で後嵯峨天皇の即位用に新しい冠を仕立てたことはほぼ確実である。中世には冕冠は大仏開眼会のとき、聖武太上天皇がかぶったものか、孝謙天皇がかぶったものかはわからなくなっていた。八二〇（弘仁十一）年に、男性の天皇は冕冠をかぶり、

図6　孝明天皇の冕冠

図7　隋文帝の冕冠(『帝王図巻』)

図8　孝明天皇の礼服

女性の天皇は玉冠をかぶるというように、天皇の衣服に男性用と女性用の区別ができた。女性の天皇は冕冠をかぶらないことになったのである。九世紀の初頭に規定ができたので、中世の貴族たちは、正倉院にあるこうした形の冠は当然、大仏開眼会のときにも聖武太上天皇がかぶったに違いないと思いこんだらしい。ところが、これは孝謙天皇がかぶったものであるということが証明できた。このときに聖武太上天皇と孝謙天皇と光明皇太后がかぶった冠はそれぞれ別であるが、下に着た衣服は三人とも真っ白の礼服であった。この衣服も全部失われていてわからないけれども、上に袍といわれる衣服と、下に裳つまりスカートの組み合わせの衣服を三人とも着たことは、史料の上で確認できる。

女性天皇の衣服

図8は孝明天皇の礼服である。天皇は頭に冕冠をかぶるが、下には色がまったく違う中国ナイズされた紅い着物を着た。八二〇年以降、天皇は一二の刺繍をあしらったいわゆる袞冕十二章《こんべんじゅうにしょう》を着ることになった。これ以降、男性天皇だけがこうした紅い刺繍の着物を着た。女性の天皇はそれ以前の白い衣服のままという規定が八二〇年にできたのである。孝謙天皇までは男性であっても女性であっても、天皇の衣服は同じだという認識があった。聖武天皇が着ていた冠と衣服とまったく同じものを、孝謙天皇が着ても不自然ではなかったというのが八世紀の天皇であった。古代の天皇は、男性であっても女性であっても、性を超越して同じ形の衣服を着られたと私は推定している。日本では、推古天皇以下、古代にだけ立て続けに六人、八代の女性天皇がでたというのはそうした事情があったからではないかと考える。

ところが、八二〇年に、男性天皇だけは中国ナイズされた衣服を着るようになった。女性天皇はそれまでの白の衣服と冠の組み合わせであった。ここではじめて天皇の衣服に性差がもち込まれた。男性天皇は皇帝が着るべき権威づけられた衣服を着たけれども、女性天皇の衣服は旧態依然とした白い衣服のままに残された。これを契機に女性天皇の出現が止まった。その後、後水尾《ごみずのお》天皇の娘であり徳川秀忠《ひでただ》の外孫である明正《めいしょう》天皇が一六二九（寛永六）年に、後桜町《ごさくらまち》天皇が一七六二（宝暦十二）年に即位して、近世に二人の女帝がでたが、これらはきわめて例外的であり、これ以降女帝の出現は止まってしまった。

そして、女帝出現の可能性に決定的なダメージを与えたのは、一八八九（明治二十二）年の大日本帝国憲法の発布であった。一八七三（明治六）年の三月のある日、明治天皇は宮中の女官たちに送られて表御座所へでかけ、床屋を呼び髷を切って、お化粧を落とし、洋服を着た。それ以来明治天皇は洋服の軍服を着て日中をすごすようになった。天皇は、それ以前の性を超越した存在から、男性という片方の性に閉じ込められたのではなかったか。そのように、天皇が男性性に閉じ込められると、もう一つの性が必要になってきて、皇后という存在が国民の前にクローズアップされるようになった。一八八九年の明治憲法発布記念式典のとき、はじめて皇后が明治天皇と同じ馬車に乗って青山の練兵場に行った。この日は奇しくも、女帝の出現を拒んだ皇位継承法＝皇室典範《こうしつてんぱん》が大日本帝国憲法と一緒に発布されたその日であった。元来、皇后は即位礼に登場しなかったが、天皇が片方の性である男性の性に閉じ込められたことで、皇后という存在が必要になり、ペアの夫婦として登場してくることになった。こうした事態が、女帝を認めるべきかという今日の問題につながっている。第二次世界大戦後の新憲法で男女平等を規定したにもかかわらず、皇位継承法では女帝の出現が規定されなかったのは、一つの解釈として、天皇の衣服に関係があるのではないか。

講演3　他界はいずこ

辰巳和弘

はじめに

今日は古墳文化を生み出した思想的・宗教的な背景、つまり「こころ」について、古墳の上に配置された埴輪《はにわ》を素材に考えてみたい。

まず私たちは「古墳は墓である」という事実に目を向ける必要がある。あたりまえの事柄のはずだが従来の日本考古学は、全国におよぶ古墳の分布状況と墳丘規模の大小、そして副葬品の内容と多寡などから、古墳の被葬者相互間の、政治的・社会的な関連性と、階層性を見い出すことに関心が集中し、古墳という喪葬《そうそう》文化を生み出した思想や宗教に目をむけてはこなかった。この学史は大いに反省する必要がある。

古墳の上には、まず円筒《えんとう》埴輪と、器台に壺を乗せた形の朝顔形《あさがおがた》埴輪があらわれ、そこに家形埴輪のほか、蓋《きぬがさ》や武器、そして船などの器財《きざい》埴輪が加わり、やがて五世紀後葉になって、ようやく人物を表現する埴輪が出現するという、古墳文化のなかでの埴輪に関する時間的な展開がある。今日は、古墳の根源を埴輪から説き明かそうというわけだから、人物埴輪出現前の形象《けいしょう》埴輪を中心に話を展開するほうが、より始源に近づくことができると考える。

壺中の天

私は八年ばかり前から前方後円という墳形が壺に由来すると考えるようになり、いろいろな著作で論じてきた。そもそも縄文時代には壺や甕《かめ》に死体を納める壺棺葬《つぼかんそう》や甕棺葬《かめかんそう》があり、弥生時代にも吉野ヶ里《よしのがり》遺跡をはじめ北部九州地方の甕棺葬があった。人を壺や甕などの容器に納め、地中に埋めるというのは、いわゆる母胎回帰《ぼたいかいき》と考えることができる。だから古墳時代に、墓の形を壺形につくるという発想が生まれても人びとは容易に受け入れたと思う。しかしそうした自生説だけでは前方後円形をした巨大墳墓の内容を理解することは困難である。

前期古墳を中心に、銅鏡が副葬される事実はよく知られている。とくに三角縁神獣鏡と呼称される大型の銅鏡が好まれたことは、黒塚《くろつか》古墳（奈良県天理市）や椿井《つばい》大塚山《おおつかやま》古墳（京都府山城町）などからの三〇枚を超える副葬例から明らかで、同種の鏡はこれまで全国から五〇〇枚を数える出土をみており、私はその五倍以上の数が生産されたとみている。この鏡の大半は古墳の副葬品として出土し、豪族の居館とみられる遺跡からはまったく出土しない。そこには古代中国の神仙や、その世界を守護する霊獣、さらに鏡を所持する者の永遠の命と福を極めることの効能を説く銘文が鋳出される。それは中国の神仙思想がぎっしりつまった葬具と理解される。さらに木や石でつくられた棺のなかには多量の水銀が塗布される。水銀は辰砂《しんしゃ》ともいい、永遠の命をもつ神仙になる最上の薬とされた。さらに首長のシンボルである杖をはじめ、さまざまな器物が石でつくられて副葬された。古墳の中は時間の流れのない不老不死の世界、死者が永遠の生を送る神仙世界だった。古代中国の死生観が古墳の誕生に大きな影響を与えていることは間違いない。

四世紀前半、西晋時代の人であった葛洪《かっこう》が著したとされる『神仙伝《しんせんでん》』には、数々の神仙に関する物語りがみえる。そのなかに壺公《ここう》という薬売りの老人と、町役人の費長房《ひちょうぼう》に関する話がみえる。仙人である壺公は薬（仙薬）を商いしたあと、夕刻にはいつも壺の中に姿を消す。彼を凡人ではないと見て取った費長房が、彼に従って壺の中に跳びこむと、そこに不老不死のユートピアがあって、彼はそこから数百歳の長寿と、もろもろの病を治し災難を除く力をえて現世に戻るという筋書きである。壺の中に不老不死の別天地があるという話で、「壺中《こちゅう》の天」という話として知られる。費長房が壺中で一日を過ごしたと思っていたのに、実は現世では一年ばかりが過ぎており、長房はすでに亡くなったものと考えられていたという。また、神仙思想で不老不死のユートピアとされた蓬萊《ほうらい》・方丈・瀛州《えいしゅう》という東海に浮かぶ三神山は、壺の形をしていたといわれる。邪馬台国の女王卑弥呼が人びとを惑わせたという鬼道は神仙思想の一つと考えられるが、神仙が棲む不老不死の世界を壺の中に観念する考えも、そこには含まれていたとみなすべきである。フォーラム（報告6）において、車崎氏も前方後円墳を壺形の古墳とする認識を示された。古墳の形にも死生観がうかがえるし、思想を見い出すべきである。

前方後円形をとる大きな墓だけが壺なのかというと、決してそうではない。たとえば大阪平野、大阪市南部の平野区や東住吉区にはたくさんの小さな古墳が埋没している。五世紀の群集墳である。小さなもので、一辺が五メートル程度の方墳、大きな古墳でも直径が二〇～三〇メートルの円墳で、総数は三〇〇基近くになろうかとみられる。そのなかの一つに高廻《たかまわ》り二号墳（大阪府大阪市）という円墳がある（図1）。墳丘の外側に濠《ほり》がめぐり、内側には二段の墳丘があって、その段にあたる平坦面を、高さ四〇～五〇センチの低い円筒の台の上に壺形埴輪を乗せた埴輪が一周していた。壺形埴輪の底には穴があけられている。私は魂がその穴を通って壺の中の世界へ往くという考えがあったものと考えている。壺形埴輪で囲まれた中の空間に死者を葬る中心の墳丘があるわけだが、おそらく大阪平野に条里《じょうり》による水田を造成した際に削平され、墳丘の上面に置かれていた多数の形象埴輪は墳丘の盛土といっしょに濠の中に戻されてしまった。だから、濠を丁寧に発掘すると古墳の上に置かれていた埴輪が粉々になってでてくる。

なかでも家の埴輪はすくなくとも一一棟を数える多さで、ほかに盾と矢を盛る靫《ゆき》、それに甲《よろい》、また盾の上に冑《かぶと》を乗せて盾の背後に聖域（墓）を守護する武人の存在をアピールする埴輪が家よりもひときわ大きく造形して立てられる。家形埴

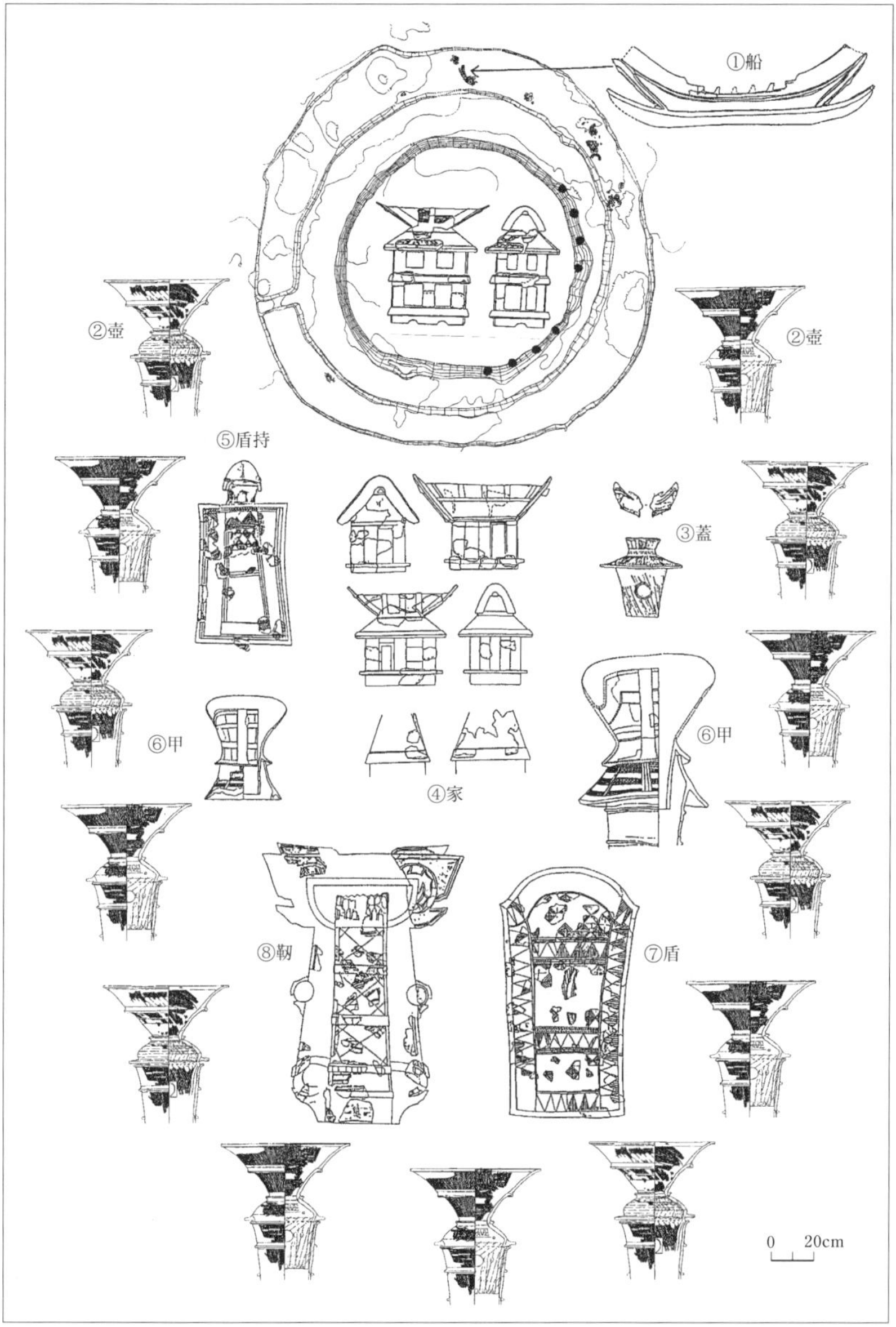

図1　高廻り2号墳(大阪府)と出土の埴輪(大阪市文化財協会『長原遺跡発掘調査報告』Ⅳ，1991年をもとに作図)

輪はそれぞれ建築様式を異にして、首長の屋敷を表現したものとみられる。蓋の埴輪もあって、それらが高貴な階層に属する人物の屋敷であるとする理解をたすける。武器の埴輪はそこを守る意図をもって造形された埴輪であることは確かだ。それらの形象埴輪の群れが表現しようとするものが、被葬者の来世の住まいであることは容易に理解できる。私はそこを「他界の王宮」と呼ぶ。繰り返すが、そこが壺に囲まれた世界であることに注目していただきたい。

高廻り二号墳の濠からは一つの船形埴輪が出土した。他の形象埴輪はすべて砕片となって濠のあちこちから散らばった状況で出土したが、船形埴輪だけは濠の底に完全な形で横転して検出された。当初からそこに置かれていたことは明らかだった。濠は古墳を区画し、現世から結界する仕掛けと認識される。そして古墳の中の壺で囲まれた世界に被葬者の来世が造形されるわけだから、濠はこの世とあの世を境する仕掛けと認識される。そこに置かれた船形埴輪は、この世からあちらの世界へ霊魂を運ぶ船と考えざるをえない。しばしば被葬者が船を操って朝鮮半島へ渡海したり、舟運《しゅううん》を司った人物であったから、生前の業績や職掌を顕彰するために船形埴輪があるとする主張を聞くが、それならば古墳の濠の底に置くことは考えられない。一つの古墳に置かれた埴輪の全体を無理なく解釈することに努めるべきだ。

他界の王宮

高廻り二号墳では一一棟を超えるさまざまな様式の家形埴輪が古墳の上に所狭しと置いてあった。直径二〇メートルばかりの墳丘は、途中で二段に築かれているため、墳丘上面は非常に狭く、そこに家形埴輪群と蓋、それに靭や盾・甲などの器財埴輪が配置されたわけだから、そこは非常に賑やかな世界となる。埴輪が密集した状況であったことがうかがえる。古墳がさらに小さくなった場合には当然、埴輪を配置する空間はさらに狭くなる。そうなると埴輪の数を減らさなければならないわけで、最低限どうしても置かなければならない埴輪を残して、ほかの形象埴輪は省略されることになる。最後に残される形象埴輪は何だろうか。

高廻り二号墳からやや東南、大阪府八尾市で自動車専用道路の工事に伴う発掘調査中に小さな古墳の痕跡が見つかった。美園《みその》古墳と呼ばれたそれは、大きさが一辺七メートルしかない方墳で、そのまわりを濠がめぐる。高廻り二号墳と同様、既に墳丘は削平されており、埴輪はほぼすべてが墳丘の土とともに濠内に埋め戻されていた。出土した埴輪片は、二五個体くらいの壺形埴輪と、二棟の家形埴輪に復元できた。一辺が七メートルだから墳丘を盛りあげてゆくと、古墳の上面はせいぜい四メートル四方ばかりの広さしか確保できない状況となる。二五個の壺形埴輪は墳丘上の縁に添わせて、やや内側に六〜七個ずつ並べた計算になる。壺形埴輪の大きさからみて、口縁部分が互いに接するくらいの間隔だったと想定される。するとその内側はいっそう狭くなり、そこに二棟の家形埴輪が置かれたことは間違いない。高廻り二号墳のような盾や靫などの武器形埴輪を置く余地はない。

家形埴輪はやはり建築様式を異にする。まず大きな埴輪は、一見すると二階建てに見えるが、そうではなく高床《たかゆか》の埴輪で、床中央に梯子《はしご》を架ける四角い穴があけられ、赤く塗られた屋内には一方にベッドが設けられている。屋根は入母屋《いりもや》式で、大きな棟には随所に鰭《ひれ》状の装飾がつけられて、格式の高い建物であることをうかがわせる。もう一棟は切妻《きりづま》の強い妻転びをみせる平屋様式の埴輪で、入口部には内側に扉の軸を受ける穴が設けられ扉がついていたらしく、造作の丁寧な、これも別格の建物を表現していたらしい。

墳丘上を取り囲む壺形埴輪の内側に、この二棟の家形埴輪を置くと、高さが壺形埴輪の半分程度しかない平屋様式の埴輪は、古墳の外側からはまず見えない。濠を掘った土砂を利用して墳丘を二メートルばかり盛り上げるわけだから、埴輪がならぶ高さは人の目線か、もしくはそれよりやや高くなる。高床様式の埴輪でも、大棟《おおむね》の上端部分がかろうじて見える程度にすぎない（図2）。もちろん立ちならぶ壺形埴輪のあいだにできたすき間から、そこに家形埴輪が置かれていることはわかるだろう。しかしこうした埴輪配置に、家形埴輪の存在を外部に示そうとする意図を見い出すことはできない。するとこの家形埴輪は小さな古墳であっても、かならず置かなければならない性質をもつ建物を表現したものとみなすべきである。

一段と目を引く高床様式の埴輪について考える（図3）。私はこれを文献にみえる高殿《たかどの》だと考えている。『日本書紀』には仁徳《にんとく》天皇は難波高津宮《なにわたかつのみや》の高殿から遠望し、民のカマドに煙の上がらないのを見て、民が苦しんでいることを知って税を免除して人びとを憩わせたという伝承がある。仁徳という天皇の名の由来となった話である。『日本書紀』では四年春二月条にその発端が語られる。「朕《われ》、高台《たかどの》に登りて、遠《はるか》に望むに、烟気《けむり》、域《くに》の中《うち》に起《た》たず。以為《おも》ふに、百姓《おおみたから》既に貧しくして、家に炊《いいかし》く者無きか」と、民の窮状を描写する。「烟気が起たず」というのは飯を炊くカマドに煙りが昇らず人びとが食べるものにも事欠く苦しく貧しい状況であることをいう。天皇が遠望した場を『書紀』は「高台」と記述するが、これは中国風の書き方であって、高殿が日本的な表記である。『万葉集』では「高殿」という表記を採っている。その翌月、天皇は今後三年間の課税免除を命じた。それから三年後の七年四月、天皇は皇后の磐之媛《いわのひめ》とともに再び高殿に登って遠望したところ、煙が随所から立ちのぼっていた。そこで天皇は「朕、既に富めり」といわれたと『書紀』は述べる。そこでさらに数年のあいだ税を免除したという。

この仁徳天皇の遠望という行為に関連して『万葉集』の二番歌にみえる、いわゆる舒明《じょめい》天皇国見の歌をみておきたい。

　　天皇、香具山《かぐやま》に登りて望国《くにみ》しましし時の、御製の歌

大和には　群山《むらやま》あれど　とりよろふ　天の香具山　登り立ち　国見をすれば　国原は　煙立ち立つ　海原は　かまめ
立ち立つ　うまし国ぞ　あきづ島　大和の国は

冒頭の詞書《ことばがき》は国見を「望国」と表記する。その「望」は、仁徳天皇の高津宮の高殿からの遠望と同じく、高みから国土を見る行為である。大和の山々のなかでもとくにすばらしい天香具山に登って国見をしたならば、国土からは煙が立ち昇り、海原にはカモメが飛び交うと国土の豊かさを賛め称えた歌である。カモメが飛び交う海原などは奈良盆地から、なかでも大和三山で一番低い天香具山からは現実に見えるわけがないけれども、それが見えたことにしている。つまり香具山

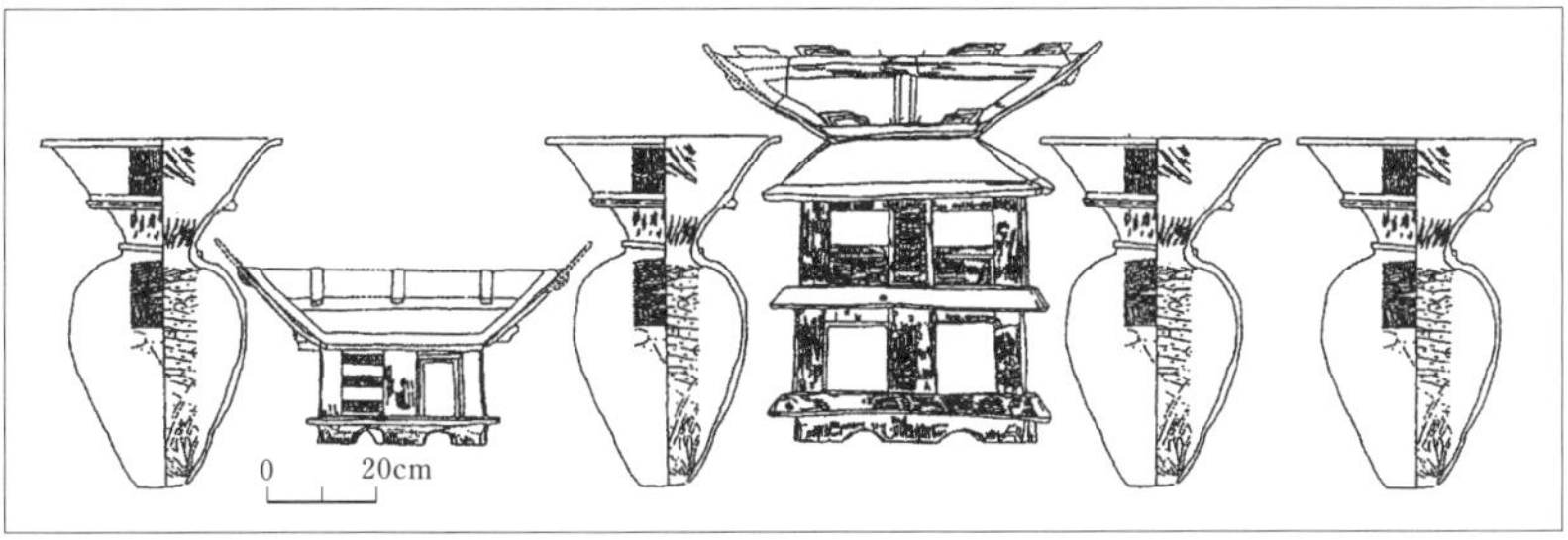

図２　美園古墳（大阪府）の埴輪

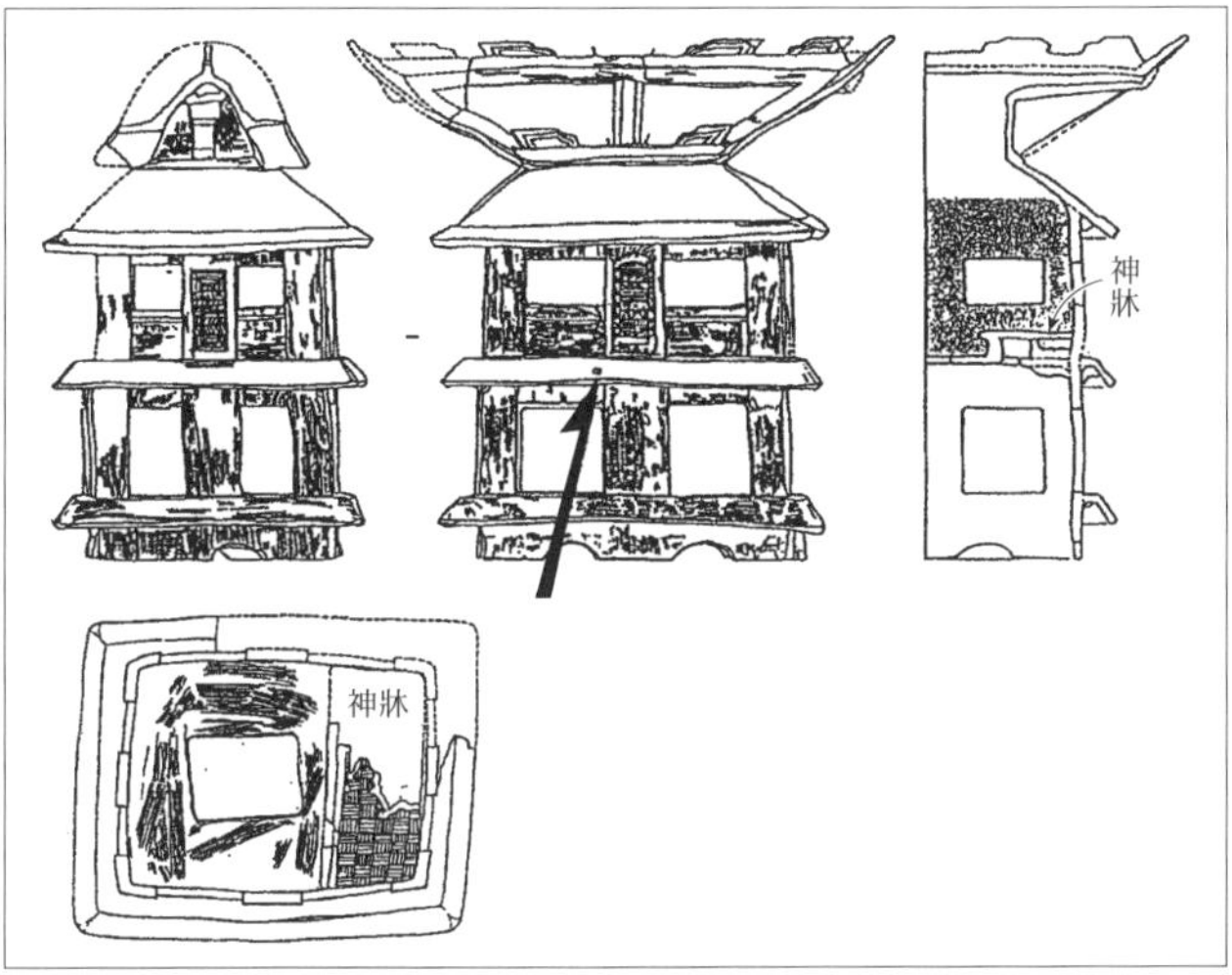

図３　美園古墳の高殿形埴輪

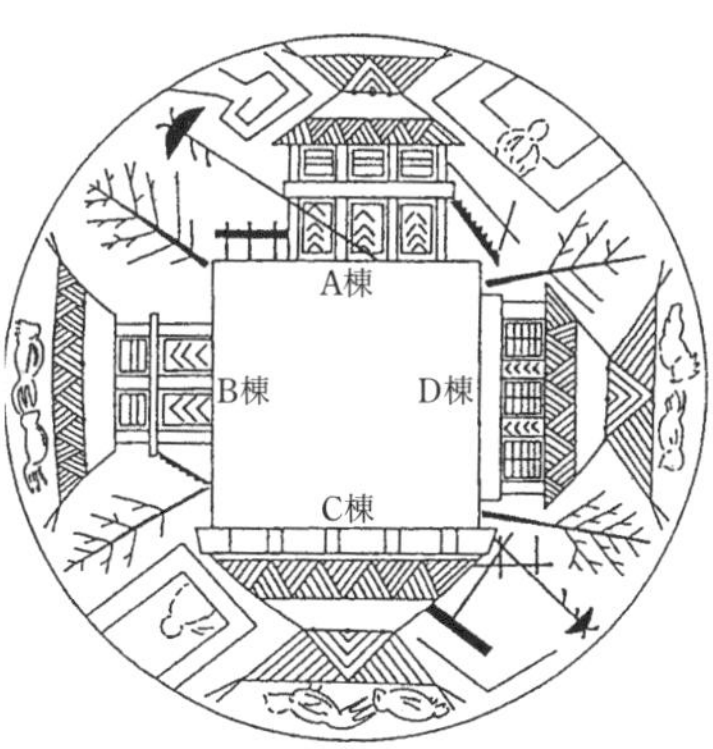

図４　家屋文鏡（奈良県佐味田宝塚古墳）

（出典　図２・３：大阪府教育委員会ほか『美園』1985年より作図。図４：辰巳和弘『埴輪と絵画の古代学』白水社，1992年）

に登って国土を見渡す行為は、天皇が大和の国土を支配していることを象徴的にあらわしている。だから海にたくさんのカモメが飛び交うのは、海が豊かであることをいいたかった。それと同じく、国原から煙が立ち昇るという言葉に、国土から沸き立つ生命力、すなわち気を歌いあげようとしたと考えられる。国見は大地に生命力がみなぎる春先に行われる予祝の意味をもつ民俗儀礼として各地で行われた。天皇もまた、国土の繁栄を願って国見の王権儀礼を行ったことが知られる。難波高津宮の高殿も、そのような王権儀礼の場として、なくてはならない建物だった。天皇だけではない、各地の首長たちも、同様の予祝儀礼を行うために、屋敷のなかに高殿を建てたのであろう。

美園古墳の高殿形埴輪についていま一つ注目することは、屋内につくりつけられたベッド状の施設である。それは網代《あじろ》の文様が刻まれ、屋内は四面の壁もベッドも赤く塗られ、そこが神聖な空間であることを語ろうとする。さきほども述べたように家形埴輪は壺形埴輪に囲まれた内側にあるわけだから、屋内のベッドの造作や赤彩は外部から見えない。見えない部分にわざわざそうした表現をする点に注目しなければならない。この聖なるベッドについては、『古事記』にみえる崇神《すじん》天皇の時代の話が参考になる。この天皇の時代に疫病が流行し、まさに人びとが死に絶えそうになった折、天皇は憂い嘆いてそのわけを神に問うために神牀《かんどこ》に就くと、夢にあらわれたオオモノヌシ大神がオオタタネコをもって我が前を祀《まつ》らせたなら国は安らかになろうと託宣を下す。そこでオオタタネコを捜し出して神主としてオオモノヌシ大神を祀らせたところ、ようやく国中が平安になったという。大神《おおみわ》神社の創祀伝承である。注目するのは、夢に神託をえるために天皇が寝るベッドを「神牀」と呼んでいる点である。日常使用するベッドではない。神意をうかがう聖なる場なのである。神意が夢にあらわれると信じた古代人の心がみえる。その祭儀場が高床であるのも、より神の世界に近づこうとした心意の表れである。出雲大社の古代伝承に一六丈（約四八メートル）もの高層神殿を建てたとするのも、同根の話とみられよう。

佐味田《さみた》宝塚《たからづか》古墳（奈良県河合町）から出土した家屋文鏡《かおくもんきょう》には建築様式の違う四棟の建物が表現される（図4）。そのうちの一つに高床で入母屋屋根をもつ、美園古墳の高殿形埴輪にそっくりの建物がみえる。建物の右側には手摺《てすり》のついた梯子が架かっており、左側には大きな蓋が差しかけられる。蓋は高貴な人に差しかける笠であり、それを形象した蓋形埴輪は早い段階から出現する形象埴輪である。仏像であれば天蓋《てんがい》がこれにあたる。したがってこの建物が鏡に表出された四棟の建物のなかでも、貴人にかかわるもっとも格の高い建物と見なせる。しかも右側に架けられた梯子の上空には平行する二本線が升形《ますがた》に描かれ、その中に一人の人物の座像が見える。升形の線は、同じ鏡の随所に見え、いわゆる雷文《らいもん》と呼ばれる図文である。つまり稲妻とともに高殿に降臨する神の姿を表出したものと理解される。大神《おおみわ》神社の伝承をはじめ、雷を神とする神話は多い。

美園古墳の高殿形埴輪にあって、高床部分外側にめぐる小さな庇《ひさし》の一カ所に小さな穴が貫通している。穴があるということは、そこに何かが差し込まれていたはずである。家屋文鏡の高床建物にあって、そこに大きな蓋の竿《さお》が斜めに表現されていたことを合わせ考えると、この穴が蓋を差しかけるためのものと推察することは容易だ。おそらく竹ヒゴや布でつくられたミニチュアの蓋の細い竿がそこを貫いたか、そこに紐を通して蓋の竿を結び止めたかのいずれかだろう。埴輪が、いま私たちが見る状態で古墳上に置かれていたと考えるべきではない。布や木などの有機質素材でつくられた装飾や付属品が取り付けられていた可能性はおおいにある。現在、私たちが目にする古墳からの出土品の多くは、土製や石製、また鉄や青銅製品ばかりである。しかし近年徐々に姿を表してきた木製の埴輪などの存在は考古学者らにもっと柔軟な視点で、古墳文化を眺めるように促しているようだ。

ここに大きな問題がある。大王や首長が国見の王権祭儀を行う高殿を形象した家形埴輪が、一辺がたった七メートルという、もっとも小さな部類に属する墳丘規模の古墳上になぜ置かれたのかという点だ。高殿で国見の祭儀をする大王や豪族であれば、もっと巨大な墳丘を築いたことだろう。きっと壺形の墓をつくったと思われる。きわめて小さい墳丘は、その被葬者が当該の地域でそれほど大きな社会的・政治的な力をもっていなかったことを示唆している。それでは小さな古墳と、そこに置かれた神の託宣を受ける立派な高殿形埴輪の間にあるギャップは何なのであろうか。墓は他界空間なのである。被葬者は、高殿や神牀で神の託宣を受けて地域を支配できる立場に立つ人として来世に新たな生をえたいという願いがあったから、そうしたアンバランスが生まれたと私は考える。墳丘上の埴輪世界が、生前の被葬者の業績や職掌を顕示するものではないことが理解できるだろう。もし現世の人びとに被葬者の生前のありさまをアピールしたかったのならば、古墳の上にはもっとさまざまの形状をした埴輪があってもよい。被葬者の活躍を顕彰するためのユニークな形象埴輪があらわれてもよいはずだ。しかしそれはない。いずれの古墳も、壺形や円筒の埴輪をめぐらせた中に、まず家形埴輪を置き、もう少し空間があれば甲冑や靭・盾、それに蓋などの器財埴輪を配置する。そのパターンは決まっている。その数の多寡、配置すべき形象埴輪は、古墳の大きさで決まる。

　奈良盆地東南部に、全長が二五〇メートルという巨大な壺形古墳のメスリ山古墳（奈良県桜井市）がある。箸墓《はしはか》古墳より少し新しい三世紀末の王墓である。被葬者を納めた竪穴式石槨の上面には大きな円筒埴輪を長方形にならべ、被葬者を守るかのようだ。なかに飛び抜けて大きな円筒埴輪が、埴輪列に接するように規則的に立てられていた（図5）。石野博信氏は、その配置からいわゆる棟持柱《むなもちばしら》をもった家の形状を見て取り、巨大な円筒が柱を象徴することを指摘した。なかでも長方形区画の短辺中央に立つ、直径約九〇センチ、高さ二四〇センチ余りということさら太い円筒埴輪を棟持柱と考えた。伊勢神宮の神明造建築は独立した棟持柱をもつ神殿建築として知られる。また出雲大社でも真正面の妻側中央に太い棟持柱が見える。棟持柱は、神殿を象徴する柱である。メスリ山古墳の円筒埴輪の配列は、屋根こそ表現しないけれど、墓の上に巨大な建物があって、そこに被葬者が納められていることを観念した造形であると理解される。円筒埴輪の突帯は貫《ぬき》や桟《さん》であり、それがびっしりとすき間なくならぶさまは壁や塀のようにみえる。

　そのように被葬者が眠る家の形象が古墳に存在すると考えると、いろいろな遺構が理解される。たとえば竪穴式石槨《たてあなしきせっかく》内に刳《く》り抜《ぬ》き式の石棺を納めた四世紀後半の鶴山丸山古墳（岡山県備前市、図6）の場合、石棺はその蓋《ふた》を切妻の屋根の形状にして、蓋の流れの部分にはそれぞれ三つずつの切妻式屋根をもつ家の浮彫りが見える。家の間には銅鏡を表現したとみ

図5　メスリ山古墳(奈良県)の墳丘上に立つ埴輪列

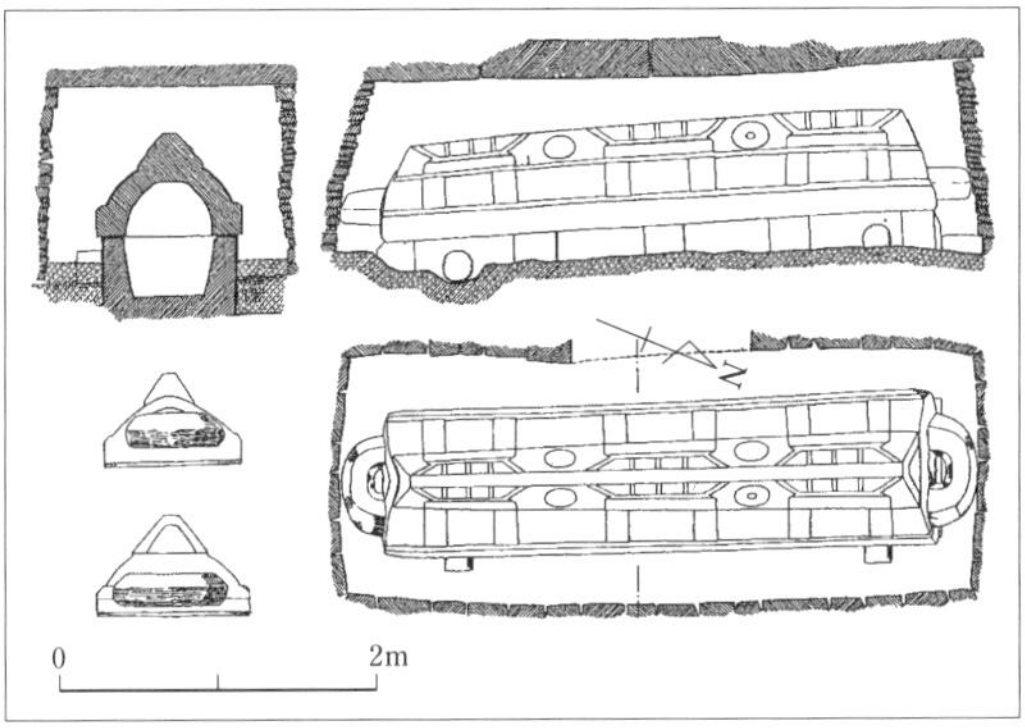

図6　鶴山丸山古墳(岡山県)の家形石棺

図7　石貫ナギノ8号横穴
(熊本県)

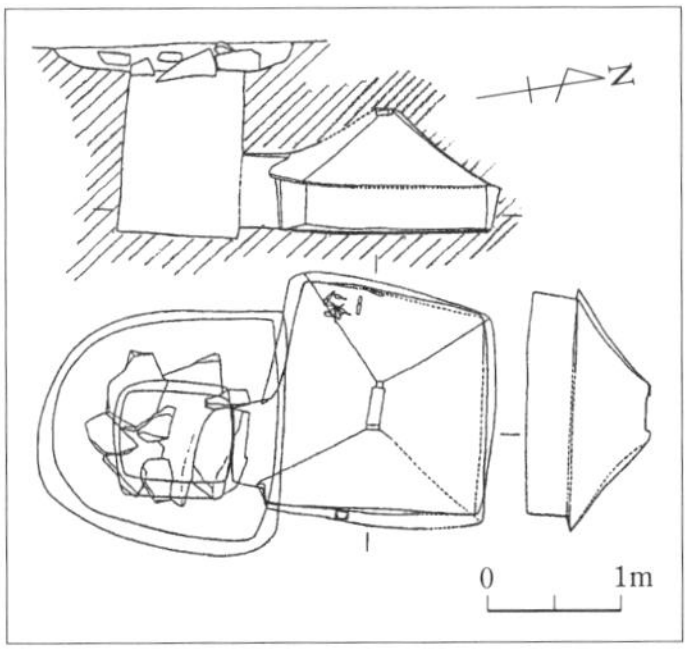

図8　新田場6号横穴(宮崎県)

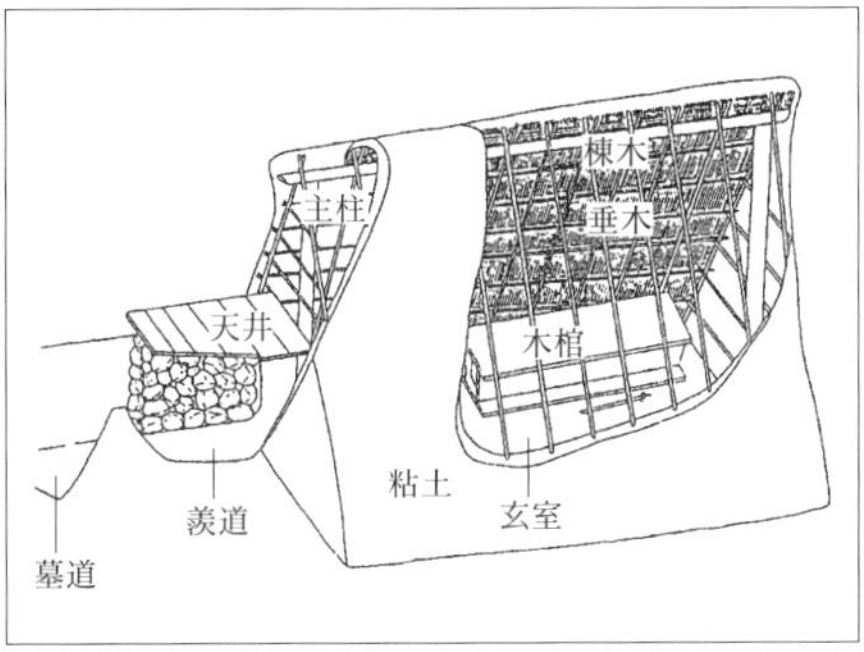

図9　横穴式木室

(出典　図5：奈良県立橿原考古学研究所附属博物館ほか編『大古墳展』2000年。図6：梅原末治「備前和気郡鶴山丸山古墳」『日本古文化研究所報告』9，1938年。図7：熊本県教育委員会『熊本県装飾古墳総合調査報告』1984年。図8：熊本県立装飾古墳館『宮崎県の装飾古墳と地下式横穴墓』1995年)

られる円文がある。さらに石棺の身には五本の柱を表出したとみられる浮彫りがあって、石棺自体が家とみなされた造形であることが明らかである。美園古墳の墳丘上の中心とみなされた高殿形埴輪と同じ性格をもつ遺構である。

古墳時代後期の遺構にも同じ観念は受け継がれる。熊本県一帯には阿蘇の噴火による凝灰岩《ぎょうかいがん》の厚い層がある。六世紀にはそこに横穴式の墓室が掘られるが、その墓室空間は家形に刳り抜かれ、軒の出も表出される。なかでも石貫《いしぬき》ナギノ八号横穴では玄室奥につくりつけられた被葬者を横たえる屍牀《ししょう》までが寄棟屋根の家形につくりだされ（図7）、その左側に大刀を、屋根には矢をつがえた弓の線刻が表現され、迫り来る邪霊を追い払う。そこに前代の武器形埴輪につながる造形思惟がみてとれる。奥にならぶ二重の円文は被葬者に向けたもので、鏡をあらわしたものと理解すべきである。ならぶ三角文も魔除《まよ》けの意味をもつ図文と理解される。また宮崎県下には五世紀以来、地下に家形をした横穴を掘っている（図8）。来世の家である。古代中国でも、墓のなかに宮殿をつくる。

さらに東海地方から大阪府の和泉地域や兵庫県・滋賀県地域にみられる横穴式木室もまた、墓室を家形につくる。それは石を使わず、柱と垂木《たるき》を木で組み、藁《わら》などで屋根を葺《ふ》いたのち、その表面全面に粘土を貼り、水漏れのないようにしてから、墳丘を盛り上げた墓室で、横穴式石室と同様に羨道がつく（図9）。墓室は切妻の伏屋タイプの家にほかならない。なかには墓室の強度を増すために、完成した墓室の内部に火を掛けて粘土を硬化させたものもある。さらに岡山県地方では家形をした陶棺《とうかん》がある。そして後期の有力者の石棺に採用された家形石棺もまた、その呼称のとおり家を形象し、いっそうのデフォルメが加えられたことが明らかだ。すると横穴式石室もまた、本来は家形を観念してつくられたとは考えられないか。

水の祀り

最近の古墳文化研究で注目される、新しい研究分野に水の祭祀がある。文献史学の研究では岡田精司氏の風土記《ふどき》からの

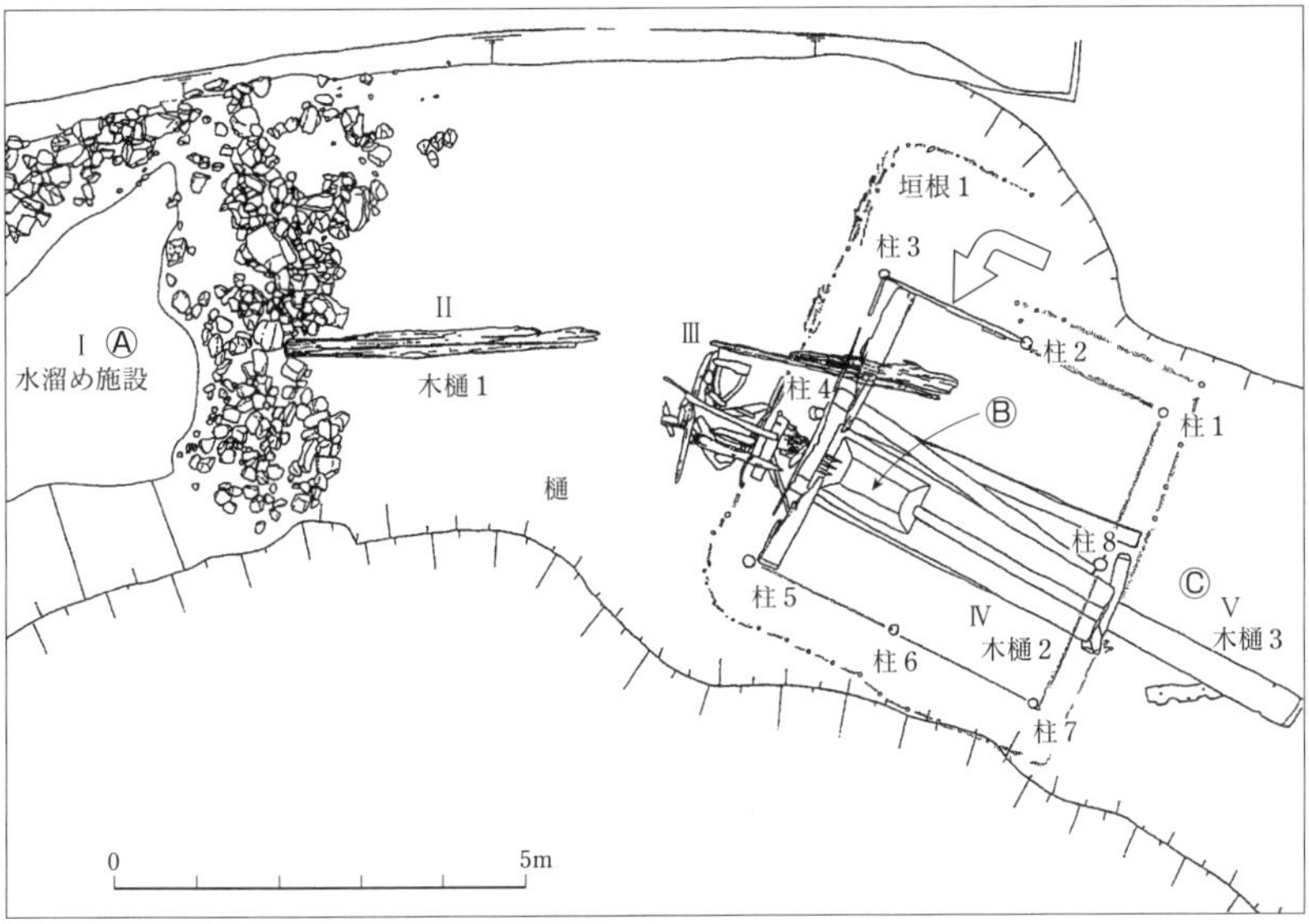

図10　南郷大東遺跡（奈良県）で発掘された水の祭儀場（日本考古学協会三重県実行委員会『水辺の祭祀』1996年より作図）

視点による研究があり、私も三ツ寺《みつでら》Ｉ遺跡（群馬県群馬町）などの豪族居館の発掘例と記紀などの文献からその重要性を論じてきた。南郷大東《なんごうおおひがし》遺跡（奈良県御所市）で発掘された古墳時代中期の水の祭儀場（図10）は、小規模な河川を仕切ってダム状の施設をつくり、その上澄み水を二本の木樋《もくひ》をつないで二間四方の建物内に設けられた巨木を刳り抜いた槽《そう》に落とし、さらにその上澄み水を槽から流れ出る細い溝を通して建物の外へと流すという仕掛けを設けた、水を祀りの対象とした遺構である。祭祀は建物の中で行われたものとみられる。しかもその建物よりもひとまわり大きく柴垣《しばがき》がめぐり、祭儀場の建物に鉤《かぎ》の手に回り込むかたちで参入できる仕組みになっている。この柴垣の構造には、聖なる場を直視することを避ける古代人の心情がよくあらわれており、松野遺跡（兵庫県神戸市）や長瀬高浜遺跡（鳥取県羽合町）などの古墳時代の豪族居館における、マツリゴト（政事・祭事）空間の門構造と同じ形状であるのも、そこが神祭りの場であることをよく示す。

　この南郷大東遺跡の水の祭儀場をそっくりミニチュア化した埴輪が宝塚一号墳（三重県松阪市）から見つかった（図11）。

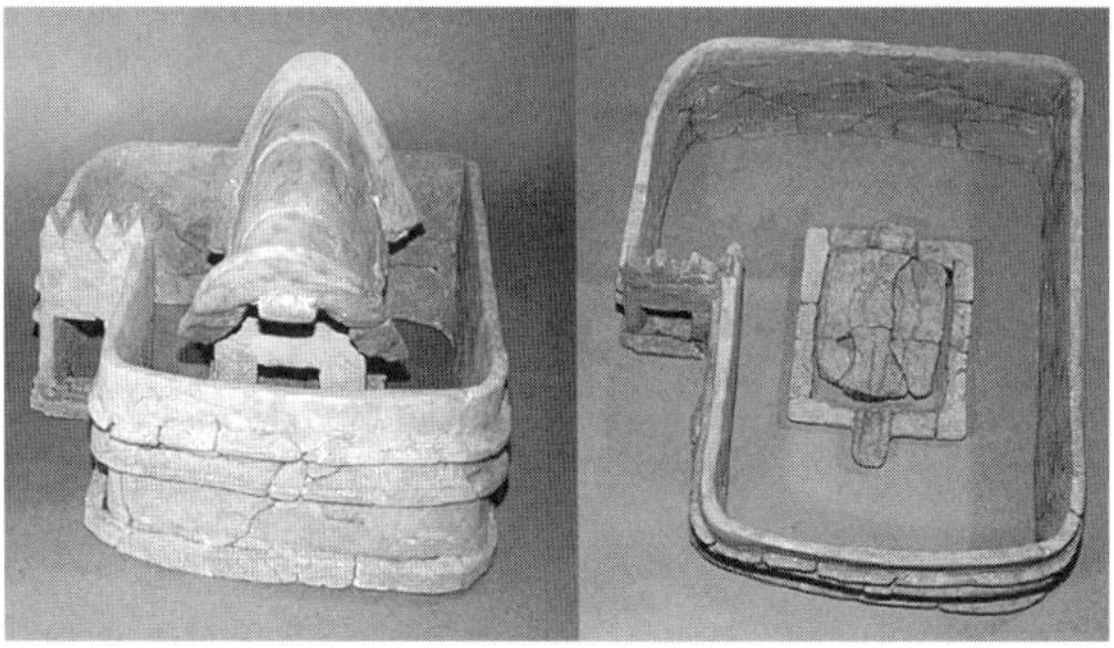

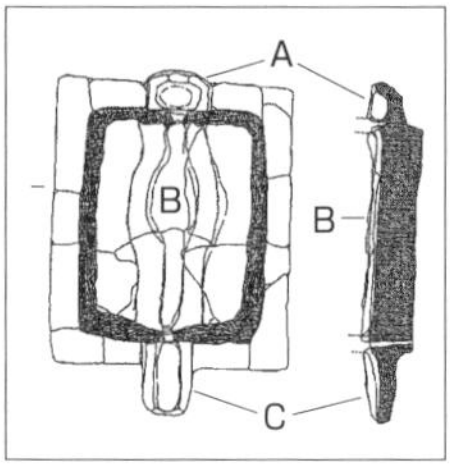

図11　宝塚１号墳(三重県)の水の祭儀場を形象した埴輪

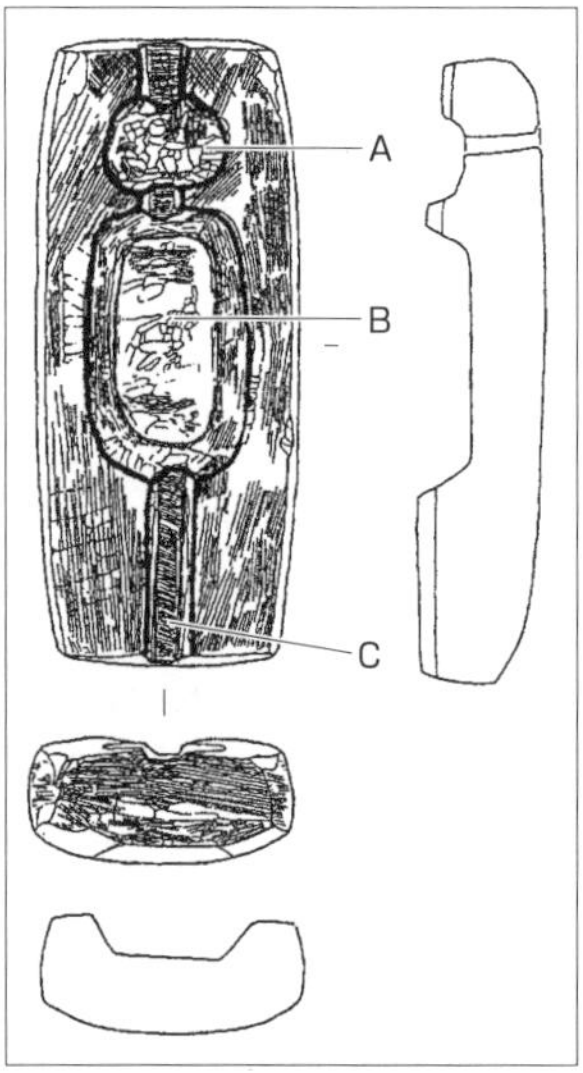

図12　野毛大塚古墳(東京都)出土の滑石製品

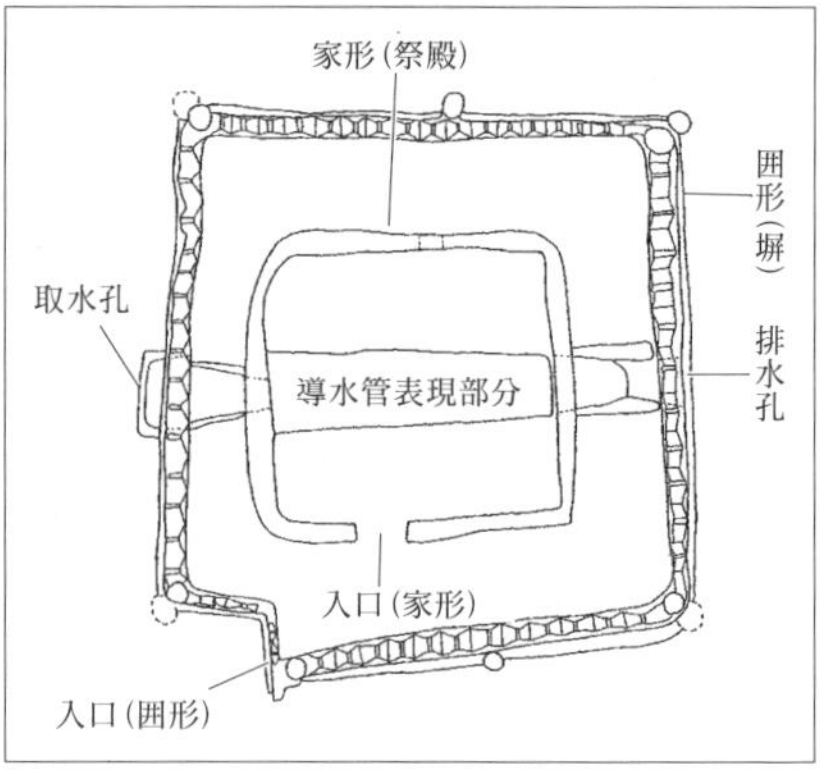

図13　心合寺山古墳(大阪府)の水の祭儀場を形象した埴輪(上)と，内部構造図(下)

(出典　図11：松阪市・松阪市教育委員会『宝塚古墳の源流を求めて』2002年より作図。図12：世田谷区教育委員会ほか『野毛大塚古墳』1999年より作図。図13：八尾市教育委員会『史跡心合寺山古墳発掘調査概要報告書』2001年に加筆)

垣や塀を表現した囲形埴輪も鉤の手状をした平面で、鉤の手の部分に入口が表現される。囲形埴輪の中央には切妻形屋根をもつ家形埴輪が置かれ、屋内には桁行に平行して二本の粘土紐をならぶように貼り付けて樋《とい》が表現され、その中程を両側に膨らませて槽（B）が造形される。建物の妻側の壁には両方ともに穴があけられ、一方には水を受ける丸い槽（A）が、他方は外に水を排水する樋（C）がやや長く伸びて表現される。まさに南郷大東遺跡の祭儀場そのものである。しかし埴輪の外からは、この家形埴輪の中にある槽と樋を見ることはできない。美園古墳の高殿形埴輪の屋内に、外から見えないにもかかわらずつくられていたベッドと同じである。埴輪が来世のために存在するのか、それとも現世にむかって存在するものか、いずれであるかはおのずから明らかである。

なお野毛《のげ》大塚《おおつか》古墳（東京都世田谷区）の石棺に副葬されていた蒲鉾板状の滑石《かっせき》製品（図12）は、まさに宝塚一号墳の家形埴輪の屋内に造形された水を流す施設とそっくりである。また飛鳥の酒船石遺跡（奈良県明日香村）から発掘された、泉から湧出する水を最初に受ける小判形の石造物と、それから流下した水を受ける亀形石造物の円形の槽、さらに排水を外へと導く亀の尻尾に刻まれた溝は、宝塚一号墳の家形埴輪に造形されたA・B・Cに該当することは明らかで、南郷大東遺跡とも構造的に密接な関連性があることを無視すべきでない。

大阪平野の東、生駒山脈の麓に立地する壺形をした心合寺山《しおんじやま》古墳（大阪府八尾市）のくびれ部からも、宝塚一号墳から出土した水の祭儀場を造形する囲形埴輪と家形埴輪の組み合わせを一体に造形した埴輪が出土した（図13）。そこには建物と囲み部分をつなぐように樋が造形され、妻壁にあけられた穴があって、明らかに水を屋内に導き、また一方から排水する仕掛けが見て取れる。しかしながら屋内の床の部分は中央部分が長方形に抜けていて槽も樋の表現もない。私はそれを造形しなかったとはみない。おそらく野毛大塚古墳出土の滑石製品のような、槽と樋を木でつくり、そこにはめ込んだと考える。応神陵《おうじんりょう》古墳（誉田御廟山《こんだごびょうやま》古墳、大阪府羽曳野市）のすぐ北に接するような位置に築かれた狼塚《おおかみづか》古墳という直径二八メートルばかりの円墳に造り出しが設けられた古墳でも、宝塚一号墳や心合寺山古墳と同様にくびれ部から囲形埴輪で区画された真ん中から槽と樋を造形した土製品だけが単独で出土した。おそらく囲形埴輪のなかには、さきほどの土製品を中に置いた木製の建物が存在したとみなすべきである。

すこし話がそれるが、その囲みの部分は上端部分を連続する三角形、いわゆる鋸の歯のように表出し、加えて鉤の手の部分に設けられた入口には線で三角文を二段に刻んでいる。この連続三角の文様は、柵を観念したものであろうが、とくに入口部分の重なる三角文の造形にはそれ以上の魔除けの意味があると考える。宝塚一号墳の囲形埴輪では入口の部分の上端にだけ四つの三角が連なって造形される。あとは省略したのであろう。もっとも大切な入口だけは省けなかった。東国の壁画古墳として知られる虎塚《とらづか》古墳（茨城県ひたちなか市）の横穴式石室の玄門部で、玄門の両側に立つ柱石と、その上に渡されたまぐさ石には、閉塞石をはめ込むL字形の切り込みがあり、その閉塞石との接合する部分に連続する三角文が描かれていた。閉塞石をはめ込むとまったく見えなくなる部分に描かれた連続三角文が魔除けの意味をもつことは明白である。被葬者が眠る聖なる空間に参入する入口を魔除けの三角文によってガードしたのである。囲形埴輪の上端に表現される連続三角文も同様である。

『常陸国風土記』には、その国名の由来がつぎのように語られる。すなわちヤマトタケルが東の夷たちを平定してまわった途上、新治《にいばり》の県《あがた》に来たおり、土地の豪族であるヒナラスに命じて井戸を掘らせたところ、清くすばらしい清水が湧きあふれた。そこで輿《こし》を停めて水を愛《め》で、手を洗おうとした際に衣の袖が水に浸《ひた》ったという。すなわち袖を浸すという義で、国名をヒタチ（常陸）となしたという。地中から湧きあふれ出る水は、土地の霊である。その水が豊かであるのは、国土の生命力である。それを貴人との関係でさらに権威付けようとした話である。弘法大師《こうぼうだいし》が杖を立てたところに、豊かな水が湧いたという各地に残る伝承もまた同様である。

『古事記』にも聖なる水の伝承がある。仁徳天皇の時代のこと。河内の兎寸河《とのき》（富木川に推定される）の西に一本の巨樹があった。その樹の影は朝日にあたれば淡路島《あわじしま》まで伸び、夕日にあたれば高安山《たかやす》を越えて奈良盆地までおよんだという。

そのような巨樹ゆえに神が宿り、その樹を伐って船をつくったところ、非常に足の早い船であって、その船に枯野《からの》という名をつけた。そして枯野を使って淡路島の泉の水を朝夕ごとに都へ運び、天皇の飲料水（大御水《おおみもい》）とした。やがて枯野は老朽化したので、それを燃料に塩を焼き、さらにはその燃え残りを琴につくったところ、琴の音は七里さきまで響いたという。巨樹の話はさておき、どうやら淡路島には聖なる水が湧く泉があったことがわかる。『日本書紀』にはつぎのような話がみえる。反正《はんぜい》天皇が淡路宮に誕生のおり、生まれながらに立派な歯をもち、容姿が端麗であった天皇は、宮殿にある瑞井《みつのい》という泉の水を汲んで産湯とした。その際、多遅《たじ》（イタドリ）の花が泉の中にあった。そこで天皇の名を多遅比瑞《たじひのみず》歯別《はわけ》と呼んだという伝承である。仁徳天皇のもとに運ばれた淡路島の聖水も、淡路宮の瑞井の水とみられる。こうした聖なる泉と、そこに湧く水を祀ることが、古代王権にとって重要な祭儀であったことをうかがわせる。水の祭儀場を造形した埴輪が古墳に置かれる背景が理解される。

霊魂を運ぶ船

宝塚一号墳から出土した多様な形象埴輪のなかでも、全長一四〇センチ、高さが一メートル近い日本最大の船形埴輪は、その華麗な装飾性のゆえひときわ目を引く（図14）。船上には蓋や、大刀、王がもつ杖などの王権を象徴する器物の造形が別づくりで、船底や甲板にあけられた穴に挿し込まれて船上を飾る。それらは船の大きさに比べて、破格の大きさで造形され、船の尊貴性をいっそう強調する、すばらしい形象埴輪である。この船形埴輪をはじめて見た私の目をひきつけたのは、蓋と大刀を両側から守護するかのように挟むハート形をした飾り板である。それは赤堀茶臼山古墳《あかぼりちゃうすやま》（群馬県赤堀町）から出土した玉座《ぎょくざ》を形象した埴輪の背もたれにうりふたつである。また、おじょか古墳（三重県阿児町）の石室から出土した被葬者が眠る枕の頭上装飾とも同じ形状であった。まさに権威のシンボルとなる「かたち」と理解され、それに護られるように船上に立つ蓋と大刀が貴人を象徴する大切な器物であることを物語る。この船形埴輪でぜひ注意したいのは、船底にあけられた穴が三つあって、その両端の穴には王の杖を継承する土製品が挿し込まれているのに、まんなかの穴には何も挿し込まれてはいなかった点である。穴の周縁にはドーナツ状に粘土が貼りめぐらされて、挿し込まれた器物がぐらつかないような仕掛けもみえる。穴があけられていたわけだから、何かをそこに立てたことは間違いない。ここにも朽ちてしまったが、有機質の素材でつくられた器物が存在したとみなければ、古代を復元することはできない。では、それは何だろうか。

東殿塚古墳《ひがしとのづか》（奈良県天理市）は、三世紀末に築かれた古式の壺形古墳である。その裾に立てられていた円筒埴輪の一つに大小三つの船が線刻されていた。図15には、遺存状態の良好な二つの船画を紹介した。いずれにも蓋が立てられているのがわかる。甲板の中央には旗がおおきくたなびいている。小さな船画には、舳先《へさき》にとまる雄鶏《おんどり》が描かれる。鶏を舳先にとまらせるなどということは不可能なことで、この船が観念の世界の船であることを示している。この船画を参考にすると、宝塚一号墳の船形埴輪の船底にあけられた穴には有機質の素材でつくられた旗が立てられていたことが想像できる。木製や竹製の竿に、布を何本も取り付けたもので、風を受けてはためくようになっていたのであろう。旗の動きが霊魂の動きを象徴したのだろう。東殿塚古墳の船画では、旗が真横にはためくのも、他界へいそぐ霊魂の動きを重ねているからである。

古市古墳群《ふるいち》のなかにある林遺跡（大阪府藤井寺市）で、古墳の周濠とみられる遺構から、舳先に鳥をとまらせた船形埴輪が発掘された（図16）。その鳥は、クチバシや尾の形状からカラスと報告されている。カラスは中国の古代神話では太陽を象徴する鳥である。東殿塚古墳の船画に描かれた雄鶏は、鶏鳴によって太陽を呼び出す鳥である。いずれも太陽を象徴する鳥が舳先に表現されていたことに注目しなければならない。北部九州の古墳壁画には太陽の下を来世へと航行する船の絵画がある（図17）。太陽によって来世へといざなわれる霊魂を象徴したものが「太陽の船」の図像で、古代エジプトや古代の北部ヨーロッパの墓室に描かれた事例はよく知られる。カラスや雄鶏を舳先にとまらせた船の造形もまた「太

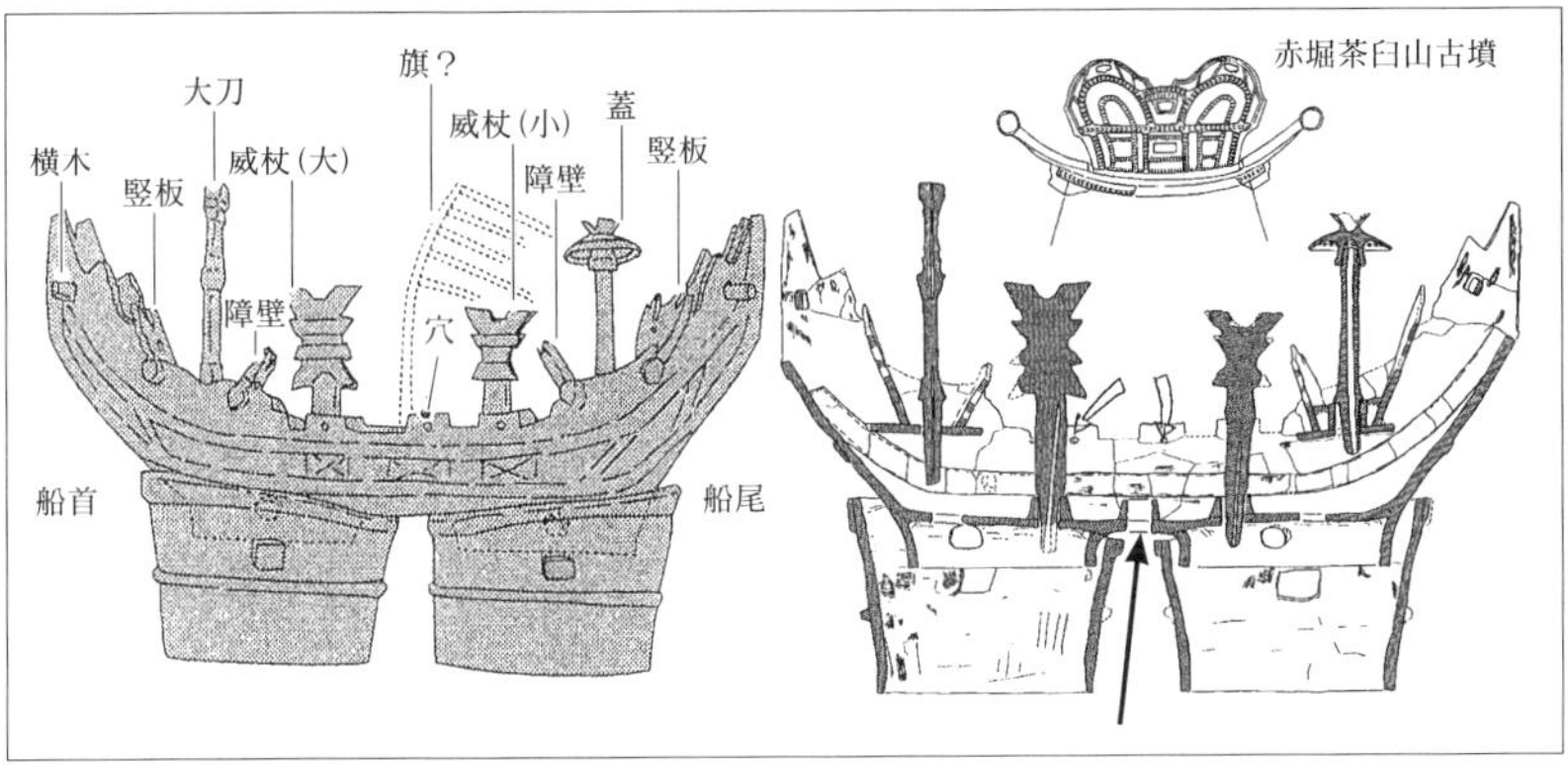

図14　宝塚１号墳（三重県）の船形埴輪

図15　東殿塚古墳（奈良県）の円筒埴輪に描かれた船

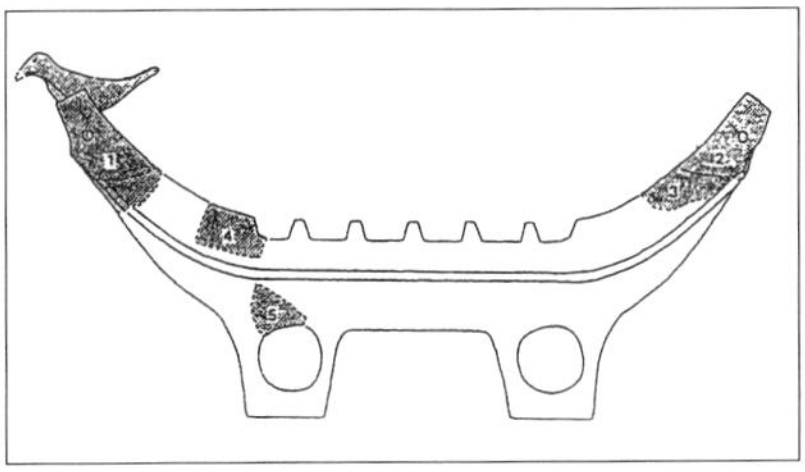

図16　林遺跡（大阪府）の船形埴輪

（出典　図14右：松阪市教育委員会『国史跡松阪宝塚１号墳調査概報』2001年，左：同「宝塚１号墳発掘調査記者発表資料」2000年。図15：天理市教育委員会『西殿塚古墳・東殿塚古墳』2000年。図16：藤井寺市教育委員会『石川流域遺跡群発掘調査報告』Ⅸ，1994年。図17右：森貞次郎『装飾古墳』教育社，1985年。左：筑紫野市教育委員会『国史跡五郎山古墳』1998年）

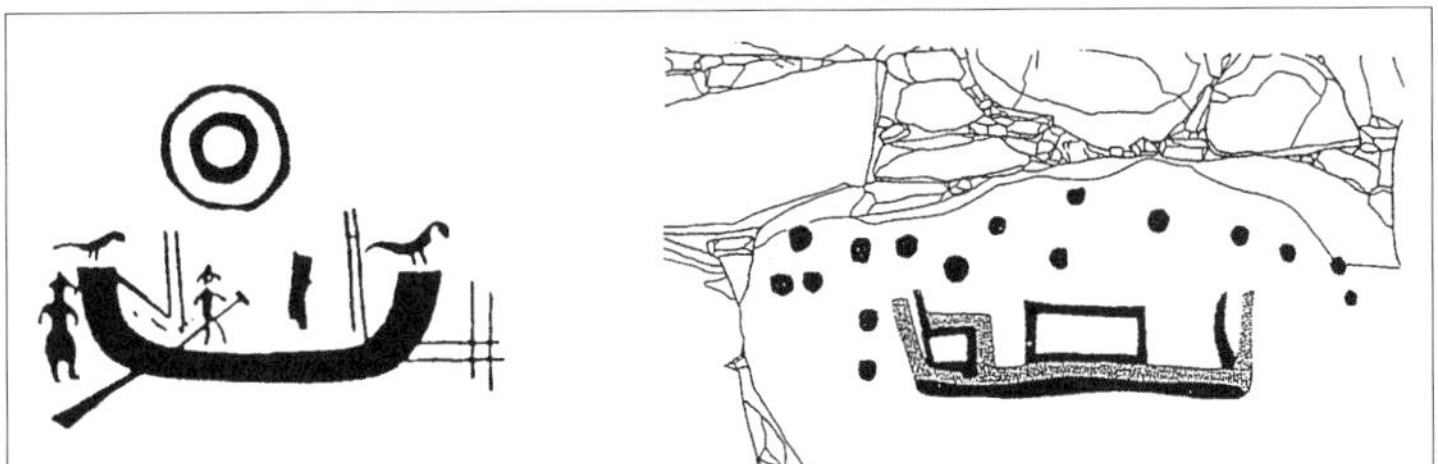

図17　古墳壁画の船（左：福岡県鳥船塚古墳，右：福岡県五郎山古墳）

陽の船」である。くりかえすが古墳はこの世につくりだされた来世である。濠の向こうはあの世であるから、墳丘に置かれた埴輪も、横穴式石室の壁に描かれた絵画も、あちらの世界に所属する。古墳の上も、石室の中も、そこが明るい世界であろうと、暗黒の墓室であろうと、問題はない。観念上は一つの来世なのだ。マヤの階段ピラミッドに架けられた階段は、あの世へ向かって伸びる階段であり、階段を魂が昇って行くと考えられた。しかしマヤの人びとはあの世は地下にあると考えたので、天に向かう階段を魂が地下へと向かう階段と重ね合わせた。来世が暗い世界か、明るい世界かということは、現実の地上世界に規制されていては何も見えてこない。

あのワカタケル大王（雄略天皇）の名を含む一一五文字の金象嵌《きんぞうがん》をもつ鉄剣を副葬していた稲荷山《いなりやま》古墳（埼玉県行田市）の埋葬施設は、丸木舟の形状をした木棺だった（図18）。また若王子《にゃくおうじ》一二号墳と一九号墳（静岡県藤枝市）でも舳先と艫が明瞭に造形された丸木舟形の木棺だった（図18）。さらに房総半島の先端近くにある大寺山《おおてらやま》洞穴（千葉県館山市）では、洞穴内に納められた一〇基を超える古墳時代中・後期の丸木舟形木棺が千葉大学の調査で明らかになった。もはや古墳時代に船形をした木棺が存在したことは疑いようがない。

視点をすこし変えて、九州の横穴を見ると、さきにも話したように墓室空間を家形にする一方で、遺骸を納める屍床の側面をゴンドラ形をした船の形状に削りだす例がいくつもある。石貫穴観音《いしぬきあなかんのん》三号横穴《よこあな》（熊本県玉名市）が典型的な事例である（図19）。船形に削りだした部分を赤く塗っている。そういえば宝塚一号墳の船形埴輪も全体を赤く塗っていた。丹塗《にぬ》りの葬送船である。船形の屍床に棺を納めた情景は、図17に例示した五郎山古墳（福岡県筑紫野市）の船の絵画そのものということになる。

中国山地の中央部、吉井川の上流の丘陵上に築造された大型円墳、月の輪古墳（岡山県柵原町）では、墳丘の裾に小さな方形の造り出しがあって、そこにも木棺を粘土でくるんだ粘土槨と呼ばれる埋葬施設があった（図20）。その粘土槨上には小さな船形埴輪が置かれていた。これまでの話から船形の造形がもつ意味はよく理解していただけたであろう。この

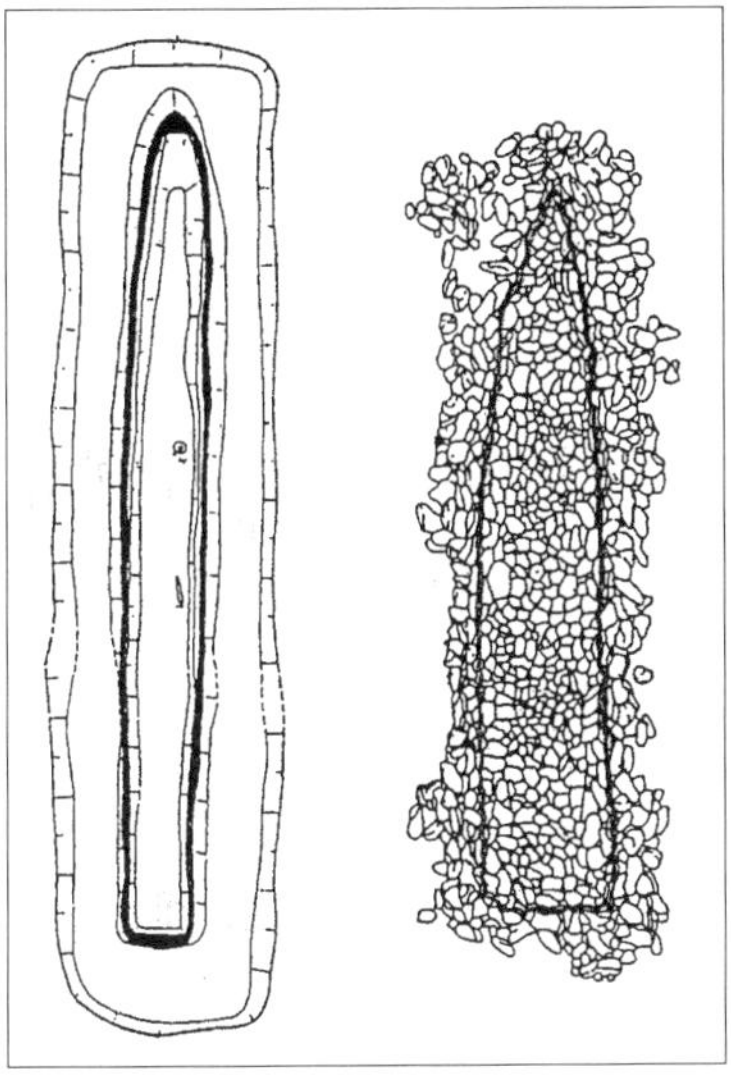

図18　丸木船の形の棺(左：静岡県若王子12号墳，右：埼玉県稲荷山古墳)

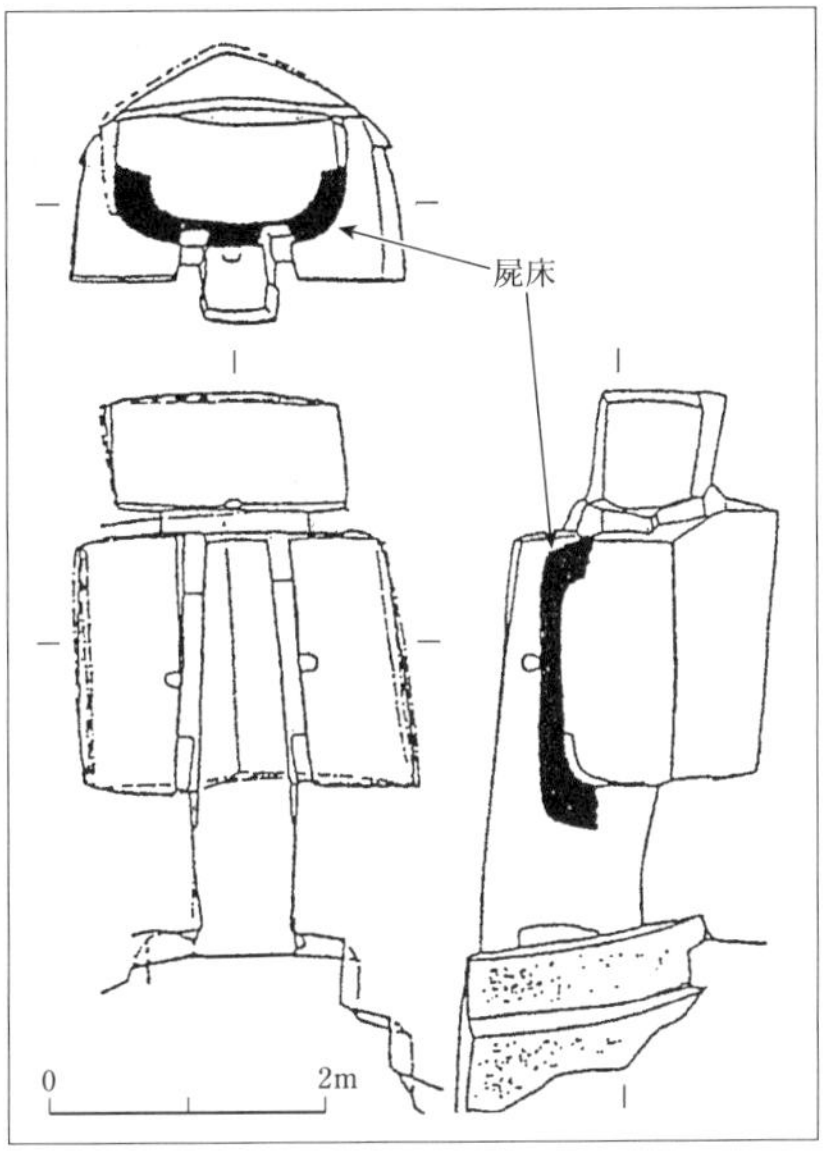

図19　石貫穴観音 3 号横穴(熊本県)

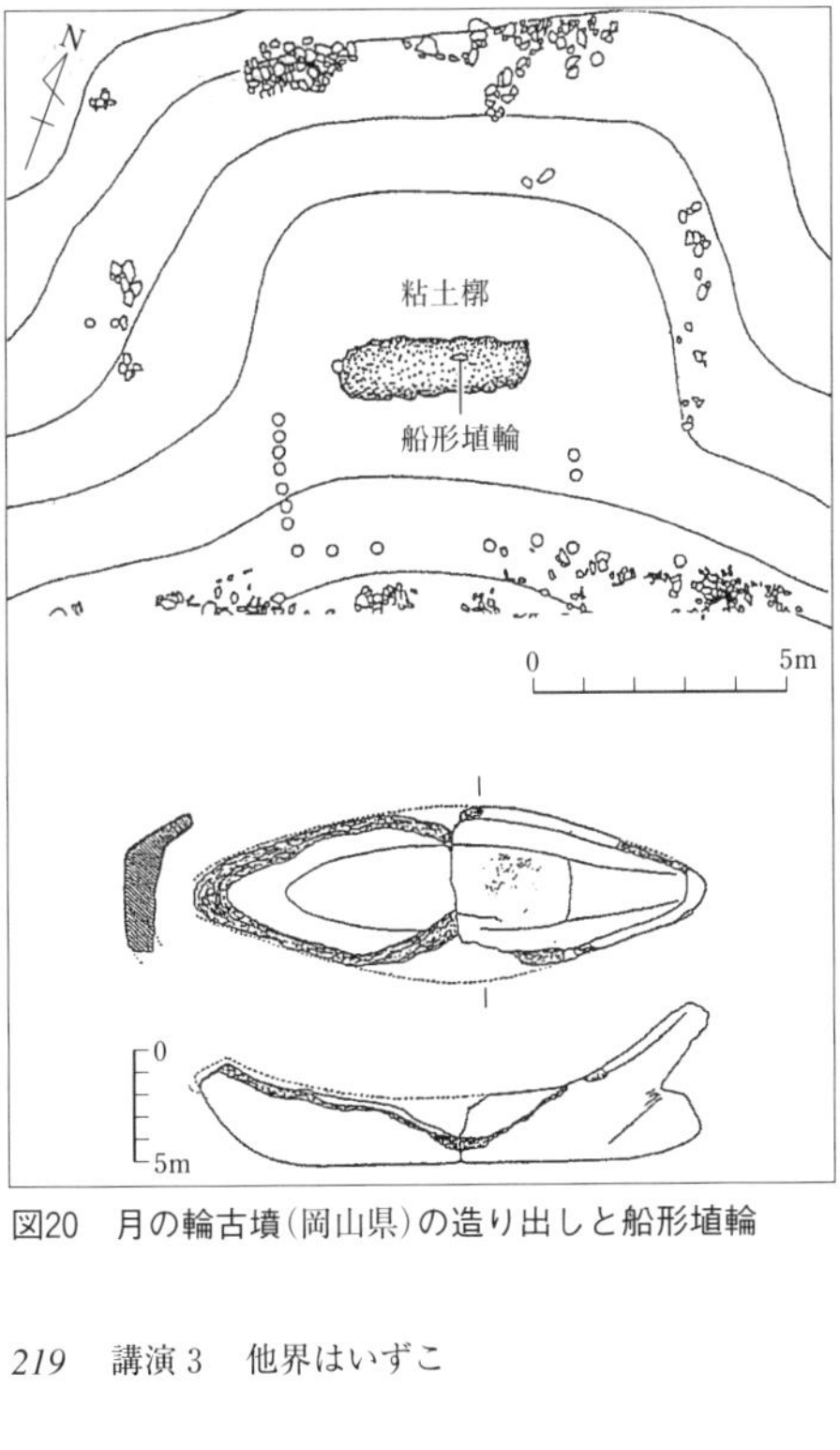

図20　月の輪古墳(岡山県)の造り出しと船形埴輪

(出典　図18左：磯部武男「舟葬考」『藤枝市郷土博物館年報・紀要』1，1989年。右：埼玉県教育委員会『埼玉稲荷山古墳』1980年。図19：熊本県教育委員会『熊本県装飾古墳総合調査報告』1984年。図20：月の輪古墳刊行会『月の輪古墳』1960年)

粘土槨上の船形埴輪は被葬者の魂の乗物にほかならない。岡山市のほうに流れ下る吉井川の舟運を掌握した豪族がそこに埋められているという考えもあるが、それでは船形埴輪を置いた古墳のすべてを理解することは困難である。

くりかえすが古墳はこの世につくられた他界である。船は他界へと死者の魂をいざなう乗物。それゆえに高廻り二号墳の船形埴輪は、両世界の境界をなす濠内に置かれた。宝塚一号墳の船形埴輪が古墳の裾に置かれていたのもうなずける。出雲に加賀《かか》の潜戸《くけど》（島根県島根町）という巨大な海蝕洞穴《かいしょくどうけつ》が日本海に向かって口を開ける。『出雲国風土記』では、そこが佐太大神が光とともに誕生した場とされている。一方、同じ『風土記』には島根半島の西寄り、出雲大社のすぐ西の道を山越えした海岸に大きな口を開ける猪目《いのめ》洞穴（島根県平田市）を「黄泉《よみ》の坂、黄泉の穴」と呼び、あの世への入口とする認識が語られる。この世に命をもたらす根源の世界と、魂が還る来世とをつなぐ通路にあたるものが洞穴とする認識がある。おそらく命の根源のクニがあって、そことこちらの世界をつなぐ装置として洞穴が観念されたのであろう。洞穴に船形木棺を納める大寺山洞穴の例は心に響くものがある。『出雲国風土記』では、洞穴の向こうに他界が観念された。他方、古墳では濠の向こうに実際に来世をつくりだしたと理解される。そこは壺形をした墳丘であったり、壺形の埴輪をめぐらせたり、壺に象徴された世界と認識されていた。

泉や井戸も、何処からともなく命の源の水が尽きることなく湧きあらわれる装置である。それはこの世ではない、別の世界からもたらされると考えられたのであろう。新たな命が常に水とともにもたらされるとみなし、その水を祀ることによって、永遠の命を己に付与できると考えたのであろう。古墳時代の墓制をめぐる諸相はそうした古代人の心の奥底をのぞかせている。

反閇の呪儀

最後に古墳にかかわる呪的な儀礼を考古資料から紹介して、古代の心をさぐる今日の話のまとめとしたい。

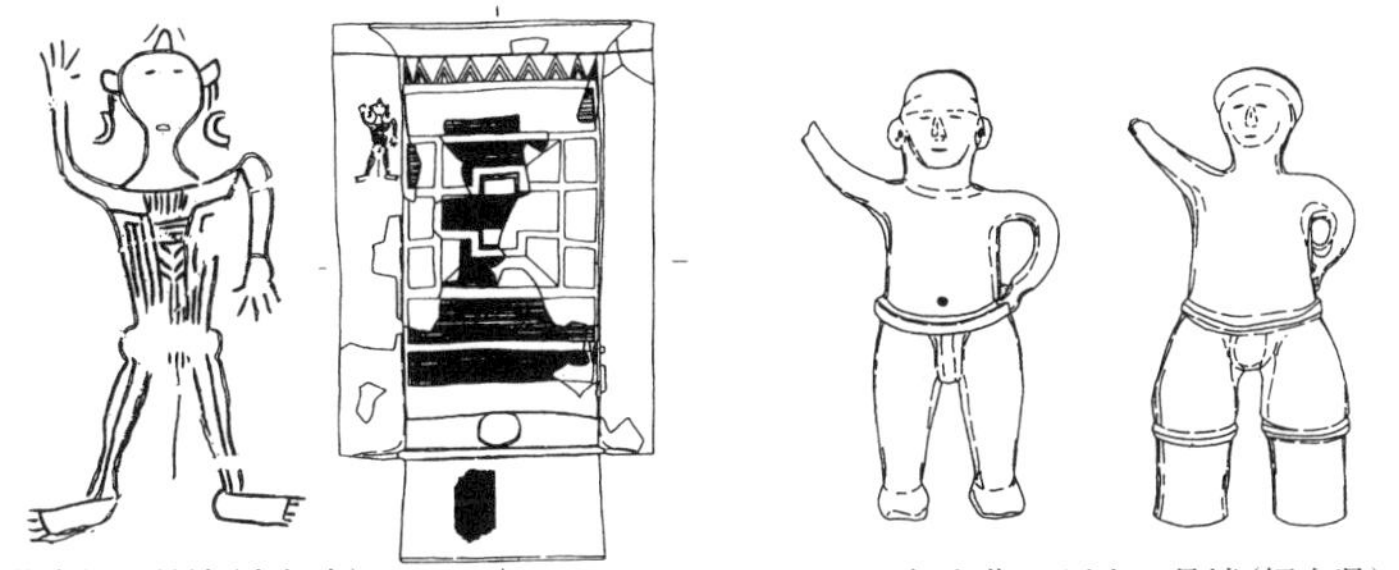

黄金塚２号墳（京都府）　　個人蔵　原山２号墳（福島県）

図21　反閇の埴輪（左：花園大学黄金塚２号墳発掘調査団『黄金塚２号墳の研究』1997年，中・右：辰巳和弘『古墳の思想』白水社，2002年）

黄金塚《こがねづか》二号墳（京都府京都市）は伏見丘陵の南端に築かれた前期末ころの壺形の古墳である。墳丘の裾には円筒埴輪がめぐらされてこの世からの結界《けっかい》がなされる。円筒埴輪の一〇本おきに盾を形象した大きな埴輪が配置される。その盾形埴輪の一つに人物が線刻されていた（図21）。高さ一九センチばかりの全身像で、一方の右腕をあげ、左腕を下げる所作をし、耳には勾玉《まがたま》を垂下し、三角形の額飾りをつけている。この額飾りは葬送に際して葬列に加わる人びとも含めて邪霊にとりつかれないためにする紙冠《しかん》とか葬冠《そうかん》と呼ばれる魔除けの意味をもつ。この人物は足が大きく指まで表現しており、地面を踏みしめる所作をうかがわせる。この人物像とよく似た立体像がある。力士埴輪と呼ばれるもので、ふんどしを締めた裸形像が多く（図21）、井辺《いんべ》八幡山《はちまんやま》古墳（和歌山県和歌山市）出土例では相撲の取り組みをしているような事例まである。大半は腕を上下させ、両足をふんばるような姿で造形される。それはちょうど四股《しこ》を踏む所作にあたる。四股は土地を踏み鎮《しず》める呪的な儀礼で、その所作をする人物像を古墳上に置くのは、邪霊から他界を護ろうとする行為にほかならない。愛知県・静岡県・長野県の国境地域、三信遠地域の山間部には花祭りという予祝行事があり、鬼の面を着けた舞手が定められた足の踏み方で邪霊を踏み締める「反閇《へんばい》」という呪作を行う。黄金塚二号墳の人物画は、この反閇を行う力士《ちからびと》にあたるとみてよい。

黄金塚二号墳の人物画や、各地の古墳から発掘されている力士埴輪の姿と同じ人物像は、古墳壁画にもみてとれる。五郎山古墳（福岡県筑紫野市）奥壁には同

図22　五郎山古墳（福岡県）の壁画

図25　野口１号墳（鳥取県）の装飾付須恵器

図23　清戸廹76号横穴（福島県）の壁画

図24　泉崎４号横穴（福島県）の壁画

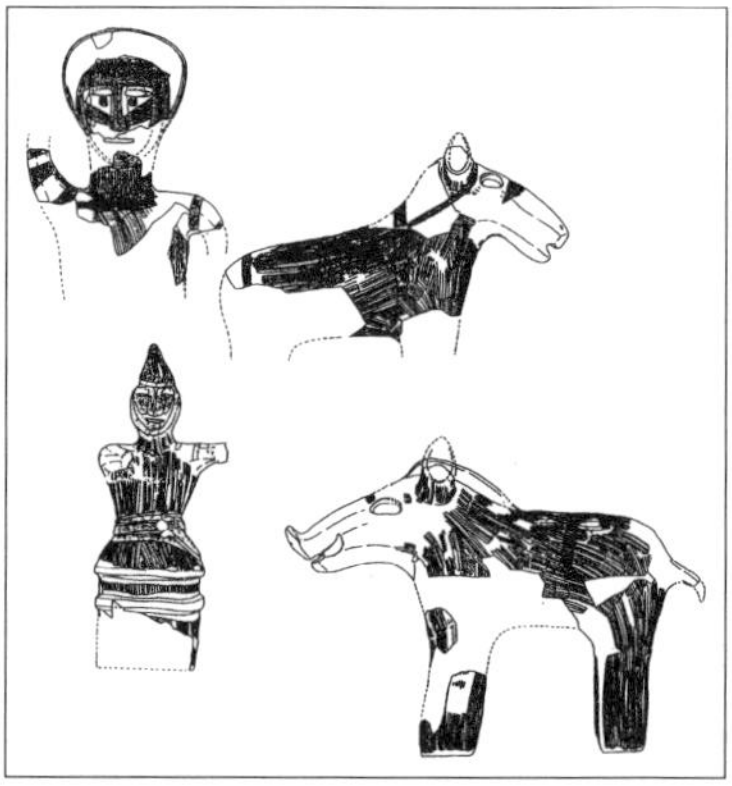

図26　保渡田Ⅶ遺跡（群馬県）の埴輪

（出典　図22：筑紫野市教育委員会『国史跡五郎山古墳』1998年。図23：双葉町教育委員会『清戸廹横穴墓群』1985年。図24：矢吹町教育委員会『七軒横穴群』1983年。図25：鳥取県教育委員会『鳥取県文化財調査報告』17，1993年。図26：群馬町教育委員会『保渡田Ⅶ遺跡』1990年）

じ姿の人物が三人見え、かたわらには狩猟の場面が見える（図22）。一方、東北の代表的古墳壁画である清戸迫《きよとさく》七六号横穴（福島県双葉町）では腕の上《あ》げ下《さ》げが逆だが、同じ所作をする人物が大きく描かれる（図23）。そして角をもつ鹿とそれに吠えかかる犬と、矢を放つ狩人が見える。そして獲物に向かって飛ぶ矢が描かれる。反閇の呪的祭儀とともに狩猟も葬送の儀礼にあっては大切な行事だったらしい。保渡田《ほとだ》Ⅶ遺跡（群馬県群馬町）から出土した形象埴輪群にも反閇をする力士埴輪といっしょに狩りの場面を構成する狩人と犬、それに矢負《やお》いの猪が見える（図26）。野口一号墳（鳥取県倉吉市）から出土したいろいろな土製品が付いた装飾付須恵器（図25）には、馬に乗り弓を所持して狩りをする人物像があって、その前方には鹿とそれに吠えかかる犬が、一方の側には力競べの取り組みをする二人の力士が造形される。装飾付須恵器は明器《めいき》として古墳に置かれる土器である。狩猟と反閇の密接な関係はここにもある。

泉崎四号横穴（福島県泉崎村）では手に手をとってならぶ人物群像の足元に地面を表現するとみられる一本の線が引かれ、一列にならんで土地を踏む呪的な儀礼を描くが、やはりそのかたわらにも鹿に向かい矢を放とうとする馬上の人物像がある（図24）。

狩猟は地霊の象徴としての動物を狩ることで、その霊力をわが物とする呪的性格の強い儀礼である。それは大地を踏む反閇の所作と大いに関連することは確かである。

今日の話で、私は埴輪だけでなく、古墳を舞台として造形されたさまざまな考古情報を古代の文献史料とともに総合的に考察し、古代人の心に参入しようと試みた。また腐朽して失われ、現存しない事柄にも復元的に迫ってみた。「他界はいずこ」という本日のテーマにどこまで迫れたか。皆さんのお考えをうかがいたいものである。

p.172 右・下　北詰栄男
p.174 下　　　群馬県立歴史博物館
p.175 上・下　芝山はにわ博物館
p.185　　　　宮内庁正倉院事務所
p.189 左　　　大阪府立弥生文化博物館
p.195上左・下　宮内庁
p.212 上　　　松阪市文化財センター*
　　　中　　　八尾市立歴史民俗資料館*

*は,『はにわ—形と心—』(国立歴史民俗博物館編，朝日新聞社発行，2003年)より写真転載。

p.105〜p.116，p.152左は『はにわ人の世界』(埼玉県立さきたま資料館，1998年)より写真転載。


敬称は略させていただきました。

紙面の都合で個々に掲載せず，巻末に一括しました。万一，記載洩れなどありましたら，お手数でも編集部までお申し出下さい。

●写真所蔵・提供者一覧

カバー表上　本庄市教育委員会
口絵１上　Schele, L. and D. Freidel, *A Forest of Kings*, 1990
　下左　Schmidt, P. et al., *Maya*, 1998
口絵３　国立歴史民俗博物館（複製）＊
口絵４上　加古川市教育委員会＊
　中　関西大学博物館（複製）＊
　下　大阪府立近つ飛鳥博物館＊
口絵５上　財団法人大阪府文化財センター
　下　壬生町教育委員会＊
口絵６上　松阪市文化財センター＊
　下　松阪市文化財センター
口絵７上　天理市教育委員会
　中　栃木県立博物館
　下　かみつけの里博物館
口絵８上　大阪府立近つ飛鳥博物館＊
　下　国（文化庁）保管・群馬県立歴史博物館
p.11　Schmidt, P. et al., *Maya*, 1998
p.15　撮影＝広瀬達郎（芸術新潮）
p.20　Schele, L. and D. Freidel, *A Forest of Kings*, 1990
p.63　奈良文化財研究所
p.66　朝日新聞社
p.68　山鹿市立博物館
p.72　国立歴史民俗博物館
p.92 下左　宮内庁書陵部
　下中　國學院大學考古學資料館・講談社『日本原始美術大系』２，1978年
　下右　財団法人大阪府文化財センター
p.94 中・下　奈良県立橿原考古学研究所附属博物館
p.97 左上から右回りに　蓋（佐紀陵山古墳）：関西大学博物館（複製）＊，人物（蕃上山古墳）：大阪府立近つ飛鳥博物館＊，囲（心合寺山古墳）：八尾市歴史民俗資料館＊，馬曳きと馬（笹鉾山２号墳）：田原本町教育委員会＊，船（高廻り２号墳）：国（文化庁）保管・財団法人大阪市文化財協会，水鳥（津堂城山古墳）：藤井寺市教育委員会＊，盾持ち人（保渡田八幡塚古墳）：かみつけの里博物館＊，犬と猪（昼神車塚古墳）：高槻市教育委員会（模造）＊，人物（井辺八幡山古墳）：（左）和歌山市教育委員会＊，（右）和歌山市教育委員会・同志社大学歴史資料館＊，人物（綿貫観音山古墳）：国（文化庁）保管・群馬県立歴史博物館
p.105　大阪府立近つ飛鳥博物館
p.107 上左　奈良県立橿原考古学研究所附属博物館
　上右　埼玉県立さきたま資料館
　下左　高田兵庫
　下右　群馬県立歴史博物館
p.108 左　東京大学総合研究博物館
　右　ひたちなか市教育委員会
p.111　国（文化庁）保管・群馬県立歴史博物館
p.113 左　和歌山市教育委員会
　右　泉崎村資料館
p.114 上左　木暮昌典（所蔵）・太田市教育委員会（保管）
　上右　埼玉県立さきたま資料館
　下左　上里町教育委員会
　下右　財団法人長瀞町綜合博物館
p.116 上・下左　本宮町教育委員会
p.119 中左　群馬県立歴史博物館
　下右　近江町教育委員会
p.125 上・下　国立歴史民俗博物館
p.138 左　国（文化庁）保管・奈良県立橿原考古学研究所附属博物館
　右　忠清南道・公州大学校百済文化研究所『百済武寧王陵』1991年
p.139　国（文化庁）保管・財団法人大阪市文化財協会
p.149　廣瀬淳一＊
p.152 左　ひたちなか市教育委員会
p.152 右　東京国立博物館
p.158 左　埼玉県立さきたま資料館
p.158 中　日田市教育委員会
p.165　ひたちなか市教育委員会
p.168 左　芝山はにわ博物館
　右　国立歴史民俗博物館（複製）
p.170　藤岡市教育委員会
p.172 左　鴻巣市教育委員会

若松 良一　わかまつ　りょういち　　埼玉県立さきたま資料館教育普及･調査研究担当主任学芸員
1955年生れ。法政大学大学院人文科学研究科修士課程修了・同志社大学大学院研究生修了
主要論文：「埴輪と木製品からみた埋葬儀礼」（大塚初重・吉村武彦編『古墳時代の日本列島』，青木書店，2003年），「狩猟を表現した埴輪について」（坂本和俊編『幸魂―増田逸朗氏追悼論文集―』北武蔵古代文化研究会，2004年）

新谷 尚紀　しんたに　たかのり　　国立歴史民俗博物館研究部教授
1948年生れ。早稲田大学大学院文学研究科博士課程満期退学
主要著書：『生と死の民俗史』（木耳社，1986年），『両墓制と他界観』（吉川弘文館，1991年）

仁藤 敦史　にとう　あつし　　国立歴史民俗博物館研究部助教授
1960年生れ。早稲田大学大学院文学研究科博士後期課程満期退学
主要著書：『古代王権と都城』（吉川弘文館，1998年），『古代王権と官僚制』（臨川書店，2000年）

杉山 晋作　すぎやま　しんさく　　国立歴史民俗博物館研究部助教授
1945年生れ。早稲田大学第一文学部卒業
主要著書・論文：「東国の人物埴輪群像と死者儀礼」（『国立歴史民俗博物館研究報告』第68集，国立歴史民俗博物館，1996年），『埴輪こぼれ話』（歴史民俗博物館振興会，2003年）

武田 佐知子　たけだ　さちこ　　大阪外国語大学外国語学部比較文化講座教授
1948年生れ。東京都立大学大学院人文科学研究科博士課程修了
主要著書：『信仰の王権　聖徳太子』（中公新書，1993年），『衣服で読み直す日本史―男装と王権―』（朝日新聞社，1998年）

辰巳 和弘　たつみ　かずひろ　　同志社大学歴史資料館教授
1946年生れ。同志社大学大学院文学研究科修士課程修了
主要著書：『古墳の思想―象徴のアルケオロジー―』（白水社，2002年），『「黄泉の国」の考古学』（講談社現代新書，1996年）

●執筆者紹介（執筆順）

寺崎 秀一郎 てらさき しゅういちろう 早稲田大学文学部助教授
1967年生れ。早稲田大学大学院文学研究科博士後期課程満期退学
主要著書・論文：『図説 古代マヤ文明』（河出書房新社，1999年），「複雑化する社会―古典期マヤの人・都市―」（高橋龍三郎編『村落社会の考古学』朝倉書店，2001年）

近藤 二郎 こんどう じろう 早稲田大学文学部教授
1951年生れ。早稲田大学大学院文学研究科博士後期課程満期退学
主要著書：『エジプトの考古学』（同成社，1997年），『ものの始まり50話』（岩波書店，1992年）

劉慶柱 りゅう けいちゅう 中国社会科学院考古研究所所長
1943年生れ。北京大学歴史系考古専業卒業
主要著書：『前漢皇帝陵の研究』（学生社，1991年），『漢長安城』（文物出版社，2002年）

西谷 大 にしたに まさる 国立歴史民俗博物館研究部助教授
1959年生れ。熊本大学大学院文学研究科修士課程修了
主要著書・論文：「豚便所―飼養形態からみた豚文化の特質―」（『国立歴史民俗博物館研究報告』第90集，国立歴史民俗博物館，2001年），『食べ物と自然の秘密』（小峰書店，2003年）

上野 祥史 うえの よしふみ 国立歴史民俗博物館研究部助手
1974年生れ。京都大学大学院文学研究科博士後期課程中退
主要論文：「画象鏡の系列と製作年代」（『考古学雑誌』第86巻第２号，2001年），「盤龍鏡の諸系列」（『国立歴史民俗博物館研究報告』第100集，2003年）

林永珍 イム ヨンジン 韓国国立全南大学校社会科学大学人類学科教授
1955年生れ。ソウル大学校大学院博士課程修了
主要論文：「韓国の墳周土器」（『東アジアと日本の考古学』Ⅱ，同成社，2002年），「韓国墳周土器の起源と変遷」（『古代学研究』164号，古代学研究会，2004年）

和田 萃 わだ あつむ 京都教育大学教育学部教授
1944年生れ。京都大学大学院文学研究科博士課程単位取得退学
主要著書：『日本古代の儀礼と祭祀・信仰』上・中・下巻（塙書房，1995年），『飛鳥―歴史と風土を歩く―』（岩波書店，2003年）

車崎 正彦 くるまざき まさひこ 早稲田大学シルクロード調査研究所研究員
1954年生れ。早稲田大学第一文学部卒業
主要著書・論文：「古墳祭祀と祖霊観念」（『考古学研究』47-２号，2000年），『弥生・古墳時代 埴輪』（小学館，2004年，共編著）

一瀬 和夫 いちのせ かずお 大阪府教育委員会事務局文化財保護課主査
1957年生れ。関西大学文学部卒業
主要論文：「古墳はどのように造られたか」ほか（白石太一郎監修『古墳への旅―古代人のタイムカプセル再見―』朝日新聞社，1996年），「倭国の古墳と王権」（鈴木靖民編『倭国と東アジア〈日本の時代史２〉』吉川弘文館，2002年）

歴博《れきはく》フォーラム

王《おう》の墓《はか》と奉仕《ほうし》する人《ひと》びと

2004年 8 月15日　　1 版 1 刷　印刷

2004年 8 月25日　　1 版 1 刷　発行

編　集　国立歴史民俗博物館《こくりつれきしみんぞくはくぶつかん》©

発行者　野澤伸平

発行所　株式会社　山川出版社

〒101-0047　東京都千代田区内神田1-13-13

電話　03(3293)8131(営業)

　　　03(3293)8134(編集)

http://www.yamakawa.co.jp/

振替　00120-9-43993

印刷所　明和印刷株式会社

製本所　株式会社手塚製本所

装　幀　菊地信義

2004 Printed in Japan　ISBN4-634-59030-1

新版県史シリーズ 全47巻

*1 北海道の歴史	*25 滋賀県の歴史
*2 青森県の歴史	*26 京都府の歴史
*3 岩手県の歴史	*27 大阪府の歴史
*4 宮城県の歴史	*28 兵庫県の歴史
*5 秋田県の歴史	*29 奈良県の歴史
*6 山形県の歴史	*30 和歌山県の歴史
*7 福島県の歴史	*31 鳥取県の歴史
*8 茨城県の歴史	32 島根県の歴史
*9 栃木県の歴史	*33 岡山県の歴史
*10 群馬県の歴史	*34 広島県の歴史
*11 埼玉県の歴史	*35 山口県の歴史
*12 千葉県の歴史	36 徳島県の歴史
*13 東京都の歴史	*37 香川県の歴史
*14 神奈川県の歴史	*38 愛媛県の歴史
*15 新潟県の歴史	*39 高知県の歴史
*16 富山県の歴史	*40 福岡県の歴史
*17 石川県の歴史	*41 佐賀県の歴史
*18 福井県の歴史	*42 長崎県の歴史
*19 山梨県の歴史	*43 熊本県の歴史
*20 長野県の歴史	*44 大分県の歴史
*21 岐阜県の歴史	*45 宮崎県の歴史
*22 静岡県の歴史	*46 鹿児島県の歴史
*23 愛知県の歴史	*47 沖縄県の歴史
*24 三重県の歴史	

*は新シリーズ既刊分